"十二五"国家重点图书

18

财政政治学译丛

刘守刚 魏 陆 主编

上海高校智库
上海财经大学公共政策与治理研究院

Political Transformations and Public Finances
Europe, 1650-1913

政治转型与公共财政

欧洲1650—1913年

马克·丁塞科（Mark Dincecco） 著
汪志杰 倪 霓 译

上海财经大学出版社

图书在版编目(CIP)数据

政治转型与公共财政:欧洲 1650—1913 年/(意)马克·丁塞科(Mark Dincecco)著;汪志杰,倪霓译.—上海:上海财经大学出版社,2022.1
(财政政治学译丛/刘守刚,魏陆主编)
书名原文:Political Transformations and Public Finances:Europe,1650—1913
ISBN 978-7-5642-3842-1/F·3842

Ⅰ.①政… Ⅱ.①马…②汪…③倪… Ⅲ.①经济体制-关系-公共财政-研究-欧洲-1650-1913 Ⅳ.①D750.21②F815.09

中国版本图书馆 CIP 数据核字(2021)第 159120 号

□ 责任编辑 胡 芸

□ 封面设计 张克瑶

政治转型与公共财政

——欧洲 1650—1913 年

马克·丁塞科
(Mark Dincecco) 著
汪志杰 倪 霓 译

上海财经大学出版社出版发行
(上海市中山北一路 369 号 邮编 200083)
网 址:http://www.sufep.com
电子邮箱:webmaster@sufep.com
全国新华书店经销
上海华业装璜印刷厂印刷装订
2022 年 1 月第 1 版 2022 年 1 月第 1 次印刷

710mm×1000mm 1/16 14 印张(插页:2) 214 千字
定价:72.00 元

总 序

成立于2013年9月的上海财经大学公共政策与治理研究院，是由上海市教委重点建设的十大高校智库之一。通过建立多学科融合、协同研究、机制创新的科研平台，围绕财政、税收、医疗、教育、土地、社会保障、行政管理等领域，组织专家开展政策咨询和决策研究，致力于以问题为导向，破解中国经济社会发展中的难题，服务政府决策和满足社会需求，为政府提供公共政策与治理咨询报告，向社会传播公共政策与治理知识，在中国经济改革与社会发展中发挥"咨政启民"的"思想库"作用。

作为公共政策与治理研究的智库，在开展政策咨询和决策研究的同时，我们也关注公共政策与治理领域基础理论的深化与学科的拓展研究。特别地，我们支持从政治视角研究作为国家治理基础和重要支柱的财政制度，鼓励对财政制度构建和现实运行背后体现出来的政治意义及历史智慧进行深度探索。这样一种研究，著名财政学家马斯格雷夫早在其经典教材《财政理论与实践》中就命名为"财政政治学"。但在当前的中国财政学界，遵循马斯格雷夫指出的这一路径，突破经济学视野而从政治学角度研究财政问题，还比较少见。由此既局限了财政学科自身的发展，又不能满足社会对运用财税工具实现公平正义的要求。因此，有必要在中国财政学界呼吁拓展研究的范围，努力构建财政政治学学科。

"财政政治学"虽然尚不是我国学术界的正式名称，但在国外的教学和研究中有其丰富的内容。要在中国构建财政政治学学科，在坚持以"我"为主研究中国问题的同时，应该大量翻译西方学者在该领域的内容，以便为国内财政学者从政治维度研究财政问题提供借鉴。呈现在大家面前的丛书，正是在上海财经大学公共政策与治理研究院资助下形成的"财政政治学译丛"。

“财政政治学译丛”中的文本，主要从美英学者著作中精心选择而来，大致分为理论基础、现实制度与历史经验等几方面。译丛第一辑推出10本译著，未来根据需要和可能，将陆续选择其他相关文本翻译出版。

推进“财政政治学译丛”出版是公共政策与治理研究院的一项重点工程，我们将以努力促进政策研究和深化理论基础为己任，提升和推进政策和理论研究水平，引领学科发展，服务国家治理。

胡怡建
2015年5月15日

致 谢

本书最开始起源于我在加州大学洛杉矶分校(UCLA)研究生期间的工作。首先我要感谢我的博士论文指导老师让·洛朗·罗森塔尔(Jean-Laurent Rosenthal)的悉心指导与深刻洞见。让·洛朗细心阅读了我的全部手稿并且给出了许多非常宝贵的建议。另外,我要特别感谢内奥米·拉莫罗(Naomi Lamoreaux)对这个项目的奉献与耐心,以及菲利普·霍夫曼(Philip Hoffman)异常及时的鼓励。

许多学者在过去数年为这本书提供了宝贵的意见和数据。在此,我特别感谢卡洛斯·阿尔瓦雷斯·诺加尔(Carlos Álvarez Noga)、丹尼尔·鲍嘉(Daniel Bogart)、理查德·邦尼(Richard Bonney)、彼得·布雷克(Peter Brecke)、阿尔伯特·卡雷拉斯(Albert Carreras)、毛里西奥·德雷奇曼(Mauricio Drelichman)、鲁伊·埃斯特维斯(Rui Esteves)、乔瓦尼·费德里科(Giovanni Federico)、亚历山大·菲尔德(Alexander Field)、万特杰·弗里奇(Wantje Fritschy)、奥斯卡·盖尔德布洛姆(Oscar Gelderblom)、尼克·哈雷(Knick Harley)、杰弗里·霍奇森(Geoffrey Hodgson)、大卫·杰克(David Jacks)、汉斯·克里斯蒂安·约翰森(Hans Christian Johansen)、乔斯特·琼克(Joost Jonker)、海琳·科尔(Heleen Kole)、科塔尔·阿尔特斯(W. L. Korthals Altes)、彼得·林德特(Peter Lindert)、罗伯特·马戈(Robert Margo)、玛丽亚·尤金妮娅·马塔(Maria Eugenia Mata)、克里斯托弗·梅斯纳(Christopher Meissner)、克里斯·米切纳(Kris Mitchener)、帕特里克·奥布莱恩(Patrick O'Brien)、迈克尔·帕默(Michael Pammer)、莱安德罗·普拉多斯·德拉埃斯科苏拉(Leandro Prados de la Escosura)、杰米·雷斯(Jaime Reis)、阿尔布雷希特·里奇尔(Albrecht Ritschl)、已故的肯尼斯·索科洛夫

(the late Kenneth Sokoloff)、马克·斯波勒(Mark Spoerer)、恩里科·斯波劳尔(Enrico Spolaore)、威廉·萨默希尔(William Summerhill)、马乔琳·特哈特(Marjolein t'Hart)、努诺·瓦莱里奥(Nuno Valério)、维茨·维恩斯特拉(Wietse Veenstra)、弗朗索瓦·维尔德(François Velde),马克·魏登米尔(Marc Weidenmier),简·路易滕·范赞登(Jan Luiten van Zanden),以及数位匿名的期刊审稿人。我同样感谢如下所有会议的参与者:旧金山经济史研讨会(Economic History Workshop in San Francisco),米兰博科尼大学(Bocconi University in Milan),加州大学洛杉矶分校(UCLA),加拿大经济史网络蒙特利尔会议(the Canadian Network for Economic History Conference in Montreal),马德里卡洛斯三世大学(Carlos Ⅲ University in Madrid),图森气候计量学会议(the Cliometrics Conference in Tucson),都灵卡洛阿尔贝托学院(the Collegio Carlo Alberto in Turin),匹兹堡和多伦多经济史协会会议(the Economic History Association Conferences in Pittsburgh and Toronto),在埃克塞特和沃里克举行的经济史学会会议(the Economic History Society Conferences in Exeter and Warwick),欧洲进化政治经济协会雅典会议(the European Association of Evolutionary Political Economy Conference in Athens),巴黎欧洲科学基金会暑期学校(the European Science Foundation Summer School in Paris),佛罗伦萨欧洲大学学院(the European University Institute in Florence),威尼斯的金融、机构和历史暑期学校(the Finance, Institutions, and History Summer School in Venice),在佛罗伦萨召开的经济社会史前沿研究会(the Frontier Research in Economics and Social History Meeting in Florence),IMT 卢卡高等研究所(IMT Lucca Institute for Advanced Studies),体制与社会动态卢卡增长和分配会议(the Institutional and Social Dynamics of Growth and Distribution Conference in Lucca),国际新制度经济学学会伯克利会议(the International Society for New Institutional Economics Conference in Berkeley),美国国家科学基金会、美国国家经济研究局以及经济政策研究中心在马萨诸塞州剑桥市联合举办的全球经济发展研讨会(the NSF/NBER/CEPR Workshop on the Evolution of the Global Economy in Cambridge, Massachusetts),牛津大学(the University of Oxford),巴

黎经济学院(the Paris School of Economics),比萨大学(the University of Pisa),圣克拉拉大学(Santa Clara University),爱丁堡世界气候计量学大会(the World Congress of Cliometrics in Edinburgh),乌得勒支世界经济史大会(the World Economic History Congress in Utrecht)。同样地,我也感谢剑桥大学出版社历史与政治的编辑埃里克·克拉汉(Eric Crahan),感谢他为这本书出版做的全部工作,以及另外两名匿名读者提出的宝贵建议。

在2006年博士毕业后,我在意大利IMT卢卡高级研究所担任助理教授。我非常感谢法比奥·帕莫利(Fabio Pammolli)院长长期以来的支持,另外也感谢我的各位同事莱昂纳多·巴奇尼(Leonardo Baccini)、卢西亚·邦弗雷斯基(Lucia Bonfreschi)、玛丽亚·埃琳娜·卡瓦拉罗(Maria Elena Cavallaro)、景苑秋欧(Jing-Yuan Chiou)、斯特凡诺·加泰伊(Stefano Gattei)、安德里亚·詹纳卡里(Andrea Giannaccari)、詹马里奥·英普利蒂(Giammario Impullitti)、加布里埃尔·卡茨(Gabriel Katz)、摩根·卢埃林(Morgan Llewellyn)、安东尼奥·马萨拉(Antonio Masala)、詹姆斯·梅尔顿(James Melton)、卢卡·波尔塞·雷马吉(Luca Polese Remagg)、毛里西奥·普拉多(Mauricio Prado)、弗朗西斯科·索布里奥(Francesco Sobbrio)、毛罗·西洛斯·拉比尼(Mauro Sylos Labini)、安德里亚·文迪纳(Andrea Vindigni),以及IMT各位员工的亲切支持与生动对话。我必须还要感谢大都会丹麦餐馆、歌剧咖啡厅、小苏瓦糕点房和其他酒吧、酒馆、比萨店和餐厅,这些美食让意大利的生活如此美味。

最后,我要感谢我的妻子金伯利·克劳福德(Kimberly Crawford),谢谢她的爱、她的音乐品位和无比的幽默感。我们的儿子朱利安·李(Julien Lee),出生于2010年1月。此书献给我最爱的妻子和儿子。

目　录

第 1 章　历史视角下的强政府与弱政府

强大的财政政府是当今西方发达经济体的基本前提。富裕的政府往往能够征收到较高税收(占 GDP 的比重)，从而能够为军事、基础设施以及各种社会项目提供资金。本书要回答经济史领域的一个基本问题——富裕的欧洲各国是如何率先建立起现代财政体制的?

这个问题的答案涉及诸多层面，包括长达数个世纪的政治改革、战争、革命、债务违约、技术变革以及经济增长。不仅如此，这个答案对诸多当今重要政治议题也有着深刻的启示。20 世纪 90 年代末，东南亚和拉丁美洲所发生的金融危机表明财政政策和经济发展之间存在极为关键的联系。除了金融危机之外，新兴经济体经常会面对其他各种财政问题。究其根源，这些国家通常没有足够的税收来源以提供基本的公共物品，如交通基础设施等。另外，财政问题所影响的绝非仅仅是发展中国家。事实上，发达国家目前最迫切的政治议题之一，就是如何保持政府对各种福利项目的偿付能力。总而言之，财政问题对任何国家而言都极为重要。

国家政体不得不进行变革以应对各种财政问题的挑战。制度变革往往有先例可循，而且，政治、税收以及公共支出和债务之间的关联存在已久。尽管当今世界与过去大相径庭，但是，深入理解现代财政体系的建立过程能够为当今的重要议题——如何设计并实施一个有效的财政制度，提供宝贵的经验。毫无疑问，这对新兴国家和发达国家来说都颇有助益。

1.1 财政基础

众多经济学文献强调行政掠夺对经济增长的负面影响。[①] 这种观点认为，制度限制（如议会对政府财政的限制）制约了统治者对私人产权的侵占，从而能够保护私人产权并鼓励投资。图 1.1 绘制了 1995 年至 2004 年近 100 个国家的平均制度限制与人均 GDP 之间的关系。其中，制度限制的数据来自第四政体数据库（Marshall and Jaggers，2008），而人均 GDP 的数据来自佩恩表（Heston，Summers，and Aten，2006）。如图所示，对统治者的限制和人均 GDP 之间呈现出显著的正相关关系；也就是说，图 1.1 支持了上述论点——掠夺性政府往往对应着糟糕的经济表现。

尽管图 1.1 的结论非常直观，但实际上它掩盖了历史的真相。议会制度并不是当今富裕国家政府与生俱来的天赋；相反，各国在经历了漫长而艰辛的历史进程之后，才最终实现了对执政者的制度制约。鉴于此，本书的第一个主题就是研究这种政治转型——从专制政权转变为议会制度，及其对财政的影响。

上述经济学文献仅仅关注了行政掠夺的影响，却忽略了强大政府对经济发展的各种正面作用。政治学家们认为，撒哈拉沙漠以南非洲的传统地方精英（如首领、酋长、族长、地主和富农）大大削弱且阻碍了国家政府对地方的财政控制，因此，这样的弱政府无法提供足够的公共服务，更无法推动生产力发展。与之相反，“亚洲四小龙”（“亚洲四小龙”是指自 20 世纪 60 年代末至 90 年代期间，西太平洋四个发展迅速的经济体，即韩国、中国台湾、中国香港及新加坡。——译者注）在强大的财政政府的带领下，成功实现了

---

① 更多理论研究文献请参阅 North 和 Thomas（1973），Brennan 和 Buchanan（1980），North（1981），Levi（1988），McGuire 和 Olson（1996），以及 North，Wallis 和 Weingast（2009）。更多实证研究文献请参阅 De Long 和 Shleifer（1993），Knack 和 Keefer（1995），以及 Acemoglu，Johnson 和 Robinson（2001，2002，2005）。

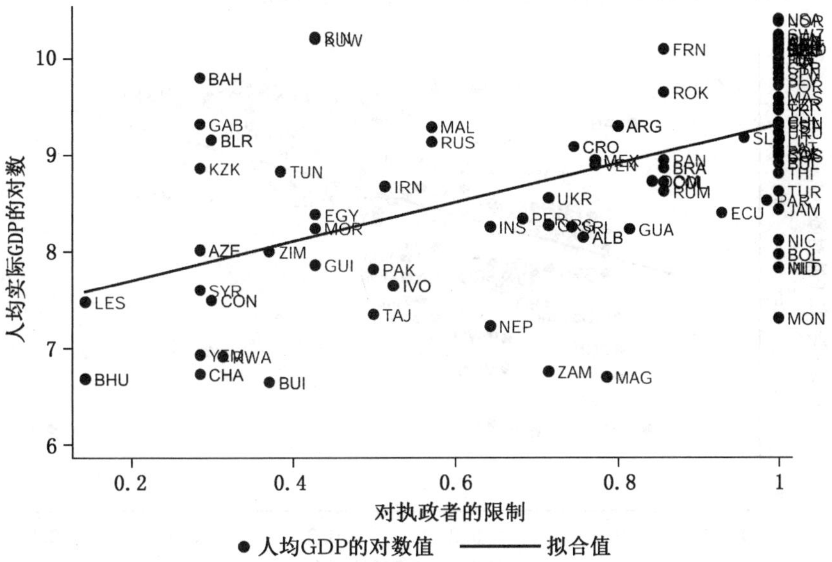

数据来源：Heston 等(2006)的佩恩表(6.2 版)，Marshall 和 Jaggers(2008)的第四政体数据库。

图 1.1　对执政者的限制与收入，1995—2004 年[①]

经济的快速发展。[②]与图 1.1 类似，图 1.2 绘制了 1995 年至 2004 年中央政府筹集税收占 GDP 比重与人均 GDP 均值之间的关系。其中，中央政府筹集税收占 GDP 比重的数据来自国际货币基金组织的政府财政统计数据库，而人均 GDP 的数据来源与图 1.1 相同。如图 1.2 所示，税收收入与人均 GDP 之间存在着非常显著的正相关关系；也就是说，图 1.2 的结果支持了上述观

① 对执政者的限制取值在 0 到 1 之间，是衡量执政者限制的标准化指数，图中的数据来自第四政体数据库，为 1995 年至 2004 年该指数的均值。人均实际 GDP 的对数为相同时间段内人均实际 GDP 对数的均值，其单位为以国际价格表示的恒定美元，基年为 2000 年，数据来自佩恩表(6.2 版)。表中的 96 个样本国家数据来自 Dincecco 和 Prado(2011)。

② 更多关于非洲的文献，请参阅 Migdal(1988)，Herbst(2000)，以及 Bates(2001)。关于东亚的文献，请参阅 Wade(1990)以及 Kang(2002)。最新关于该领域的经济学文献，请参阅 Acemoglu，Robinson 和 Verdier(2004)，Glaeser 等(2004)，Acemoglu(2005)，Besley 和 Persson(2008，2009，2010)，Acemoglu，Ticchi 和 Vindigni(2011)，以及 Dincecco 和 Prado(2011)。最后，Lindert(2004，2009)认为，公共服务(如大规模的正规学习)的社会支出是长期经济增长的主要决定因素。

点——政府的财政实力有助于提高国家的经济表现。①

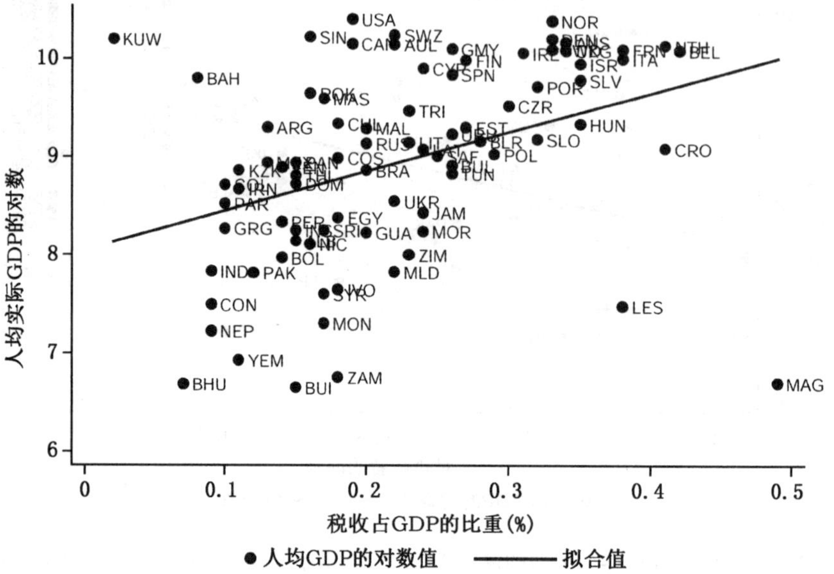

数据来源:国际货币基金组织的政府统计数据库以及 Heston 等(2006)的佩恩表(6.2 版)。

图 1.2　税收和收入,1995—2004 年②

不过,尽管图 1.2 很有说明性,但它却忽略了历史的进程。强大的财政实力也并非富裕国家政府的天赋,它其实是深度政治转型(如建立稳健的税收体系。——译者注)的结果。鉴于此,本书的第二大主题是研究稳健税收体系的建立及其对财政的影响。

总的来说,当今发达经济体在强弱财政要素之间找到了一种平衡。富裕国家通常拥有一套综合性的政治制度:在政府收入方面,有着强大的中央税收结构;而在政府支出方面,则通过议会对执政者的公共财政支出权力加以限

① 剔除异常值巴林、克罗地亚、科威特、莱索托和马达加斯加之后,也仅能增强这种相关性。

② 中央政府筹集的税收占 GDP 的比重为该指标从 1995 年到 2004 年的均值,这一数据来自国际货币基金组织的政府财政统计数据库。人均实际 GDP 的对数为相同时间段内人均实际 GDP 对数的均值,其单位为以国际价格表示的恒定美元,基年为 2000 年,数据来自佩恩表(6.2 版)。表中的 96 个样本国家数据来自 Dincecco 和 Prado(2011)。

制。因此，这些国家既能够筹集到大量的税收资金，又能够将这些资金用于促进经济发展的公共服务之上。[①]

但是，富裕国家是如何实现这种制度平衡的呢？或者说，它们如何同时实现了财政的中央集权和对执政者的政治限制？再强调一次，当今的发达经济体并非“生而”自带这样一套有效的财政与政治制度。为了回答这些问题，本书考察了欧洲国家的长期政治体制与财政制度变革：从旧体制的 1650 年到第一次世界大战前夜的 1913 年。在旧体制下，欧洲的主权政府往往同时面对两大关键的政治问题：财政分割和政治专政；也就是说，各国的统治者们尽管拥有较弱的税收权力，但却拥有支配性的支出权力。在这种状况下，执政者们往往收入匮乏，而且不会把这些收入用于对社会最有益处的各种公共服务（如道路建设等），而是用于对外军事冒险。为了提高财政能力，政府一方面必须获取权力，从而在国家层面建立统一的税收体系；另一方面，必须建立议会，从而定期监督政府的各项支出以限制执政者的支出权力。本书认为，现代财政体系是解决这两大根本性财政问题的最终结果。[②]

本书提供的长期历史视角能够帮助读者深入理解从古至今的关于强弱政府的争论。不仅如此，这种视角对公共财政体系发展的研究也极具价值。另外，考察长期财政变革会带来超越经济史本身的启示。以史为鉴，欧洲的财政史（现代财政体系的形成）能够为当今新兴和发达国家带来极具价值的经验，原因远不止全球政府基本沿袭了欧洲的财政管理模式。[③] 如今，我们依旧面对从经济发展政策到政府福利改革的多种财政挑战，为了能够更好地面对这些挑战，我们必须深刻地思考和理解过去的历史进程。

1.2　研究方法

本书的核心调查方法来自两个具有划时代意义的研究。第一个是诺斯和

---

① Acemoglu(2005)将这类结果称为“公认的强政府”。

② 在本书中，“国家”一词与“政体”可互换使用。

③ 请参阅 La Porta 等(1997，1998，1999)，La Porta，Lopez-de-Silanes 和 Shleifer(2008)，以及 Nunn(2009)。

温格斯特的开创性论文(North and Weingast,1989)。[①] 他们提出,发生在1688年光荣革命时期的英国制度改革使英国国王能够做出可信的承诺——承诺政府将施行负责的财政政策。另外,由于新的宪法赋予了议会常规审计政府财政的权力,统治者能够以时间一致性的方式遵守财政计划的承诺。换言之,通过制约统治者,执政者能够借到更高规模的债务。第二个是艾普斯坦的开创性研究(Epstein,2000)。[②] 他认为,欧洲各国在19世纪之前的制度分裂才是所有财政问题的根源,而统治者滥用财政支出不过是替罪羊而已。具体来说,由于省级地方精英们存在强烈的动机抵制任何会威胁到传统地方税收权力的财政改革,所以当时的欧洲各国都面对一个经典的公共物品问题——每个地区都希望搭上其他地区税收贡献的"便车"。因此,中央政府通过建立国家税收体系,对各省征收相同(并且高额)的税收,能够规避"搭便车"现象并获得更高的税收收入。英格兰(它的财政改革堪称诺斯和温格斯特观点的典范)则是最为杰出的,因为它自中世纪起就同时成功实现了财政和政治制度的中央集权。

本书认为,诺斯和温格斯特以及艾普斯坦所描述的两种政治转型是互为补充的,并不存在所谓的相互竞争或者相互否定。在本书的长期历史视角下,财政中央集权和议会改革得以被融入一个整合性的制度变革分析之中。事实上,缺乏这样的长期历史视角才导致了所谓的相互竞争或相互否定。首先,大部分欧洲财政史研究终结于旧体制的落幕之际,即18世纪的尾声(也包括上述艾普斯坦的经典文献)[③],而这些研究往往只关注弱政府所面对的财政管辖权分割的问题。其次,其他财政史研究的时间跨度通常为法国大革命到拿破

① 另请参阅 Dickson(1967),Jones(1972),Stone(1979),Hill(1980),Brewer(1989),以及 Schultz 和 Weingast(1998)。学者们对光荣革命对财政的影响持有不同的意见。Clark(1996)认为,从1600年开始,英格兰就有了可靠的财产权。O'Brien(2001)则认为,英格兰在17世纪40年代进行了重要的宪法和行政改革。Stasavage(2003)强调了具备凝聚力的英国政党在17世纪90年代的发展。Sussman 和 Yafeh(2006)认为,1688年的议会改革并没有降低下一世纪英国的资本成本。最后,Drelichman 和 Voth(2008)认为,英格兰得以承受巨额债务的途径并不是政治改革,而是控制财政支出。

② 请参阅 Henshall(1992),Hoffman 和 Norberg(1994b),Hoffman 和 Rosenthal(1997,2000),Rosenthal(1998),以及 O'Brien(2001)。

③ 请参阅 Hoffman 和 Norberg(1994a),以及 Bonney(1995,1999)。

仑时期(1789—1815 年),因而它们仅仅关注了这一时期内发生的制度变革。[1] 最后,针对 1815 年之后的 19 世纪财政史研究则倾向于强调议会日益重要的作用。[2] 因此,这种研究跨度和关注点的人为切割,低估甚至忽略了上述各个时期之间的制度变革的重要关联。

与其他研究不同,本书分析的时间跨度(1650—1913 年)覆盖了欧洲各国政治体系的两大基本转型:一是从财政分割转变为财政中央集权,二是从专制政权转变为受限的议会政权。这种长的时间跨度让本书不会厚此薄彼,而是同时考察这两大政治转型的财政影响。另外,本书的研究发现支持财政集权和受限政府均对公共财政有重大积极作用的结论;同时,本书的研究结果还表明,现代财政体系的建立为各国政府在两大历史阶段(19 世纪末的工业革命时期和 20 世纪福利政府的兴起时期)发挥积极的经济作用打下了坚实的制度基础。

本书采用系统性的分析方法检验不同时期欧洲各国政治转型的国内及国际影响。由于诺斯和温格斯特专注于 17 世纪的英格兰,而艾普斯坦着重于中世纪的意大利,因此人们可能担心这两大政体的独特性会影响他们的结论。然而,本书的研究具备良好的普遍性,对近 12 个样本国家采用了相同的分析方法。虽然历史的深度与广度之间内嵌着权衡取舍,但本书宽广的研究范围弥补了任何(必要的)个体样本细节的缺失。不仅如此,每章的案例研究还能够很好地补充各国的具体细节分析。[3]

已有的欧洲财政史的比较文献往往是以定性分析为主。[4] 本书则构建了

---

① 请参阅 Godechot,Hyslop 和 Dowd(1971),Woolf(1991),以及 Grab(2003)。

② 请参阅 Carstairs(1980),Flora(1983),以及 Cardoso 和 Lains(2010a)。

③ 请参阅 Hoffman 和 Norberg(1994a),Bonney(1999),Bordo 和 Cortés-Conde(2001),以及 Cardoso 和 Lains(2010a)。本书同样分析了案例国家的历史。

④ 请参阅 Tilly(1990),Bonney(1995),O'Brien(2001),以及 Karaman 和 Pamuk(2010)。对 1800 年以前的研究仅有两篇计量分析文章(Stasavage,2005,2011)。另外,对 1870 年至 1913 年的经典金本位时代主权债务的研究中有一系列计量研究文献,请参阅 Bordo 和 Rockoff(1996),Obstfeld 和 Taylor(2003),Flandreau 和 Zumer(2004),Ferguson(2006),Ferguson 和 Shularick(2006),以及 Accominottiet 等(2010)。相似地,Lindert(1994)对 1880 年至 1913 年工业国家社会支出的增长进行了定量研究,而 Aidt,Dutta 和 Loukoianova(2006),以及 Aidt 和 Jensen(2009)则考察了 19 世纪到 1938 年民主化的财政后果。使用历史时间序列数据来检验经济和政治变量财政影响的其他研究包括 Neal(1990),Willard,Guinnane 和 Rosen(1996),Brown 和 Burdekin(2000),Frey 和 Kucher(2000),Sussman 和 Yafeh(2000),Mauro,Sussman 和 Yafeh(2002),Reinhart,Rogoff 和 Savastano(2003),Mitchener 和 Weidenmier(2005),Brown,Burdekin 和 Weidenmier(2006),Tomz(2007),Reinhart 和 Rogoff(2009)。

一个全新的年度数据库，覆盖了三大主要的财政指标：长期主权债券的自由市场利率、中央政府筹集的人均收入以及预算赤字占的收入比重。同时，本书的数据还包含一套全新的数据，以衡量内外部冲突、经济增长、财政与货币政策以及其他相关因素。本书对这些数据进行了如下处理：首先，结合各国的政治转型及各种经济和政治因素对财政的时间趋势进行了特征化处理；其次，采用标准方法对数据进行了严格的检验。具体来说，本书采用了两种截然不同的统计流程：一是结构突变检验；二是面板数据回归。在进行结构突变检验时，本书完全没有在任何财政序列中假设主要转折点的事前信息，而是让数据自己说话；在进行面板数据回归时，本书的回归方程包含了大范围的控制变量，从而能够更稳健地衡量政治转型的财政效应。总而言之，定量研究发现，克服弱政府和强政府问题(建立一个兼具财政集权和限制政权的政治体制)存在显著的正向财政效应。

最后，本书的讨论超越了主权信贷风险分析本身。以往财政史的文献常常关注议会改革与公共债务之间的关系[①]，却忽略了制度改革对政府预算的直接影响。具体来说，本书分析了政治转型降低信贷风险的两大核心机制：一是提高政府的人均税收收入；二是增强财政的审慎性。这样一来，本书的研究就能够解释财政集权和受限政府改变公共财政的具体途径。

1.3 内容概述

第 2 章考察了各国政体从财政分割向财政中央集权范式的转变，这也是欧洲各国政府所经历的第一次根本性的制度变革。这样一来，税收的中央集权赋予中央政府以新的财政权力。不过，统治者依旧能够随意地使用公共资金(如用于对外战争冒险)，所以仍存在执政者对财政支出的自由裁量权问题。第 3 章则考察了第二次根本性的制度变革，即从专制政权向受限政府的转变。

第 2 章和第 3 章共同展示了制度变革是如何解决旧体制中财政分割和政治专制这两大核心问题的。具体来说，欧洲各国政府通过财政的中央集权获

① 请参阅 Epstein(2000，第 2 章)，Sussman 和 Yafeh(2000，2006)，Quinn(2001)，Stasavage(2003，2005，2011)和 Summerhill(2011)，以及前面注释中列出的引用。

得了强大的税收力量,并且通过受限政府获得了受限制的执政力量。这样的最终结果是一套平衡的财政与政治制度,而它对公共财政产生了根本性的影响。本书的余下部分将结合定性分析与定量研究继续论证这一观点。

本书选取的样本国家受到上述欧洲财政史研究文献的启发,并在其基础上进行了改进。[①] 为了清晰起见,我们将样本国家分为两个完全不同的小组。小组 1 的国家为典型的核心力量国家,而且在各种政治范式下都有长时间的序列数据。这一组的国家包括奥地利、英格兰、法国、荷兰、普鲁士和西班牙。相反,小组 2 为边缘国家,它们的时间序列数据也较短,这一组包括比利时、丹麦、意大利、葡萄牙和瑞典。总的来说,本书的国家样本很好地捕捉到了欧洲历史经验的多样性。

第 4 章将考察主权信贷,这是衡量一国财政健康水平的核心统计指标。通过描述性分析和案例研究,发现政治转型往往会导致政府债券市场利率的显著改善。但问题是,这种改善是如何做到的? 为了研究这一问题,第 5 章识别了财政集权和受限政府提高政府主权信贷能力的两大具体机制。具体来说,第 5 章考察了公共收入及预算赤字占收入比重的变化,其中,预算赤字占收入比重衡量了财政审慎的程度。描述性分析和案例研究发现,税收收入的提高和财政审慎性的增强是政治转型降低主权信贷风险的两大重要机制。事实上,财政集权和受限政府都会显著地提高政府收入并降低赤字比率。

接着,本书在第 4 章和第 5 章研究发现的基础上,对样本的数据进行了严格的定量统计检验。之后,第 6 章汇报了结构突变检验的结果。在结构突变检验中,本书完全没有在任何财政序列中假设主要转折点的事前信息。因此,在这种检验方法下,通过数据显而易见,将政治转型视为主要的突变转折点。这些突变通常会导致政府收入显著提高以及财政审慎程度显著增强,并且伴随着主权信贷风险明显降低。

尽管如此,在政治转型之外,其他历史因素也可能会影响公共财政。因此,第 7 章的回归分析考察了战争冲突、经济增长、财政和货币政策以及国家个体效应与时间特定效应对公共财政的影响。这种方法的主要优点是,能够

---

① 以下研究将目光集中在西欧。请参阅 Hoffman 和 Norberg(1994a),Bonney(1995,1999),Bordo 和 Cortés-Conde(2001),以及 Cardoso 和 Lains(2010a)。

通过各种控制变量系统地在其他潜在相关因素中厘清政治体制对公共财政的影响。实证检验也证实了本书的观点——即使在控制了其他重要的历史因素之后，政治转型依旧会显著改善公共财政。

总的来说，本书的定性分析和定量分析为政治转型改善公共财政提供了稳健的证据。最后，第 8 章将讨论财政集权和受限政府对政府经济角色转变的影响。同时，第 8 章还讨论了本书的研究对当今新兴和发达经济体的历史经验与启示。

第2章　获得权力

——从分割走向集权

旧体制时期,各国政府通常都兼具财政分割与政权专制的特点。本章将考察从财政分割向财政集权的转变,这也是欧洲各国所经历的第一次根本性政治转型。本章首先将从定性和定量的角度说明财政分割的特征性问题;接下来会介绍制度变革的量化方法,并识别每个样本国家实现财政集权的具体时期。

2.1　财政分割的旧体制

在19世纪之前,欧洲绝大部分国家是财政分割的。与传统的智慧相悖,这些统治者们面对着一系列阻碍他们财政权力的地方权力体系。① 为了清楚地说明这一点,本节将详细考察法国、西班牙、荷兰以及英格兰的具体情况,而这四个国家也是研究欧洲政府所形成相关文献中最常见的案例国家。

现代法国沿袭了路易十一世在15世纪后期的国土边界。随着国土扩张,法国不得不将中央控制叠加于牢固的地方权力体系之上。Brewer(1989:6)将这种政治结构描述为"特殊性的",而它所带来的财政关系则是残酷的。由

① 借用Epstein(2000:13)的话说:"数十年来对前现代时期政治实践的研究……表明,'专制政体'在很大程度上只是一种缺乏实践内容的宣传手段。"同样的观点可以参阅Henshall(1992),Hoffman和Norberg(1994b),Hoffman和Rosenthal(1997),Rosenthal(1998),O'Brien(2001:14—24),以及Magnusson(2009,第2章)。

于法国国王不得不与地方权贵单独讨论各地的税收金额，从而各地的税率并不相同，因此，所有城镇和省都逃避了某些义务。从15世纪开始，中部和北部法国的贵族被赦免了土地税(taille)，这是当时法国最重要的直接税。另外，南部的贵族仅需要为某种类别的持有资产支付土地税。不仅如此，财政分割在法国反复并持续地存在着。① 举例来说，17世纪60年代财政部长科尔伯特的改革最终"成功"地将法国分成八大关税区域。但在这次改革之后，法国依旧存在各种地方性税收，其中五大农场(法国最大的关税区)内就包含五个地方税种。② Shapiro 和 Markoff(1998)认为，这些令人困惑的税收类别和各不相同的地方税率是法国革命前夕人民最主要的怨愤来源。③

横跨卡斯蒂利亚和阿拉贡的西班牙王国(包括加泰罗尼亚和瓦伦西亚)于1497年实现了统一。随后，西班牙又征服了大部分的巴斯克国家，基本奠定了自16世纪开始的现代西班牙的国土轮廓。在西班牙统治下的五大王国试图达成统一的税收协定，但始终没有成功。举例来说，17世纪时奥利瓦雷斯伯爵曾试图实施的结构性财政变革，最后以失败告终。最终，西班牙政府不得不在传统的地方税收之上征收新的皇家税。类似地，发生在18世纪早期的波旁税收改革也不尽如人意。由于无法将卡斯蒂利亚税收体系向西班牙的东部推广，国王只能再一次在地方税收之上增加额外的税收义务。这些新税收的名称各式各样、完全不统一(如阿拉贡的唯一税、加泰罗尼亚的土地登记税以及瓦伦西亚的等值税等)，这反映了西班牙持续存在的税率差异问题。与法国一样，西班牙的财政分割也是长期存在并难以根除的。Comin(1990:86)指出，直到19世纪中期，西班牙第一次真正的税收体系改革才姗姗来迟。④

---

① 借用 White(2001:66)的话说："锐意进取的国王曾发起过数次新的改革，旨在集中化并简化税收体系，但从长远来看，政府在改变基本税收结构方面取得的成功很有限。"

② Johnson(2006)分析了科尔伯特改革的财政影响。

③ 另可参阅 Sutherland(1986)，Rosenthal(1992)，Hoffman(1994)，Major(1994)，以及 Sargent 和 Velde(1995)。

④ 借用 Tortella(2000:174—175)的话说："直到1845年，西班牙的税收制度都是一团杂乱无章的马赛克……不仅特权阶层在实际上是免税的，而且教会和贵族也经常拥有准财政特权，因为他们以自己的名义收取的租金很像税收。税收负担因地区而异，甚至某些特定城市或地区都有特定的税收……总体的税收状况就像是既不完整又充满变化的大杂烩。"同样可参阅 Elliot(1986)，Lynch(1989)，以及 Tortella 和 Comín(2001)。

荷兰共和国(1581年从西班牙独立出来)的疆域边界与现代荷兰基本相同。荷兰共和国是由7个主权省构成的联盟。[①] 每个省都拥有独立的公共财政,而荷兰共和国从没有实施过任何统一的税收体系。为了给联邦政府的公共福利与行政运作筹集资金,荷兰采用了一套配额税收体系,其中7个省均向联邦政府承诺支付固定的税收金额。[②] 荷兰省,即荷兰人口最多和最富裕的省份,承担了最高税收配额(接近总数的60%)。van Zanden 和 van Riel (2004,第1、2章)认为,这样的财政分割弱化了荷兰共和国筹集资金和偿还债务的能力,因为其他6个省往往逃避自身的税收义务,以便搭乘荷兰省税收配额的“便车”。不仅如此,各省的精英们都拒绝根本性的税收改革。他们还指出,这种政治格局导致一种长期来看极为脆弱的财政状况。

分割政府的一大普遍特征是地方税收控制与地方政治自治权之间的紧密联系,法国、西班牙和荷兰共和国均是如此。省级的地方精英们存在强烈的动机,反对任何可能威胁地方传统税收权力的财政改革。这最终导致了一个典型的公共物品问题,因为每个地方权力体系都试图搭乘其他地区税收贡献的“便车”,而这最终导致国家政府能够筹集到的人均税收非常低。

从这个角度来看,英格兰是一个例外。1066年,诺曼征服英格兰时建立了一套统一的法律与关税体系,这是其他欧洲国家在很久之后才达成的。[③] 不仅如此,Brewer(1989:4)认为,强大的国家议会的出现往往是为了对抗强大的中央集权君主政体。因此,英国国王并不需要同省级地方精英们进行昂贵并冗长的税收协商。[④]

为了解决欧洲其他国家都存在的地方税收“搭便车”问题,执政者必须获得财政权力以施加全国统一的税率体系,不用再与不同地区讨价还价以确定

---

① 荷兰共和国还包括了人口稀少的德伦特的农村领土,以及1648年《威斯特伐利亚和约》签订后的公地。

② 请参阅 t'Hart(1997)和 Fritschy(2007)。

③ 请参阅 Brewer (1989:3—7),Sacks(1994:14—23),以及 Hoffman 和 Norberg(1994b)。

④ 另请参阅 Epstein(2000,第2章)和 O'Brien(2001:14—24)。我们必须区分英格兰的财政和政治体制以及整个不列颠群岛的财政和政治体制。用 Brewer(1989:5—6)的话说:“确实存在一个名为英格兰(English)的中世纪国家,它是由诺曼奠定的基础形成的,但它并不是英国(British)……无论如何,最终成为英国的英格兰核心远超同期的法国,不仅是因为它继承的国土面积更大,而且因为它的政治制度也更好。”为了行文一致,全书均使用“英格兰”(England)一词。附录2记录了英格兰各种财政指标的时间序列的构建方法。

当地的税率。只要中央政府能够对各省施加相同并较高的税率，那么政府的人均税收收入也会相应提高。Hoffman 和 Rosenthal(2000)认为，中央执政者和省级地方精英们都愿意接受包含中央集权财政体制的政治分权协定，因为前者能够通过这个体制筹集到更高的税收收入，而后者(通过代表机构进行协调)则能够为他们想要提供的公共服务筹集到更高比例的资金。我们将在第 3 章继续考察形成这种制度的可能性。

2.2 定量分析

2.2.1 研究设计

对权力分割变革的简单定量分析可以对财政分割的定性描述进行补充。同第一节一样，我们关注的焦点依旧是法国、西班牙、荷兰以及英格兰，即研究欧洲政府所形成相关文献中最主要的四大案例国家。[①] 本书研究的时间跨度为 1700 年至 1815 年，因为这段时间包含了关键的制度转折点以及法国大革命(1789—1799 年)。

尽管检测财政分割最理想的方法是测量各国国内财政区域的规模，并且逐一记录各个时间发生的制度变革，但遗憾的是，并没有足够可获得的历史数据得以完成这种测量。考虑到 19 世纪之前整体数据的匮乏，本书需要构建一个简明并能够进行跨国比较的制度分割指标。

内部关税边界是满足这一要求的唯一数据。借用亚当·斯密的名言：国内的关税阻碍了最重要的商业分支——国家的内部贸易。[②] 贸易障碍妨碍了商品与服务的合法市场交易。主要的河流和道路通常会穿越多个需要缴纳关税的贸易边界。在这种情况下，贸易障碍的存在鼓励了黑市交易。另外，关税的管理往往是昂贵并且低效的。Epstein(2000，第 1、2 章)指出，内部关税在整体上分割了国内经济并限制了经济增长，因为它增加了交易成本、延长了交

---

① Dincecco(2010b)研究了更多的样本国家。

② 请参阅 Smith(2003:1135)。另外，Henderson(1939:22—23)对有影响力的地方商业联盟的描述更为生动：关税壁垒“对贸易的削弱就像阻碍血液自由流动的绑扎带一样”。

易时间并且提高了贸易风险。

国内关税问题从属于一个更为严重的问题——国家主权的割裂。如上一节所述，各国的城镇和省往往具备各自独特的经济和政治制度，其中包括不同的当地关税、税收优惠、度量衡以及垄断行会。因此，集权化的改革（如统一的国内关税、国家税收体系和中央银行的建立、统一度量衡以及废除垄断行会）往往是同时发生的。[①]

关注以国内关税区构建的权力分割指标有助于本书的分析。当然，这种简化意味着忽略了一些小的集权化趋势。举例来说，虽然法国的五大农场从 17 世纪 60 年代就被记录为一个统一的区域，但是其中至少存在五大地方关税。也就是说，本书的简化指标对事实上的权力分割程度存在系统性的低估，这会导致分析结果偏向不利于寻找支持制度分割证据的方向。换言之，如果研究结果表明存在权力分割，那么实际情况则更为严重。

如上一节所述，法国、西班牙以及荷兰的主权边界在 17 世纪就已成形，并且至今仍保持相对稳定，即从 1700 年到 1815 年的净地理范围扩张非常之小。尽管法国曾在 1795 年征服了荷兰，但荷兰在拿破仑时代的末期（1815 年。——译者注）就恢复了独立。由于本书的分析更关注 1815 年的权力分割（相对于旧体制时期），因此这一事件并不存在显著的影响。

但是，当我们转向英吉利海峡时，我们必须要清楚地区分英格兰与英国的关税制度。[②] 如上一节所述，英格兰在 11 世纪就统一了它的内部关税。1536 年，英格兰与威尔士合为一体；1603 年，苏格兰和英格兰王国统一。但直到 1707 年，分割这两个地区的内部关税边界才随着《联合法案》（Act of Union）的实施而取消，而到 1800 年，爱尔兰才由相似的法案被统一进来。[③] 尽管与法国类似的国家在 1700 年到 1815 年期间的净国界扩张规模较小，但英格兰的国土扩张规模很大并且是永久性的。鉴于本书的研究关注政体内权力分割，而不是国家的统一，为了避免混淆内部和外部分割的影响，本书的分析以

① 请参阅 Dincecco(2010b，表 1)。

② 有关这一点的一般性讨论，请参阅 Brewer(1989:3—7)。

③ 爱尔兰自由邦成立于 1922 年。

英格兰(包括威尔士)为样本。① 另外,如果以英国为样本(包括英格兰、苏格兰以及威尔士,并且在18世纪初已经不存在内部关税),得到的研究结果与以英格兰为样本的结果是相似的。

本书的样本包含英格兰、法国、荷兰以及西班牙的全部175个城市,这些样本城市在1800年至少拥有10 000个居民(De Vries,1984)。样本城市很好地覆盖了这四个国家,其中44个城市来自英格兰、19个城市来自荷兰、78个城市来自法国、34个城市来自西班牙。由于研究的核心是欧洲大陆,而欧洲的快速工业化发生于拿破仑战争的末期(1803—1815年),所以使用1800年作为基年能够很好地缓解样本偏差问题。②

尽管评估不同内部关税区域边际税率差异的经济影响也是有帮助的,但是并不存在这方面的系统性信息。不过,地理范围和城镇人口的数据是可得的。同时采用这两个指标能够保证研究结果并不依赖于某一特定的研究方法。第一种方法测算了样本城市商品能够自由免税贸易的区域面积(单位为平方千米),并采用历史记录确定每个国家的主要内部关税边界。Dincecco(2010b)记录了这种方法的数据来源与构建方法。由于本书的分析关注的是欧洲各国的权力集权,所以仅考虑各国国内的主权区域。③

本书的分析采用内部关税边界的变化来计算不同时期围绕在每个样本城市周围的关税区域面积。Dincecco(2010b)提供了详细的计算方法,选定的断点时点分别为1700年、1750年、1788年(法国大革命前夜)以及1815年(标志着拿破仑时代的终结)。当一国最后的内部关税障碍被取消时,这个国家就实现了国内关税的统一。为了比较不同地理规模国家的内部分割程度,本书的关税区域统一被折算为占总体主权面积的比重。

De Vries(1984,附录Ⅰ)提供了18世纪每隔50年的城镇人口数量。本书的第二种方法计算了1700年、1750年和1800年每个关税区域内所有样本城市的人口总数,随后将其除以每个国家所有样本城市的总城镇人口数量。

---

① 按照同样的逻辑,由于法国东部主权边界随时间发生了重大变化,因此莱茵河以东的领土未被包含在内。Dincecco(2010b)检验了19世纪德国和意大利领土上发生的州的合并所带来的影响。

② 请参阅Hohenberg和Lees(1985),Bairoch (1988),以及Mokyr(1998)。

③ 殖民地制造的商品在本国港口通常也要缴税,详见Bordo和Cortés-Conde(2001)。

Dincecco(2010b)描述了这种计算方法的细节。由于农村人口往往会提供生活必需的商品(粮食。——译者注),所以,只要内部关税对城镇商业具有最大的影响,那么这种方法的测算结果就是非常可靠的。

表 2.1　　平均国内关税区城占总体主权面积的比重(1700—1815 年)　　单位:%

	1700 年	1750 年	1755 年	1815 年
英格兰	100	100	100	100
法国	22	22	22	100
荷兰	14	14	14	100
西班牙	61	94	94	94

注:举例来说,1700 年,法国的平均关税区域占其总体主权面积的 22%。

数据来源:Dincecco(2010b)。

2.2.2　研究结果

表 2.1 说明,除了英格兰(它在中世纪时就已经实现中央集权),其他旧体制国家的制度分割指标(围绕样本城市的内部关税区域占总体主权面积之比)依旧存在着巨大的差异。具体来说,1700 年,法国的平均关税区域仅占其总面积的 22%。这个结果与 Nye(2007:56—57)的分析是相同的,他认为繁重的关税导致法国各区域之间近乎自治的状态。相似地,1700 年,荷兰共和国的平均关税区域占其总面积的比重仅为 14%,这个发现与 Griffiths(1982:514—517)的结论是一致的,他认为,是内部关税障碍导致了荷兰各地区内部经济的孤立。最后,关税区域的中位数或最大值也同样可以说明内部分割的情况。

从这个角度来说,西班牙是一个特殊的存在。西班牙的平均关税区域在 1700 年占其总体主权面积的比重就高达 61%,到 1750 年提高至 94%(这是因为 18 世纪 10 年代的波旁王朝改革废除了内部关税)。在 18 世纪之前,卡斯蒂利亚王国、阿拉贡王国、加泰罗尼亚王国、瓦伦西亚王国和巴斯克王国依旧存在内部关税边界。巴斯克关税从 1722 年起开始恢复并且一直延续到 1839 年,之后内部关税才被彻底废除。[①]

---

① 请参阅 Tortella 和 Comín(2001:155—165)。

然而,几乎所有其他的分割指标都显示,西班牙的情况比其他旧体制下各国的情况要糟糕。在西班牙,集权改革(如建立国家税收体系和中央银行、统一度量衡以及废除地方垄断工会)直到 1830 年之后才姗姗来迟。[①] 不仅如此,西班牙糟糕的交通网络也阻碍了经济的发展。举例来说,英格兰的公路总长度在 1800 年就已经接近 30 000 千米,但同时期西班牙的公路总长度还不到 5 000 千米,而且西班牙的国土面积是英格兰的 3 倍。[②] 因此,使用内部关税区域极大地低估了现代西班牙早期权力分割的实际程度。

其他的测量方法都表明内部关税面积在 1789 年之前普遍较小。表 2.2 显示,1700 年超过 25%的样本城市被小于 5 万平方千米的贸易区域围绕,超过 60%的样本城市被小于 20 万平方千米的贸易区域围绕,而超过 80%的样本城市被小于 25 万平方千米的贸易区域围绕。不仅如此,表 2.3 还说明 1788 年的平均贸易区域面积仅为 18.2 万平方千米。另外,法国和英格兰之间的对比尤其值得注意。在 1789 年之前,法国的平均贸易区域比英格兰小 3.3 万平方千米,而英格兰是唯一不存在内部关税的政体样本。换言之,如果法国也实现了集权,那么它的自由关税区域会比英格兰高出 3.5 倍多。

表 2.2　被不同大小内部关税区域环绕的样本城市累计占比(1700—1815 年)　单位:%

面积(平方千米)	1700 年	1750 年	1788 年	1815 年
<50 000	32	29	29	11
<100 000	39	36	36	11
<150 000	39	36	36	11
<200 000	65	61	61	37
<250 000	85	81	81	37
<300 000	85	81	81	37
<350 000	85	81	81	37
<400 000	100	81	81	37
<450 000	100	81	81	37

① 请参阅 Dincecco(2010b,表 1)。

② 西班牙的数据测算来自 Vicens Vive (1969:679－681),也可参阅 Ringrose(1968,1970)和 Tortella(2000:115－120)。英格兰的数据测算来自 Bogart(2005:440)。

续表

面积(平方千米)	1700 年	1750 年	1788 年	1815 年
<500 000	100	100	100	55
<550 000	100	100	100	100

注:在 1800 年,包含了 175 个人口超过 10 000 居民的英国、法国、荷兰和西班牙城市。举例来说,在 1700 年,32%的样本城市被大于 50 000 平方千米的关税区域所环绕。

数据来源:Dincecco(2010b)。

表 2.3　　内部关税区域的平均面积(1700—1815 年)　　单位:平方千米

面积	1700 年	1750 年	1788 年	1815 年
英格兰	151 000	151 000	151 000	151 000
法国	118 000	118 000	118 000	544 000
荷兰	5 000	5 000	5 000	34 000
西班牙	302 000	467 000	467 000	467 000
总体	150 000	182 000	182 000	375 000

数据来源:Dincecco(2010b)。

表 2.4 展示了不同时期贸易区域内城镇人口数量占总城镇人口数量的比重,它也很好地体现了旧体制下国内自由贸易区域的分割。具体来说,贸易区域内的城镇人口数量占总城镇人口数量的比重往往小于 10%。法国的五大农场区域和荷兰的荷兰省是两个例外,前者的城镇人口占总城镇人口的 55%,而后者的城镇人口占总城镇人口的 75%。不过,在科尔伯特改革(17 世纪 60 年代)之后,法国的五大农场之内至少依旧存在着 5 种地方关税,所以按照这一方法计算的指标系统性地低估了法国权力分割的实际程度。荷兰共和国也存在同样的情况,因为它的城市、城镇以及省份在当时是高度自治的。[①] 在 1700 年,西班牙的卡斯蒂利亚王国城镇人口占总城镇人口的 77%,而这一比重到 1750 年提高至 98%。正如前文所述,采用内部关税区域作为指标明显低估了 18 世纪西班牙的制度分割。

① 详见 van Zanden 和 van Riel(2004:32—40)。

表 2.4　　内部关税区域内城镇人口占总城镇人口的比重(1700—1815 年)　　单位:%

关税区域	1700 年	1750 年	1800 年
面板 A:法国			
有效涉外 1	4	5	
有效涉外 2	1	1	
五大农场	55	55	
据说涉外 1A	8	7	
据说涉外 1B	6	7	
据说涉外 1C	8	8	100
据说涉外 1D	7	7	
据说涉外 2	3	3	
据说涉外 3	1	1	
据说涉外 4	6	6	
面板 B:荷兰			
弗里斯兰省	2	2	
海尔德兰省	3	3	
公地	6	5	
格鲁宁根省	3	4	
荷兰省	75	75	100
上艾瑟尔省	2	2	
乌得勒支省	5	4	
西兰省	4	4	
面板 C:西班牙			
阿拉贡	5		
卡斯蒂利亚	77	98	99
加泰罗尼亚	8		
瓦伦西亚	9		
巴斯克区	1	2	1

数据来源:Dincecco(2010b)。

2.3　1789 年之后的中央集权

欧洲的财政集权进程历时长达数个世纪,不仅如此,前两节的指标测算结果表明，欧洲在18世纪末还远远没有实现财政中央集权。个别税收体系的根本性变化仅仅是法国大革命或拿破仑军队以外力施加的行政性改革。[①]一般来说，财政改革往往是新政府成立之后大规模行政改革的一部分。因此，我们一般将1789年之后实现的财政集权视为国家制度基础结构性变革的一部分。

定量分析的结果支持对财政变革时点的这种解读。无论是以地理面积还是以城镇人口进行测量，内部关税区域在旧体制落幕之后都呈现出显著的扩大。法国大革命废除了主要的内部关税，而荷兰在1795年被法国征服之后也实现了关税统一。表2.1表明，法国和荷兰的国内关税区域于1815年覆盖了全部的主权面积；同样地，如表2.4所示，关税区域内的人口数量从19世纪开始也等于总的城镇人口数量。

不仅如此，表2.2和表2.3都显示了各国内部关税从1789年开始实现统一。从1700年到1788年，欧洲贸易区的平均大小和贸易区围绕的累计城市比重都没有发生很大的变化。但如表2.2所示，关税区域在随后的25年间快速增长。具体来说，在1788年，近30%的城市被5万平方千米或者更小的自由贸易区域所围绕；而到了1815年，仅有10%的城市被这种规模的贸易区域所围绕。另外，在1788年，超过80%的城市被小于45万平方千米的贸易区域所围绕；但到了1815年，这一数值降低至小于40%。相似地，表2.3显示围绕样本城市的总体平均关税区域面积在这一期间增加了超过1倍以上——从1788年的18.2万平方千米提高至1815年的37.5万平方千米。[②]

2.4 集权指标的编码

一个清晰并简单的财政集权指标有助于进行跨国比较。具体来说，如果

---

① 请参阅 Godechot 等(1971)，Woolf(1991)，Grab(2003)，以及 Acemoglu 等(2009a)。

② 这些结果与研究欧洲国内谷物市场一体化的文献的结果一致。Persson(1999)，Jacks(2005)以及 Keller 和 Shiue(2007)发现，尽管旧政权时期的市场效率低下，但1815年之后的价格差异显著减少。当然，18世纪后期就已经较为有效的英格兰市场是一个例外。

一个国家首次通过标准化的税收体系成功实现以统一的税率在全国筹集税收，那么这个国家就完成了财政集权的全部进程。[①] 也就是说，本书将完全实现财政集权之前的所有阶段都视为完全的财政分割，即使财政分割相对较小的国家也是如此。这种指标构建方式意味着被视为完全分割的政体可能优于完全财政分割的财政表现（如更高的人均财政收入），在这种情况下，财政集权之后的公共财政改善也会被低估。换言之，对财政集权化效果的系统性低估会低估财政集权对公共财政的改善效应。因此，第 4 章到第 7 章的实证分析如果发现财政集权对公共财政存在显著的正效应，那么实际存在的正效应应该更强。

表 2.5 展示了小组 1 和小组 2 中各国实现财政集权的日期。如 2.1 节所述，英格兰在很早之前就已经实现了制度集权。而许多其他欧洲国家，这种结构性的财政变革直到旧体制落幕之后才发生并持续至今。随着法国大革命（1789—1799 年）的开始，国民大会废除传统特权后才得以实现法国的税收体系转型，到 1799 年拿破仑当权之后，法国就完成了这一财政集权进程。1795 年，法兰西第一共和国征服了低地国家（包括荷兰、比利时和卢森堡。——译者注），南部荷兰（包括比利时）也成为法国的一部分。巴达维亚共和国（荷兰共和国的接替者）在法国的统治下于 1806 年建立了国家税收体系。从 19 世纪开始，拿破仑对意大利半岛的征服也加速了这一地区的财政变革。但是，直到 1861 年意大利王国成立时，意大利各州才开始实行统一的税收体系。最后，普鲁士在 1806 年的耶拿—奥厄施泰特战役中输给了法国，随后便开展了重大的行政改革，其中当然也包括财政集权。[②]

---

① 该定义并不意味着中央政府已成为税收的垄断者。美国 1776 年革命之后的历史发展就说明了这一点。根据《联邦宪法》（美国的第一部宪法），国会只能要求各州提供税收资金。财政集权发生在 1788 年，当时新宪法授予国会确保各州遵守国家税收标准的合法权力，但是，各州仍可以征收地方税。另请参阅 Edling（2003）。

② 关于法国的更多内容，可以参阅 Bordo 和 White（1991：314－316）以及 White（1995：234－241）。关于比利时的更多内容，可以参阅 Holtman（1967：100）以及 Sutherland（1986：344－346）。关于荷兰的更多内容，可以参阅 Fritschy 和 van der Voort（1997：78－82）以及 van Zanden 和 van Riel（2004：40－51）。关于意大利的更多内容，可以参阅 Cohen 和 Federico（2001，第 3 章）以及 Federico（2010：192－193）。关于俄罗斯的更多内容，可以参阅 Kiser 和 Schneider（1994：200－201），Breuilly（2003：131－132），以及 Ziblatt（2006：114－115）。

表 2.5　　　　欧洲各国实现财政集权的年份

	年份	事件
小组 1		
英格兰	1066	诺曼征服和省政府权力的削弱
法国	1790	1789 年革命之后的行政改革
荷兰	1806	法国控制下的行政改革
普鲁士	1806	1806 年战败法国之后的行政改革
西班牙	1845	温和的十年期间的行政改革
奥地利	1848	革命之年期间的行政改革
小组 2		
比利时	1795	法国吞并之后的行政改革
葡萄牙	1859	政府账户的集中和管理
意大利	1861	王国建立和税收统一
瑞典	1861	废除前现代税收体系
丹麦	1903	废除前现代税收体系

注:小组 1 包含核心国家,并且这些国家具备多种政治体制的长期序列数据。小组 2 包含边缘国家,而它们的时间序列数据较短。表中第二列显示了各国完成财政集权的年份(定义方式如文中所述)。最后一列给出了这些时期所发生事件的简单说明,具体说明请参考正文。

资料来源:请参见正文。

1805 年,拿破仑击败了奥地利,随后分别于 1807 年和 1808 年入侵葡萄牙和西班牙,但是他并没有成功地在这些地区实现长期的行政变革。直到 1848 年革命之后,奥地利帝国才实现财政集权,这对其行政结构产生了重要的影响。值得注意的是,位于维也纳的中央政府这时开始在匈牙利推行一套有效的内莱塔尼亚税收体系。[①] 在长达 10 年的大规模制度变革过程中,西班牙于 19 世纪 40 年代实现了财政集权。葡萄牙的大规模公共财政变革发生在

① 奥地利和匈牙利是当时奥地利帝国(1804—1867 年)最大的领土。它们于 1867 年的互相妥协建立了奥匈帝国(1867—1918 年)。为了保持行文一致,全文均使用“奥地利”一词。可参阅 Pammer (2010:132—133)。

19世纪50年代的革命时期(1820—1851年)结束之后。另外,葡萄牙1859年的改革也带来了政府账户的规范管理与中央集权。[①]

在19世纪的大部分时间内,斯堪的纳维亚地区的前现代财政结构基本没有发生变化,直到19世纪后半阶段甚至更晚才出现了主要的税收变革。1861年,瑞典改革废除了古老的税收体系(把税收主体分为不同的类别,其中包含许多次级分类,并且对每一个类别实施不同的固定缴纳规则)。无独有偶,1903年的丹麦改革废除了传统的税收结构并引入了现代所得税,同时采用了全国范围内的标准税率。[②]

财政权力是刻画当今富裕国家的一大关键指标。但是许多发达经济体并不是"生来"就具备这种强大的税收制度。为了理解富裕国家如何获得税收权力,我们必须回溯历史。本章考察了财政集权——欧洲各国所经历的第一次根本性政治转型。定性和定量的证据都表明各国在长期、艰难的历史进程之后,才建立了国家税收体系。另外,国家税收体系的建立往往发生在旧体制落幕之后,也就是18世纪的尾声之际。

尽管财政集权赋予欧洲各国新的财政权力,但是执政者的自由裁量权(在财政支付方面。——译者注)问题依旧存在,即统治者依旧可以任意使用政府的资金(如用于对外战争冒险)。接下来,我们的关注点将转向欧洲财政史上的第二次根本性政治转型——从专制制度向议会制度的转变。

① 关于奥地利的更多内容,可以参阅Pammer(2010:136—139,156—157)。关于西班牙的更多内容,可以参阅Tortella(2000:173—192)以及Comín(2010:220—226)。关于葡萄牙的更多内容,可以参阅Cardoso和Lains(2010b:261—264)。由于Cardoso和Lains(2010a)发表了新证据,因此丹麦、葡萄牙、西班牙和瑞典的编码已更新。

② 对于瑞典,请参阅Schön(2010:169—178)。Hans Christian Johansen提供了丹麦的数据。另外的相关信息请参阅前文脚注。

第3章 限制权力
——从专制政体走向受限政府

财政集权解决了地方税收“搭便车”的问题，从而提高了国家筹集税收的能力并使政府有能力筹集更大规模的收入。不过，统治者依旧拥有政府支出的决策权，而财政权力的巩固可能会加重这一问题。因此，限制当权者的财政支出权就成为一种必要。

本章将考察欧洲各国所经历的第二次根本性政治转型——从专制政权走向受限政府，这种受限政府对统治者的公共资金用途加以限制。本章将首先说明不受限的专制统治所面对的问题，随后再说明本书对政治转型进程的量化方法并识别各国发生议会改革的具体时间。

3.1 掠夺的国王们

对执政者的公共支出权力施加常规性的制度限制是非常重要的，荷兰的威廉一世和英格兰的查尔斯一世就是两个众所周知的经典案例。

拿破仑战争(1803—1815年)结束后，荷兰联合王国(包含比利时)成立，它的新宪法授予其国王威廉一世(在位时间1815—1840年)世袭的独裁权力。[①] 尽管宪法同样赋予国家议会审计国家财政的权力，但是荷兰的经常性

---

① 威廉一世的信息来自 van Zanden 和 van Riel(2004:85－106，171－178)。也可参阅 van Zanden(1996)，Fritschy，t'Hart 和 Horlings(2002:22－23)，以及 van Zanden 和 van Riel(2010:58－72)。

财政支出的预算周期长达 10 年。因此，议会每 10 年才能行使一次审计权。不仅如此，预算反复被否决也没有明确的后果，部分原因是，即使他们的议案没有被议会批准，财政大臣们也不会因此被革职。由于这些原因，议会的监管效果实际上是大打折扣的。

威廉一世将大量的国家资金用于军事、基础设施以及其自身的挥霍。1806 年，荷兰的财政集权导致其税基增加了近 1 倍，并且使国债利息大幅度降低，而且这个时期的欧洲处于相对和平的状态，但威廉一世依旧无法平衡荷兰的国家账户。到 1840 年，这个问题日趋严重，荷兰公共债务占 GDP 的比重已经超过 200％，这个比例几乎趋近于拿破仑战争这样一个特殊时期的债务比重，而且威廉一世甚至还使用了各种不太正当的手段来竭力掩饰荷兰公共财政的真实情况。①

19 世纪 30 年代末，威廉一世不考虑后果的财政政策变得越发支离破碎。议会经过讨论并进行了相应的特殊调查后，确定国家已经破产。1839 年，议会对宪法进行修订以进一步限制执政者的财政权力。具体来说，新的宪法将预算周期从 10 年大幅度缩短为 2 年，同时公共财政也变得更加透明。1840 年，威廉一世逊位，部分原因正是议会制度对他施加了更严格的限制。新的宪法颁布于 1848 年，这标志着荷兰真正自由时代的到来。在新的宪法下，国王必须向议会提交年度预算进行审批。至此，议会严格地限制了执政者的公共支出权力，因此，van Zanden 和 van Reil(2004:75)将这次改革称为议会权力的“奠基石”。

统治者虽然能够随意支配政府的财政收入，但税收权力却被掌握在代表性机构手中。② 这促使统治者竭力寻找途径绕过议会，以搜刮更多的资金。

---

① 借用 van Zanden 和 van Riel(2004:97)的话说：“威廉的金融财政政策最引人注目的地方在于，他试图减少议会对财政政策的影响，并压制就财政问题产生的一般公开辩论……他持续地陷入了一种拆东墙补西墙的境地，而且这种情况越来越难以控制。顺理成章地，他越来越没有动机坦率地披露政府的真实财政状况。”

② 除英格兰外，旧体制欧洲的代表性机构并不是国民议会，而是从特定省份和社会团体中挑选的代表。另请回顾第 2 章。Stasavage(2011)以及 van Zanden，Buringh 和 Bosker(2011)考察了中世纪议会对财政和经济的影响。

众所周知的案例是英格兰的查尔斯一世(在位时间1625—1649年)。[①] 为了规避议会,查尔斯一世的一大主要收入来源是强制借款,而他的还款方式常常难以预期,而且还款条件往往也与原始的借款协定不同。除此之外,他还采用其他诸多规避议会筹集资金的方法,其中包括不经议会同意征收关税和出售政府土地、专营服务权和职位。查尔斯一世有时甚至会掠夺私人物品,如金条等。通过这些手段,查尔斯一世成功地掩饰了政府公共财政的真实状况。

英国统治者们的掠夺性财政措施一直持续到1866年的光荣革命,它推翻了詹姆斯二世(在位时间1685—1688年)的统治。权利法案再次确定了议会开征新税的专有权力,也限制了统治者获取独立收入来源的能力。很快,议会首次成功赢得了对财政支出的年度否决和审计权。这种权力被North和Weingast(1989:816)称为:议会在财政事务上的"至高无上"的地位。

3.2 议会的最高财政地位

Hoffman和Rosenthal(1997,2000)将1688年之前的英格兰和1848年之前的荷兰称为"分割的财政权力",而这导致政府陷入一种恶性循环。[②] 具体来说,议会的精英们惧怕统治者会增加挥霍性(如对外战争冒险)的公共支出,因此,他们在确保议会拥有对政府预算的监督权之前,不会开征新的税收。[③] 这导致缺乏公共资金的统治者们进一步采取财政掠夺的政策,从而加深了议会的担忧,认为统治者不可信赖。最终,议会强烈地抵制统治者的征税请求,使政府收入一直保持在低位水平上。

议会对国家预算的定期监督(通常出现在19世纪)确立了国会的最高财政地位,从而降低了统治者糟糕支出决策的可能性。与偏好财政集权一样(详

---

① 该信息来自North和Weingast(1989:808—817)。另请参阅Ashton(1960:31—67,154—184),Hirst(1986:126—159),Cust(1987:39—71,99—149),以及Sacks(1994:53—56)。

② 另请参阅Rosenthal(1998)。

③ Hoffman(2009)和Cox(2011)研究了战争中的皇室道德风险问题。借用Hoffman(2009:24)的话说,君主"在军事上过度支出,并提供了超出其公民期望的国防力量。但是他们鲜有理由不这样做。战争胜利……为他们赢得了荣耀、提高了声誉和获取了资源……而战争失败永远不会让他们失去自己的宝座,至少对于大国而言是这样,而且只要他们没有发生内战。"Cox(2011)认为,在英格兰光荣革命后建立的首相责任制解决了皇室的道德风险问题。

见第2章)，统治者和议会都有动机设立一套新的政府支出规则。具体来说，结构性的税收改革意味着统治者能够获得更高的政府收入，不过，为了保证新增的政府资金中有一部分被用于议会精英们认同的公共服务，放弃预算控制权是执政者获得议会信任的唯一途径。换言之，只要统治者和议会能够达成协议，低税收伴随低支出的这种恶性循环的范式立刻变成明日黄花。[①] 事实上也确实如此，拥有议会的政体(如18世纪的英格兰或荷兰)比专制政体(如法国和西班牙)的税务负担要高得多。[②]

Hoffman和Rosenthal(2000)认为，战争性质的根本变化是受限政府在1800年之后出现的主要原因。具体来说，与之前的战争不同，一旦战败，国王此时就可能面临失去王位的风险。另外，更高的税收收入意味着战争的胜率也更高(战争性质的根本变化，之前的战争和战争支出并没有明显的相关性，而1800年之后的现代战争则呈现明显的高支出、高胜率的现象。——译者注)。高税收对应高胜率比绝对财政控制权更能得到统治者的青睐。不仅如此，Acemoglu和Robinson(2000)认为，非军事公共服务支出也能够让统治者们受益，因为这类支出能够避免社会动乱。

Hoffman和Rosenthal(2000)概括性地解释了这种从专制政权到议会政权的转变。他们认为，财政集权和受限政府是同时发生的。尽管每次政治转型确实会与其他的政治转型互为补充(请参见第1章)，但不太可能同时发生多个政治转型。不仅如此，大多数欧洲国家发生税收体系结构性变革的原因是法国革命或拿破仑军队所施加的“外力”，而且它们发生的时间往往比建立稳定的国家议会要早数十年。鉴于此，本书的分析细致并明确地区分了财政集权和受限政府这两次政治转型对公共财政的影响。

不仅如此，政治转型往往是经济、地理、政治和社会因素共同作用的结果[③]，而且机遇的作用也不容小觑。举例来说，荷兰宪法颁布于1848年，尽管当时的欧洲经济正处在衰退之中，但政治革命的浪潮已经波涛汹涌。相似地，在英格兰光荣革命之际，国际形势异常紧张，并且刚刚爆发大同盟战争

① van Zanden和Prak(2006)也提出了相似的、在荷兰共和国背景下公民的经济作用的观点。

② 请参阅Mathias和O'Brien(1976)，以及Hoffman和Norberg(1994b)。

③ 请参阅Moore(1966)，Acemoglu等(2009b)，以及Dincecco，Federico和Vindigni(2011)。

(1688—1697 年)。历史的关键时刻对制度变革的发生时间和变革范围都有着重大的影响,而且基本主导了所有统治者和议会精英之间达成的协议。为了进一步考察这一点,本书第 7 章将通过面板回归定量分析做进一步的分析与讨论。

3.3　受限政府的量化

议会权力的有效指标必须能够刻画议会对预算监督的实际权力。不仅如此,为了能够适用于不同国家,这个指标还需要足够清晰和简单。因此,本书的指标借鉴了 North 和 Weingast(1989)刻画议会改革的思路。具体来说,当宪法赋予议会稳定的、按年度对国家预算进行控制的权力,那么就认为这个国家实现了受限政府。为了保证议会获得了稳定的权力,本书要求议会的年度预算控制权持续 20 年以上。为了使这一指标尽可能客观,本书还采用了学术界普遍认同的制度转型发生时点和政体形式。De Long 和 Shleifer(1993)、Acemoglu 等(2005)以及 Marshall 和 Jagger 的第四政体数据库(2008)是高度相近的,不过他们的数据库并没有完全符合本书研究的需要。[①] 总的来说,本书的量化方法同时满足以下三大特征:议会管理预算的常规权力、政体的稳定性以及学界的普遍认同。这意味着本书量化受限政府的标准与诺斯和温格斯特所采用的标准是相同的。

选择较早的日期作为受限政府的成立时点,会低估议会政体的效果。举例来说,假设德国在第二次世界大战之后才实现了稳定的受限政府(魏玛共和国仅存在了 14 年,从 1918 年到 1933 年),或者西班牙稳定的受限政府实现于 1975 年弗朗哥(弗朗哥是西班牙内战期间推翻民主共和国的民族主义军队领袖,西班牙国家元首、大元帅、西班牙首相、西班牙长枪党党魁;1936 年发动西班牙内战,自 1939 年开始到 1975 年独裁统治西班牙长达 30 多年。——译者

① De Long 和 Shleifer(1993)使用了三种方法:专制政权和非专制政权的二元指标、八分制宪法打分表以及 Tilly(1990)对资本相对强制的分类。不过,他们对政治体制的编码间隔时间为 150 年。Acemoglu 等(2005)使用了两种方法:来自第四政体数据库的行政约束分类和对资本的保护。不过,他们的政治体制编码的间隔时间为 50 年或 100 年。尽管 Marshall 和 Jaggers(2008)会按年度间隔对行政约束进行分类,但他们的数据库是从 19 世纪才开始的。

注)去世之后。如果事实如上所述,那么应该将 20 世纪前半叶的普鲁士和西班牙均视为独裁政体。考虑到欧洲公共财政往往随着时间的推移不断改善,如果选择了较早的日期作为受限政府的实现时间点,那么就意味着一些被识别为受限政府的政体实际上会对应较为糟糕的财政表现,从而导致议会改革带来的平均公共财政改善程度也有所降低。系统性地低估受限政府的财政影响是与本书的假设(议会改革会改善公共财政)相悖的。因此,实证分析部分(从第 4 章到第 7 章)如果依旧发现受限政府能够显著提高财政表现(公债利息),那么实际的情况应该是存在更高程度的正向影响。

还有一些国家,它们的政体形式在整个 19 世纪并不稳定,在专制和受限政府之间反复摇摆。如前文所述,本书要求议会的预算权力至少连续存在 20 年以上。另外,第 7 章的回归分析中还将受限政府起始年限滞后了 5 年,目的是刻画投资者和纳税人对新建立受限政府持续时间存在的不确定性。①

现在,以 19 世纪的法国为例,我们具体说明本书是如何构建受限政府指标,并对其量化编码的。② 在拿破仑最终溃败之后,波旁王朝于 1815 年复辟。虽然它被称为宪法政体,但仅仅是徒有虚名。1830 年,查尔斯十世(在位时间 1824—1830 年)解散了当时的议会,操纵选民选举他的支持者们,控制新闻媒体并且要求进行新的选举。这些举措直接引发了随后的七月革命。路易·菲利普一世(在位时间 1830—1848 年)接替了逊位的查尔斯十世并同意遵守宪法原则,但是他的任期受到 1840 年中期经济危机的威胁并被 1848 年的革命所终结。由于路易·菲利普一世的执政时间不到 20 年,因此我们并没有将他执政的七月政体视为受限政府。但是,在本书之后的实证分析将会具体考虑七月政体的财政效应。拿破仑三世于 1848 年当选为法兰西第二共和国的总统,并于 1851 年成功发动政变建立了专制统治(被称为法兰西第二帝国),而这一专制统治持续了近 20 年。③ 随后,拿破仑三世在普法战争(1870—1871

① Neal(2010:289,299)也认为议会的财政控制必须持续足够长的时间才能够确保其合法性。

② 数据基于 Jackson(1974:143－144,150－151)以及 Price(1993:157－165,177－179,188－191)。

③ 第一共和国从 1792 年持续到 1804 年,第一帝国则从 1804 年持续到 1815 年。

年)中被俘,而法国立刻成立了法兰西第三共和国临时政府,并且持续了 70 年之久(直到 1940 年德国入侵法国)。由于法兰西第三共和国完全符合本书确定受限政府的三大标准(议会常规权力、稳定性和学界的一致认同),所以本书的编码方法为,将法国受限政府出现的时间确认为 1870 年。

表 3.1 展示了小组 1 和小组 2 中各个国家受限政府的实现日期。与上一节的讨论一致,大部分国家的议会改革往往发生在财政集权的数十年之后。现代比利时于 1830 年从荷兰宣布独立,成为一个君主立宪制国家。在普鲁士,腓特烈·威廉四世在 1848 年政治革命之后允许自由立宪。Tilly(1966,1967)则认为,尽管政府在 19 世纪 60 年代的军事预算并没有获得立法批准,但财政支出从 1848 年开始一直受到有效制约。第 5 章将详细考察普鲁士的情况。在意大利,皮埃蒙特的查理·阿尔贝特国王在 1848 年政治革命期间首次认可宪法,并且在 1861 年将宪法管理范围扩展到整个意大利。在奥地利,1867 年的协约将奥地利和匈牙利统一为一个政体,标志着宪法时代的开端。西班牙在 19 世纪经历了多次内战,在数次失败之后,终于在 1876 年建立了稳定的宪法体制。[①]

表 3.1 欧洲各国建立受限政府的时间

	年份	事件
小组 1		
荷兰	1572	丹麦共和国建立(1572—1795 年)
	1848	新宪法生效
英格兰	1688	建立君主立宪制
普鲁士	1848	建立君主立宪制
奥地利	1867	建立君主立宪制
法国	1870	建立稳定的宪法政体
西班牙	1876	建立稳定的君主立宪制

① 关于比利时的更多内容,可参阅 Cook(2002,49—50)。关于普鲁士的更多内容,可参阅 Tilly(1966,1967),Ziblatt(2006:113—116),以及 Spoerer(2010:107)。关于意大利的更多内容,可参阅 Federico(2010:186—193,199—203)。关于奥地利的更多内容,可参阅 Pammer(2010:132—133)。关于西班牙的更多内容,可参阅 Tortella(2000:27—32),以及 Comín(2010:214—215)。

续表

	年份	事件
小组 2		
比利时	1831	建立君主立宪制
丹麦	1848	建立君主立宪制
葡萄牙	1851	建立稳定的君主立宪制
意大利	1861	建立君主立宪制
瑞典	1866	采用两院制立法机构

注:小组 1 包含核心国家,并且这些国家具备多种政治体制的长期序列数据。小组 2 包含边缘国家,而它们的时间序列数据较短。表中第二列显示了各国实现受限政府的年份(定义方式如文中所述)。最后一列给出了这些时期所发生事件的简单说明,具体说明请参见正文。

资料来源:请参见正文。

与大多数国家不同,瑞典和葡萄牙的受限政府与财政集权在 10 年内相继出现。尽管瑞典的宪法颁布于 1809 年,但是执政者一直拥有绝对的否决权,而且议会每 5 年才举行一次。直到 1866 年的议会改革,瑞典才用现代的两院立法制替代了传统的政体(Diet of Estates),并正式建立了受限政府。另外,瑞典的财政集权发生在受限政府实现的五年之前,即 1861 年。与西班牙一样,葡萄牙在 19 世纪也经历了一系列的内战,直到 1851 年才实现了稳定的宪法政体,而财政集权则发生在 8 年之后,即 1859 年。[①]

最后,还有两个国家稳定的受限政府发生在财政集权之前。一是丹麦,弗雷德里克八世在 1848 年政治革命之后放弃了他的专政权力并建立了两院议会。但丹麦的财政集权直到 1903 年才终于实现。[②] 尽管荷兰共和国(1572—1795 年)并没有议会监督执政者的公共支出,但是 Tilly(1990)、De Long 和 Shleifer(1993)、Acemoglu 等(2005)以及 Stasavage(2005)均将其视为宪制政

① 关于瑞典的更多内容,可参阅 Magnusson(2000:67－70),Nordstrom(2002:66－67),以及 Schön(2010:176－177)。关于葡萄牙的更多内容,可参阅 Cardoso 和 Lains(2010b:261－264)。

② 但是,1866 年的宪法修订以有利于保守派和富人的方式限制了选举权。Hans Christian Johansen 提供了丹麦的基础数据与信息。另请参阅 Carstairs(1980:75－78)。基于这份研究,本书对丹麦的编码更新自 Dincecco(2009a)。

体。不过，请回忆一下第 2 章的内容——荷兰共和国在整个国家层面是财政分割的。本书将在第 4 章和第 5 章详细考察荷兰的情况。

代表型政府（议会）是当今富裕国家的一大主要特征。尽管从事后来看，议会与经济繁荣之间的联系是显而易见的，但宪法政体的建立绝非一蹴而就，是历时长久才最终达成的。为了理解富裕国家如何成功地限制了执政者权力，我们必须回溯历史。本章考察了受限政府——欧洲各国所经历的第二次根本性政治转型，研究显示议会对统治者公共支出的限制是深化制度变革的一个结果，而且大多直到 19 世纪才发生。在此之后，大部分国家同时兼具财政集权和政治受限两大特征。本书的余下部分将检验这两大政治转型对公共财政的影响。

第 4 章　政治体制与信贷风险

旧体制时期各种政府的两大特点是财政分割与专制政体，而只有根本性的政治转型才能克服弱政府和强政府的财政问题：欧洲各国通过财政集权提高税收权力，并通过受限政府限制统治者的公共支出权力，最终达到一种制度上的平衡。到第一次世界大战的前夕(1913 年)，欧洲各国政府都已经能够征收大规模的税收收入，并且通过议会限制统治者的公共支出权力。接下来，本书将采用一套新的数据库，结合描述性分析、案例研究与定量统计方法，严格检验上述观点。

本书的实证研究(考察政治转型对公共财政的影响效应)以主权信贷为起点。因为它代表了政府通过借贷的方式筹集社会资源并为公共支出融资的能力，而这种能力本身非常重要。不仅如此，与心电图(它是记录人类心脏健康程度的重要信号)一样，自由市场下政府债券的长期利率也传达了有关国家财政健康状况的重要信号。[①] 政府债券长期利率的时间序列数据可以清晰地反映政治改革、战争、革命、债务违约以及其他事件对公共财政的影响。本章首先描述政治变革和信贷风险之间的理论关系，随后分析公共债券的利率数据并逐一讨论小组 1 中各国的时间序列数据。这种理论和数据的分析会让我们对政治转型的财政效应有一个基本理解。

4.1　政治体制与信贷风险：理论分析

通过加强议会的力量，受限政府降低了统治者制定糟糕支出决策的可能

① 请参阅 Homer 和 Sylla(2005：3)。

性。这样，国家就不会再把公共资金用于对外战争冒险或者其他不明智的项目之上，而是会选择财政审慎性的政策，如偿还政府债务等。因此与专制体制相比，受限政府能够降低主权信贷风险。为了详细说明这一点，本书将在第 5 章讨论主权信贷风险降低的两大作用机制。

与受限政府相比，财政集权和主权信贷风险之间的关系相对不甚明确。一方面，财政集权解决了地方税收"搭便车"的问题，从而使国家能够筹集到更多的政府税收。在这种情况下，负责任的政府会更有能力选择审慎明智的财政政策，从而降低信贷风险。另一方面，统治者可能把新增的政府税收用于冒险性的战争或者君主自身的挥霍。如果是后一种情况，财政力量的强化反而会恶化统治者权力控制的问题；也就是说，财政集权之后，政府信贷风险提高了。

表 4.1 总结了四种政治体制对应的主权信贷风险特征，这四种政治体制分别为：财政分割结合专制统治、财政集权结合专制统治、财政分割结合受限政府以及财政集权结合受限政府。对比财政分割结合专制统治体制，财政集权结合受限政府体制的政府信贷风险应该比较低。这是因为财政集权提高了政府的公共资金（通过去除地方的税收"搭便车"行为）而受限政府则会带来审慎性的财政支出（通过对统治者公共支出权力的限制）。换言之，对比这两种政体，更高的政府税收和议会对统治者的限制同时降低了国家的信贷风险。

表 4.1　　不同政治体制的主权信贷风险特征

政治体制类型	主权信贷风险特征
财政分割结合专制统治	高，由于税收"搭便车"问题以及政府无法做出可信承诺
财政集权结合专制统治	降低，由于解决了税收"搭便车"问题；上升，由于执政者财政权力的加强
财政分割结合受限政府	降低，由于政府能够做出可信承诺，但依旧存在税收"搭便车"问题
财政集权结合受限政府	低，由于解决了税收"搭便车"问题以及政府可信承诺的问题

根据这个逻辑，与财政分割结合专制统治相比，财政分割结合受限政府的主权信贷风险应该更低。但是，理论分析并不能确定财政集权结合专制统治

对比财政分割结合专制统治的主权风险孰高孰低。因为,专制的统治者既有可能将新增的(财政集权带来的)税收收入负责地用于偿还债务,也有可能将其不计后果地用于战争冒险或者君主自身的挥霍。不过,我们还是可以确定一点,财政集权结合受限政府体制下的主权信贷风险是四种政体中最低的,因为它同时解决了强政府和弱政府这两个问题。

最后一点是,在理论分析过程中,我们假设其他条件都不发生变化,但是,政治体制变革之外的其他因素也会影响主权信贷风险。这一部分我们将在第 7 章展开讨论,该章在对政府债券长期利率的回归分析中,将会控制各种政治与经济变量(包括大规模债务负担)以控制其他因素对主权信贷风险的影响,厘清政治体制对主权信贷风险的影响效应。

4.2 数据

本书的分析使用了一套新的数据库,覆盖了 1750 年到 1913 年自由市场中长期政府债券利率的数据。与名义收益率不同(仅仅反映政府的规定利率),市场决定的利率能够直接测度投资者对主权信贷风险的看法。具体的时间序列数据请参见附录 1。

本书的数据来源包含多个不同来源的一手和二手资料。具体的数据来源和构建方法请参见附录 2。其中主要的数据来源是全球金融数据库(Global Finance Database,GFD),它提供了高频率的(如周或月度)利率数据。这个数据的质量是可靠的,而且 Homer 和 Sylla(2005)的低频数据(如年度)也提供了基本相似的利率变动信息。

由于债券的价格往往是高度波动的,使用年度数据(每年观测一次)可能会扭曲利率的实际变化趋势。为了降低这种可能性,本书以周度或月度数据的均值计算年度数据,具体计算详见附录 2。

Homer 和 Sylla(2005:1－13)讨论了历史数据存在的各种局限。一方面,市场对债券的需求既不是整体性的,也没有弹性;另一方面,各国政府销售自身债券的国内和国外机会也不尽相同。举例来说,小组 1 国家的国债往往是在国内交易的,而小组 2 国家的国债一般在伦敦进行交易。不仅如此,大部分国家政府在 19 世纪之前没有发行类似英国统一公债(这是一种永续的、被广泛使用的、易于协商且相对无风险债券)这样的公共债券,它们往往发行种类多样且规定不同借贷条款的债券。对于这些国家,本书选择各国最能反映其长期利率水平的主权债券种类,具体的选择请参见附录 2。

表 4.2 展示了各国政府债券面板数据的描述性统计。具体来说,本书的政府债券数据包含 1 027 个观测值,其中 108 个为财政分割结合专制统治政体、186 个为财政集权结合专制统治政体、74 个为财政分割结合受限政府政体,另外 659 个为财政集权结合受限政府政体。具体来说,财政集权结合专制统治政体的主权债券利率均值为 5.77%,而财政分割结合受限政府政体的主权债券利率均值为 4.26%。不仅如此,财政集权结合受限政府政体的主权债券利率均值为 4.24%,远低于财政分割结合专制统治政体的主权债券利率均值(6.59%)。[①] 无论是小组 1、小组 2 还是个体国家的主权债务利息,都符合上述的对比趋势。举例来说,法国在财政分割和专制统治政体下的债券利率均值为 6.11%,而在财政集权和专制统治政体下的债券利率均值则降低至 5.30%,最后,在财政集权和受限政府下的债券利率均值仅为 3.57%。

表 4.2　　　　主权债券利息的描述性统计

		所有政体	财政分割结合专制统治	财政集权结合专制统治	财政分割结合受限政府	财政集权结合受限政府
总体	观测点	1 027	108	186	74	659
	均值	4.76	6.59	5.77	4.26	4.24
	标准差	1.95	2.92	2.16	1.25	1.39
	最小值	2.41	3.27	3.45	2.41	2.45
	最大值	16.19	15.65	16.19	8.93	16.15
小组 1						
总体	观测点	670	54	186	16	414
	均值	4.74	7.65	5.77	3.09	3.95

① 根据 Ferguson 和 Schularick(2006)的研究,本书也排除了 16 个收益率为 20%或更高的观测值。它们分别是 1811 年和 1813 年的荷兰以及 1824—1833 年和 1876—1879 年的西班牙。不过,如果保留这些观测值,也仅仅会增强第 7 章中的回归结果。

续表

		所有政体	财政分割结合专制统治	财政集权结合专制统治	财政分割结合受限政府	财政集权结合受限政府
英格兰	观测点	164				164
	均值	3.58				3.58
法国	观测点	157	40	73		44
	均值	5.02	6.11	5.30		3.57
荷兰	观测点	131		49	16	66
	均值	4.36		5.60	3.09	3.74
西班牙	观测点	79	14	31		34
	均值	7.98	12.06	8.52		5.80
奥地利	观测点	40				40
	均值	4.67				4.67
普鲁士	观测点	99		33		66
	均值	4.14		4.50		3.96
小组 2						
总体	观测点	357	54		58	245
	均值	4.82	5.53		4.58	4.72
比利时	观测点	82				82
	均值	3.96				3.96
丹麦	观测点	88	27		50	11
	均值	4.16	4.34		4.16	3.71
意大利	观测点	52				52
	均值	5.32				5.32
葡萄牙	观测点	89	27		8	54
	均值	6.44	6.71		7.20	6.19
瑞典	观测点	46				46
	均值	3.91				3.91

注：主权债务的利息单位为年度百分比。

数据来源：请参见附录 2。

4.3　政治体制与信贷风险:案例研究的证据

为了了解主权信贷风险如何随着政治体制变革而变化,本节考察了小组 1 中三个国家债券利息的时间序列数据,这三个国家分别为法国、荷兰和西班牙。由于没有奥地利 1874 年(财政集权和受限政府出现的第 7 年)之前的债券信息数据,所以我们在这部分的分析中并没有考察奥地利。[①] 另外,由于普鲁士独特的财政模式,本书将在下一章讨论它的主权信贷风险变化,届时,本文还会考察普鲁士的政府收入与赤字情况。

请回忆第 2 章和第 3 章的内容,英格兰自 1688 年开始就已经是财政集权结合受限政府的政治体制。因此,可以将英格兰的统一公债视为基准债券。[②] 鉴于此,本书计算的所有息差都是各国债券和英格兰统一公债之间的债券利息差值,这也是考察历史金融市场的一种标准方法。

总的来说,对法国、荷兰和西班牙进行的案例研究能够为理论分析的预测结果(政治转型会改善主权信贷风险)提供初步的检验性证据。本书的案例研究发现,财政集权结合受限政府的体制往往会显著地降低息差。不仅如此,案例分析还发现内外战争冲突以及其他因素对主权信贷风险的显著影响。

4.3.1　法国

图 4.1 绘制了法国从 1750 年到 1913 年的公债息差,从图中可以看出,财政分割结合专制统治(持续至 1789 年)时期的平均息差高于 150 个基准点。

---

① Homer 和 Sylla(2005:529)注意到,在整个 19 世纪以及 20 世纪初,奥地利的历史利率与德国的极为相似,不过时间跨度较短。Ferguson(2006,图 1)收集了自 1843 年以来非连续的奥地利利息数据,他的研究表明奥地利债券的息差在 19 世纪 40 年代初约为 100 个基点,但在 40 年代后期上升至 200～400 个基点,原因是当时奥地利参加了第一次意大利独立战争(1848—1849 年)。随着法奥战争(1859 年)、第二次意大利独立战争(1859—1861 年)、第二次石勒苏益格—荷尔斯泰因战争(1864 年)和奥普战争(1866 年),奥地利债券的息差进一步扩大。GFD 时间序列数据(开始于 1874 年)表明,奥地利债券的息差还随着 1878 年奥地利对波斯尼亚发起的战争而飙升。此后,息差在 1913 年下降至约 100 个基点。Pammer(2010:152)指出,奥地利公共债务的飙升主要发生在 19 世纪 50 年代,即 1848 年完成财政集权之后的阶段。由于新贷款(被称为国家贷款),奥地利的长期公共债务比之前增长了近一半。

② 英国统一公债首次发行于 1751 年(Ferguson,2006:76)。

其中，两个峰值分别出现在1760年和1770年附近，都对应着主权债务的违约时期。[①] 法国革命建立了一套统一税率的国家税收体系。在短期，国内动乱导致税基减少，而政府为了给政府支出[包括第一次反法同盟战争(1792—1797年)]融资，使用了资产充公、资本税以及通货膨胀税等诸多手段。战争结束后，政府将公债利息调低了三分之二，这极大地破坏了法国的主权信贷声誉。不过，即使这让拿破仑在债券市场的融资变得困难，但Bordo和White(1991)指出，法国的财政集权(大型税收改革)使拿破仑能够为战争筹集到足够的政府税收。事实上，法国再也没有拖欠过任何公共债务。[②]

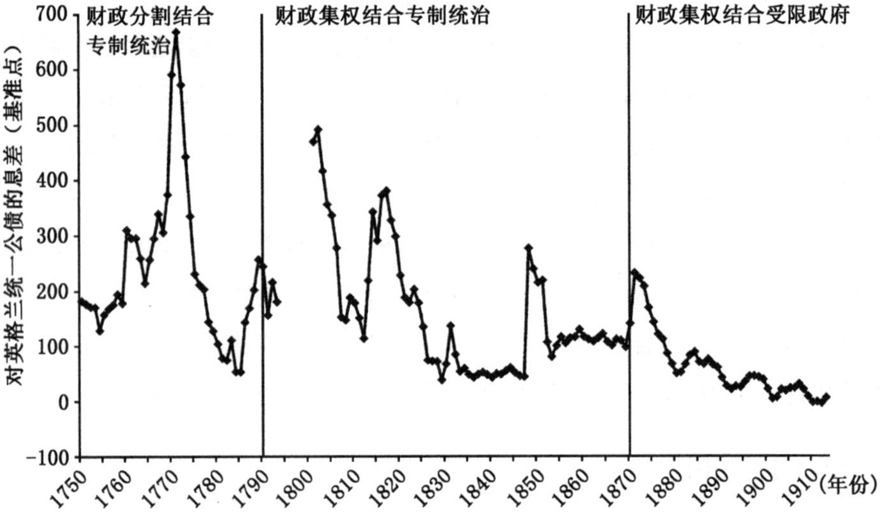

数据来源：请参见附录2。

图4.1　1750—1913年法国的息差

直到1815年(拿破仑战争结束之际)，法国的息差依旧维持在高位水平，不过随后开始降低。虽然波旁王朝复辟，但自由派党人和皇权的激烈斗争持续了数十年之久(参见第3章)。1830年的七月革命仅建立了一个短期存在的宪法政体，对应地，法国的主权债务息差在最初的峰值之后快速降低并且稳

① 请参阅Sargent和Velde(1995)。据Reinhart等(2003，表2)的研究，法国从1500年到1789年共8次拖欠外债，时间分别为1558年、1624年、1648年、1661年、1701年、1715年、1770年和1788年。

② 请参阅Bonney(2010a：88—89，98—99)。

定在 60 个基准点或更低的水平。1848 年[革命之年和意大利独立战争(1848—1849 年)]开始之际,法国的主权债务息差再次达到峰值。另外,在拿破仑三世统治期间(他于 1851 年建立了专制统治),息差比七月革命宪法政体时期的高出 1 倍,超过 100 个基准点。

在法国—普鲁士战争(1870—1871 年)期间,法国战败,息差则对应地再次达到峰值。随后,拿破仑三世被废黜,同时法兰西第三共和国成立,这是一个稳定的、财政集权结合受限政府的政体。相应地,在 19 世纪七八十年代,法国的息差稳步降低。到 90 年代初期,法国的息差几乎降低至英国统一公债的水平,并且一直持续到 1913 年。

法国政体和主权信贷风险的演变很好地吻合了理论分析的预测。证据显示,财政集权和受限政府都会带来财政改善。另外,战争与政治动乱同样影响了法国的主权信贷风险。

4.3.2　荷兰

荷兰共和国(1572—1795 年)往往被认为属于宪制政体,尽管按 19 世纪的标准(议会对执政者支出的常规监督)来看,它并不是一个受限政府。[①] 不过,荷兰的统治精英们通过大量投资本国政府债券,统一了借款者和贷款者的动机,并为政府的债务偿付提供了可信的承诺。[②] 图 4.2 绘制了荷兰 1780—1913 年的息差变化,可以看出荷兰这一模式的成功。在 18 世纪 90 年代以前,荷兰的债券利息都是低于英格兰的,所以在这段时期荷兰的息差为负数。

但是,荷兰共和国的财政制度是分割的,如第 2 章所述,荷兰的七大省拥有各自独立的税收系统。van Zanden 和 van Riel(2004,第 1、2 章)认为,从长期来看,财政分割削弱了荷兰共和国筹集资金偿付公共债务的能力。尽管荷兰共和国要求每个省为全国的军事和行政支出缴纳固定的税收资金,但除了荷兰省之外的其他各省常常逃避税负责任、企图搭乘荷兰省(荷兰人口最多且

---

① 例如,Tilly(1990),De Long 和 Shleifer(1993),Acemoglu 等(2005)和 Stasavage(2005)都将荷兰共和国定性为宪法政体。

② 请参阅 Tracy(1986),t'Hart(1997),van Zanden 和 van Riel(2004,第 1、2 章),以及 Fritschy(2007)。Gelderblom 和 Jonker(2011)强调了私人储蓄的作用,并将其作为对共和国信誉良好的财政机构的必要补充。

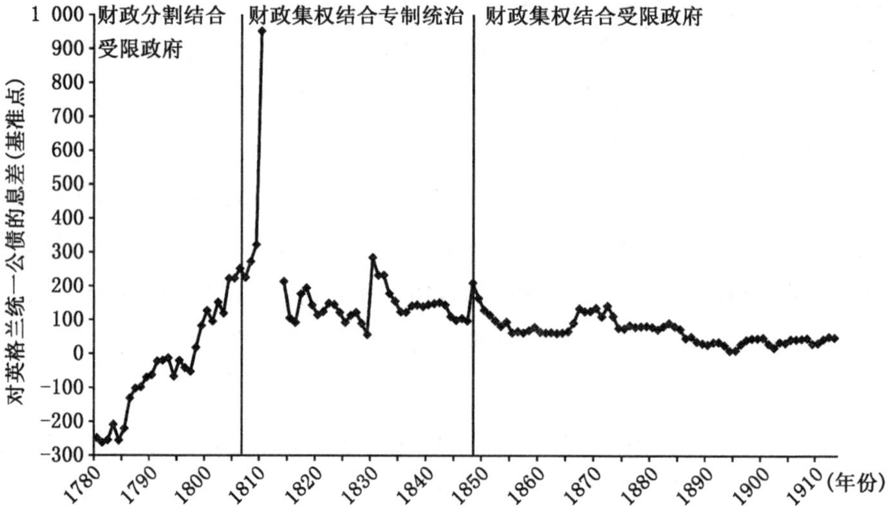

数据来源:请参见附录 2。

图 4.2　1780—1913 年荷兰的息差

最富裕的省份,它的上缴份额约占总数的 60%)的"便车"。这一制度缺陷不仅导致了不可持续的财政状况,还弱化了荷兰的军事能力。事实上,在法国征服荷兰(1795 年)之前,荷兰的主权债务息差已经开始快速提高。

第二次反法同盟战争之前,荷兰的主权债券息差再一次快速增加。尽管荷兰的财政集权发生在 1806 年,但荷兰的主权债券息差于整个拿破仑战争时期都维持在很高的水平。其间的最大峰值出现在 1810 年,那时拿破仑出台了三折公债,一次性将政府偿付的公债利息降低至之前的三分之一。

荷兰 1815 年的宪法赋予威廉一世(在拿破仑时代结束后上位)专制统治的权力,而且议会每 10 年才能行使一次对政府公共支出的监督权,这直接导致了议会监督权的失效(参见第 3 章)。威廉一世将政府资金大量用于军事、基础设施和其自身的挥霍,从而导致荷兰的预算赤字在 19 世纪 20 年代不断提高。对应地,荷兰的主权债务息差在 1830 年的比利时革命和随后的独立战争时期达到峰值。尽管两国在 1833 年达成了停战协议,但威廉一世仍不断地增加军事支出。不仅如此,新独立的南部省份(包括比利时)不再上缴固定的税收份额，这导致荷兰的财政进一步恶化。[①] 到 19 世纪 30 年代后期，荷兰的主权债务息差几乎达到法国宪法体制下受限的七月王朝时期的 3 倍。这个结果意味着，在缺乏有效议会约束的情况下，财政权力的巩固可能会恶化执政者权力控制问题，从而恶化主权信贷风险。

威廉一世在其统治期间，使用了各种各样半非法的手段来掩饰国家公共财政的真实状况。直到 1839 年，荷兰的财政问题才终于大白于天下，而议会也否决了之后的 10 年预算，同时威廉一世被迫逊位。接着，1840 年的荷兰议会改革赋予议会每两年监督一次政府预算的权力。随后，荷兰的主权债务息差在 19 世纪 40 年代的中期开始下降。到 1848 年（革命之年），荷兰已经建立了一个稳定的财政集权结合受限政府的政治体制，而且议会能够每年监督财政预算。相应地，荷兰的主权债务息差在激增之后降低至 70 个基准点左右，并且一直持续到 1913 年。

荷兰政治转型和主权信贷风险的变迁方式同样与理论分析的预测相同，不过更加曲折。与法国一样，案例分析说明受限政府降低了荷兰的主权债务息差。再一次，这个发现进一步肯定了理论分析的预测——议会改革能够显著降低主权信贷风险。

请回忆一下 4.1 节的内容——理论分析并无法准确地预测财政集权对主权债券息差的影响。一方面，如果统治者将财政集权带来的新增收入确实用于偿还债务，那么主权信贷风险必然会降低。相应地，从上一节对法国的讨论中我们可以发现，法国国家税收体系的建立对财政有着正向的影响，因为它降低了违约的风险。另一方面，如果统治者不负责任地使用新增的收入，那么财政集权会提高主权信贷风险。从荷兰的威廉一世统治时期的案例分析可以明显看出，冒险的财政政策会导致息差的急剧增加；换言之，荷兰的案例说明了财政集权对公共财政的另一种影响。

4.3.3　西班牙

与法国、荷兰不同，西班牙在 19 世纪发生了 3 次大型的内战，分别是第一

---

① 请参阅 Fritschy 等（2001：20—22）。

次卡洛斯战争(1833—1839 年)、第二次卡洛斯战争(1847—1849 年)以及第三次卡洛斯战争(1872—1876 年)。图 4.3 绘制了西班牙从 1821 年到 1913 年的主权债券息差,从图中可以看出,每次内战都会导致息差激增至 1 000 个基准点或者更高。

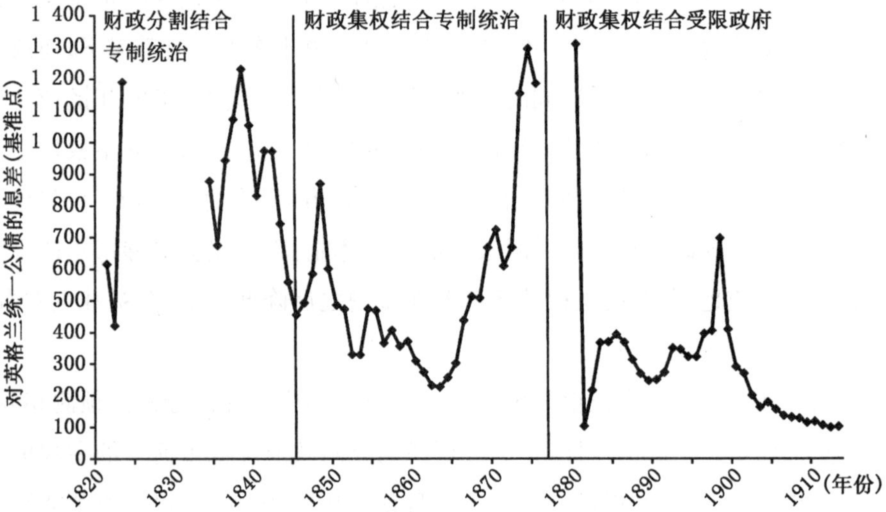

数据来源:请参见附录 2。

图 4.3　1821—1913 年西班牙的息差

虽然有多次内战,但我们依旧可以分析政治转型对西班牙主权信贷风险的影响。与法国、荷兰不同,西班牙直到 19 世纪 40 年代中期才实现了财政集权(参见第 2 章)。另外,西班牙的专制统治在之前就经常拖欠公共债务,不过 Comín(2010:236－237)指出,之后这一问题明显好转,偿还债务很快就成为西班牙的一项主要公共支出。具体来说,在 19 世纪前半期,债务偿还占西班牙政府总支出的比重还不到 10%,但从 19 世纪 40 年代末到 19 世纪 70 年这一期间,该比例激增至超过 50%。在第二次卡洛斯战争时期,西班牙的主权债券息差达到峰值,随后稳步降低,到 19 世纪 60 年代中期降低至略高于 200 个基准点。总的来说,西班牙财政集权结合专制统治政体下的平均主权债务息差比财政分割结合专制统治政体下的要低 300 个基准点或更多。这个发现意味着,财政集权对西班牙的信贷风险存在着正面的影响效应。

但是，整个西班牙的政治持续动荡不安。19 世纪 60 年代后期爆发了西班牙光荣革命，70 年代还爆发了第三次卡洛斯战争。直到这次战争结束，西班牙才于 1876 年建立了一个稳定的财政集权结合受限政府的政治体制。相应地，在 19 世纪 90 年代，西班牙的主权债券息差在 200～400 个基准点之间不断震荡。尽管息差依旧较高，但这个震荡区间表明西班牙的信贷风险相较之前已大有改善。具体来说，财政集权结合受限政府的平均主权债务息差比财政集权结合专制统治的要低 200 个基准点或更多，同时比财政分割结合专制统治的要低 600 个基准点左右。不仅如此，除了 1882 年之外，1876 年之后的西班牙再也没有拖欠过对外公共债务，要知道，它自拿破仑战争结束（1815 年）以来已经拖欠了 6 次对外债务。[①] 在西班牙—美国战争（1898 年）中，西班牙战败，其主权债务息差再次达到峰值。在此之后，西班牙的息差降低至 100 个基准点左右，并一直持续到 1913 年。

与法国、荷兰的案例一样，西班牙的政治体制与主权信贷风险的变革也符合理论分析的预期。有证据显示，受限政府改善了西班牙政府的债券息差。这个结果进一步支持了本书的观点——议会改革对财政存在正向的影响。与法国相同（但荷兰不同），息差的时间序列分析说明西班牙的财政集权同样降低了西班牙的债券息差。总的来说，这些证据意味着建立统一税率的国家税收体系对信贷风险可能存在正向净效应。最后，西班牙的案例还展示了长期国内动乱对主权债务息差的负面影响。

主权信贷风险是衡量国家财政健康水平至关重要的指标。本章考察了政治转型对政府债券长期息差的影响。描述性统计和案例分析的证据都表明，财政集权和受限政府会显著降低政府债券的息差。在下一章，本书将通过实证研究进一步分析政治改革降低信贷风险的两大机制。

---

① 请参阅 Reinhart 等（2003，表 2）。同时也可参阅第 5 章。

第5章　两大作用机制

政治转型对主权信贷风险存在非常重要的影响，具体来说，财政集权和有限政府都会显著改善政府债券的息差。不过，它是如何做到的呢？迄今为止，本书之前的分析并没有明确地识别制度变革改善主权信贷风险的具体作用机制。因此，本章将具体分析制度变革降低主权信贷风险的两大机制：一是提高政府的人均税收；二是改善财政支出的审慎性。

Ferguson(2006)指出，在1870年之前的欧洲，关于宏观经济情况的信息是极度匮乏的。不过政府预算数据很特别，我们拥有每个国家的历史数据。为了考察第一个机制，我们需要了解各国政府所筹集的人均税收规模。本书采用人均税收刻画这一指标，而不是采用税收占国家总产出的比重，其原因有二：一是这个指标的目的是为了刻画政府的人均征税能力（而不是政府对经济的相对规模），所以前者更加适合；二是因为历史数据的可得性限制。正如Ferguson(2006)所注意到的，GDP这种测量方法在19世纪才诞生不久，而各国的数据大面积缺失。另外，尽管目前能够通过采用现代方法重建历史GDP数据（1815年之前），但这种GDP数值往往并不准确，最多只能算是一个有根据的推测（请参阅Acemoglu等，2005）。

由于数据的限制性，本书也无法使用工资或出口收入作为税收的参照系。Rosenthal(2010：243－244)还指出，采用工资数据衡量历史的经济发展水平存在重要的概念性问题。举例来说，我们无法确定1750年伦敦的高水平工资是否代表整个英格兰或（更大的）联合王国的真实工资水平。同样地，巴黎的工资水平能代表整个法国吗？或者马德里的工资水平能代表整个西班牙吗？

Mokyr(2000:513)也曾警告说:部分工人的实际工资变化并不能代表整体收入的增长。

另外,第 7 章的计量模型采用了两种方式以控制收入效应。由于历史上欧洲的城市发展和经济表现之间存在着紧密的联系,因此本书将城镇化率作为衡量收入的控制变量。为了降低第二次工业革命[发生于 19 世纪末的欧洲大陆和北美(请参阅 Mokyr,1998)]的影响,第 7 章的回归的面板数据截至 1870 年。

本书的第二个机制关注的是国家实行负责财政政策以及结合政府支出计算预算赤字的能力。同样地,选取参照系也是一个问题。考虑到 1870 年之前宏观经济信息的缺乏,Ferguson 和 Schularick(2006)指出,早期投资者的主要问题是如何正确估算各国国内的基础资源,而且为了不断地缩减预算,政府财政往往采用复杂的公共收入分析方法。不仅如此,Cain 和 Hopkins(1994,第 4～7 章)认为,预算赤字占政府收入的比重是投资者评估宏观政策时最偏好的指标。[①] 与伦敦的"绅士资本家们"一样,这种方法还采用赤字比率作为衡量财政审慎性的有效统计指标。

本章首先分析政治体制、政府收入与财政审慎性之间的理论关系,随后将描述小组 1 各国的数据并考察其时间序列。这样,我们能更好地理解政治转型改善主权信贷风险的两大作用机制。

5.1　政体、财政收入以及财政审慎性:理论分析

由于统治者能够做出可信的承诺(将新增的政府收入用于公共服务而非不明智的战争或君主自身的挥霍),受限政府下的议会更愿意接受较高的税收负担。因此,同专制统治相比,受限政府会有较高的政府人均税收。通过降低统治者昏庸支出的可能性,议会对公共资金使用的审核权还能够提高财政审慎性,这一点从降低的赤字比率上可以看出。另外还请注意一点,尽管理论分析假设其他所有条件都不变,但是第 7 章的回归分析中明确解释了福利以及其他政治和经济因素对财政收入和财政审慎性的影响。

---

① 还可参阅 Flandreau 和 Zumer(2004)。

财政集权会提高政府筹集的人均税收,因为它去除了地方税收“搭便车”的问题。但是,同受限政府相比,财政集权和财政审慎性之间的关系是扑朔迷离的。尽管更高规模的税收收入增强了统治者实施负责财政政策的能力,但是财政能力的强化还可能导致统治者更严重地浪费公共支出,从而对公共财政带来负面的影响。同财政分割体制相比,财政集权最终是否降低赤字比率取决于上述两大效应的对比。

表 5.1 总结了四大政治体制(见表 4.1)的税收收入和赤字比率以及主权信贷风险改善的两大作用机制。同财政分割结合专制统治相比,财政分割结合受限政府的税收收入应该较高,同时赤字比率应该较低,从而主权信贷风险会得到改善。同财政分割结合专制统治相比,财政集权结合专制统治的税收收入应该较高,但是对财政审慎性的影响取决于执政者如何使用新增的税收资金(是用于平衡预算还是不计后果地滥用)。这时,主权信贷风险可能增加也可能降低,这取决于两个反方向作用因素的对比结果。在财政集权结合受限政府的政治体制下,税收收入应该是最高的,同时财政审慎性也最佳,因为它既解决了地方的税收“搭便车”问题,也为审慎的财政政策提供了一个可信的承诺。因此,这种政治体制下的主权信贷风险应该是最低的。另外,如前所述,第 7 章回归分析除政治体制之外的各种历史因素对公共财政影响的显性控制。

表 5.1　　不同政治体制的财政收入和赤字比率特征

财政分割结合专制统治	低财政收入 低财政审慎性	高信贷风险
财政集权结合专制统治	财政收入提高 财政审慎性可能提高也可能降低	信贷风险可能降低也可能提高
财政分割结合受限政府	财政收入和财政审慎性都提高	信贷风险降低
财政集权结合受限政府	高财政收入 高财政审慎性	低信贷风险

英格兰很好地体现了上述论点。自 1688 年起,英格兰就已经实现了财政集权和受限政府政体。我们将在下一节描述英格兰的时间序列数据,而图 5.1 绘制了英格兰从 1650 年到 1788 年(旧体制尾声)的政府收入变动。从图中可以发现,从实现受限政府到 1750 年英国工业革命(请参见 Mokyr,1999)

之前，人均财政收入翻了近 1 倍，提高至 6 金克。

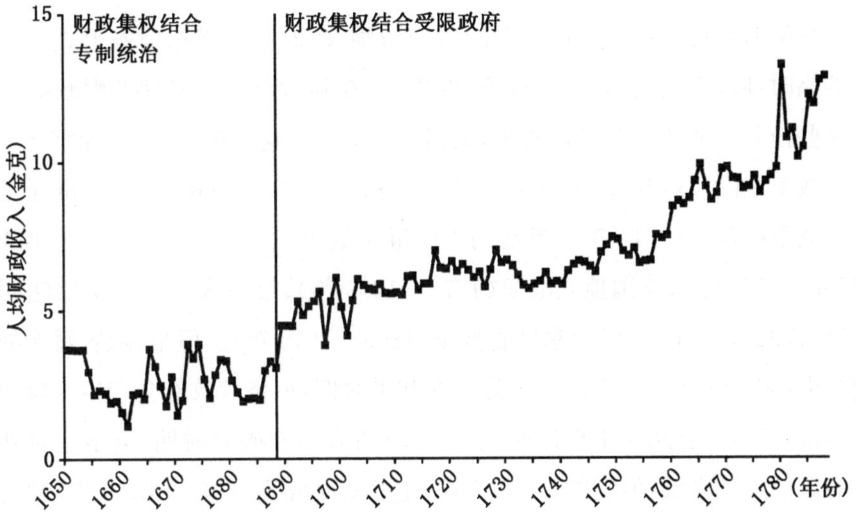

数据来源：请参见附录 2。

图 5.1　1650—1788 年英格兰的人均财政收入

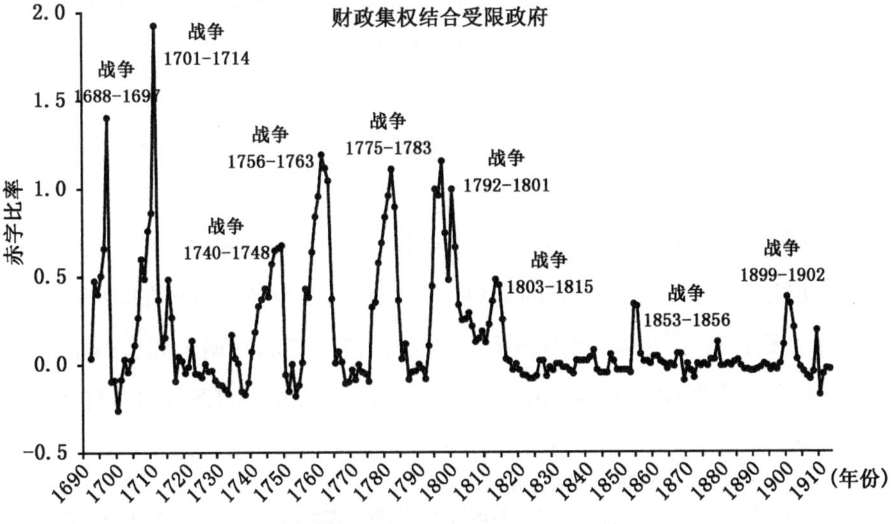

数据来源：赤字比率请参见附录 2；战争数据来自 Clodfelter(2002)。

图 5.2　1692—1913 年英格兰的赤字比率

图 5.2 绘制了英格兰从 1692 年到 1913 年的政府赤字比率。有趣的是，这张图看起来很像平滑税收的模拟图。[①] Barro (1979，1987，1989)指出，为了最小化临时性税收调整对供给面的负向激励，政府应该采用债务形式为大规模的临时性政府支出增加(如战争)融资，并在随后以和平时期的财政盈余偿还这些债务。从图 5.2 可以看出，英格兰恰恰符合这一逻辑，它的赤字比率在各大战争之际应声高涨，其中包括大同盟战争(1688—1697 年)、西班牙王位继承战争(1701—1714 年)、奥地利王位继承战争(1740—1748 年)、七年战争(1756—1763 年)、美国独立战争(1775—1883 年)、第一次和第二次反法同盟战争(1792—1801 年)以及拿破仑战争(1803—1815 年)。但是，随着每次战争的结束，它的赤字比率也应声下降。在和平时期，英格兰政府会产生少量但有效的盈余，所以它从未出现任何违约。[②] 尽管在后拿破仑时期，英格兰对外冲突的数量明显降低，但它的赤字比率在克里米亚战争(1853—1856 年)和南非战争(1899—1902 年)期间还是再次提高了。

可以看出，英格兰的主权信贷风险非常之低，这与其公共财政的健康体质是密不可分的。请回忆本书第 4 章的讨论，正是因为这种低风险性，所以我们将英国的统一公债作为衡量其他欧洲政府债券在 18 世纪和 19 世纪表现的基准。可以更直白地说，英格兰就是现代金融市场发展的领导者。[③]

5.2 数据

本章的数据包括欧洲各国从 1650 年到 1913 年政府收入与支出的数据，它的构建综合了数个二手资源的资料。本书附录 1 为各国具体的时间序列数据，附录 2 则详述了数据的来源和构建方法。最主要的数据来源有两个：一是欧洲国家金融数据库(European State Finance Database，ESFDB)，这个数据

① 最早由 Sargent 和 Velde (1995)指出这一点。

② 英格兰最后一次违约发生在 1672 年，即有限政府建立之前的 16 年。请参阅 Jones(1994：94)及 Reinhart 等(2003，表 2)。

③ 请参阅 Homer 和 Sylla(2005，第 11、13 章)。借用他们的话说(2005：178－179)："英国在这方面的优越性是毋庸置疑的……许多国家模仿英国的货币和金融技术以及英国的利率政策……这个游戏的规则是由伦敦制定的。"

库由 Bonney 创建并由 Coffman 和 Murray(2010)管理，它提供了 1800 年之前的相关数据；二是 Mitchell(2003)的国际历史统计数据，它提供了 1800 年之后的相关数据。

Bonney(1995：423－506)讨论了历史预算数据的局限性。欧洲各国在 17、18 世纪并没有保存详细的财政记录，而且各国政府计算其年度预算的方法也不尽相同。举例来说，有些国家根据税收收入的筹集目标计算政府预算，即使在后续年份可能并没有达到这样的税收目标。在可能的情况下，本书采用各国政府在给定年份的税收收入作为政府收入的指标数据，具体来说，为了得到具体年份的政府收入，我们加总了经常性收入和非经常性收入(如果有)，并扣除了债务收入。一般来说，旧体制下各国政府计算年度收入的方法往往高估了可获得的政府收入来源，因此，财政分割结合专制统治的政体应该比其他类似的政体都要高估自身的政府收入(至少在记录上)。此外，由于政府的会计核算能力随着时间不断提高，对预算错误估计的程度也会随着时间不断降低，这导致数据会向本书假设(政治转型会带来更高的税收收入)不利的方向倾斜。

本书采用的支出数据为国家政府的总支出，其中也包括债务偿还和债务合并(如果发生)。为了降低预算赤字(至少在记录上)，财政分割结合专制统治的政体会高估政府收入，这导致数据是有偏差的，并且是向本书假设(政治转型对提高财政审慎性产生了积极影响)不利的方向倾斜。事实上，在更早的、政治更加不稳定的时期，财政数据会更容易缺失，而缺失时间段的数据往往对应着较高的政府赤字，所以这种数据缺失也会导致同样方向的数据有所偏差。

为了保证计算的政府收入和支出数据能够进行跨国比较，本书将所有的货币单位都转换为金克。另外，这种转换能够降低通货膨胀的影响。由于两次黄金大发现——加利福尼亚(1848 年)和澳大利亚(1851 年)都发生在 19 世纪 40 年代之后，所以全球的累计黄金储备在 40 年代之前基本稳定。

本书采用内插法填补政府收入数据的缺失值和人口普查年份之间的人口数据。幸运的是，从 1650 年到 1913 年，除了两次政治转型之外，鲜少发生大型的、一次性的财政变革(或者如瘟疫这样的人口冲击)，所以插入的数据应该是合理的估值。不过,同政府收入相比,政府支出与税基之间的关系相对较弱,特别是在战争时期。因此,我们并没有内插政府支出数据的缺失值。

表 5.2 和表 5.3 分别给出了政府收入和赤字面板数据的描述性统计。就政府收入来说,一共有 1 739 个观测值,其中 624 个为财政分割结合专制统治、260 个为财政集权结合专制统治、123 个为财政分割结合受限政府以及 732 个为财政集权结合受限政府。财政集权结合专制统治下的人均财政收入(7.05 金克)、财政分割结合受限政府的人均财政收入(10.66 金克)以及财政集权结合受限政府的人均财政收入(13.33 金克)都要高于财政分割结合专制统治的人均财政收入(2.43 金克)。这一趋势对小组 1 和小组 2 以及每个国家都是相同的。举例来说,法国在财政分割结合专制统治政体下的人均财政收入为 3.32 金克,而在财政集权结合专制统治政体下为 11.11 金克,最后在财政集权结合受限政府政体下则高达 30.19 金克。

表 5.2　　人均财政收入的描述性统计

		所有政体	财政分割结合专制统治	财政集权结合专制统治	财政分割结合受限政府	财政集权结合受限政府
总体	观测点	1 739	624	260	123	732
	均值	8.29	2.43	7.05	10.66	13.33
	标准差	7.35	1.54	4.80	3.04	7.78
	最小值	0.28	0.28	1.10	0.89	0.99
	最大值	42.04	10.07	24.38	15.29	42.04
小组 1						
总体	观测点	1 245	430	255	76	484
	均值	8.70	2.64	7.12	12.15	14.38
英格兰	观测点	264		38		226
	均值	12.18		2.61		13.79
法国	观测点	264	140	80		44
	均值	10.16	3.32	11.11		30.19

续表

		所有政体	财政分割结合专制统治	财政集权结合专制统治	财政分割结合受限政府	财政集权结合受限政府
荷兰	观测点	187		45	76	66
	均值	12.43		10.88	12.15	13.82
西班牙	观测点	211	142	31		38
	均值	1.71	1.00	2.44		3.74
奥地利	观测点	93	30	19		44
	均值	9.07	3.16	5.50		14.64
普鲁士	观测点	226	118	42		66
	均值	6.23	3.66	3.77		12.40
小组 2						
总体	观测点	494	194	5	47	248
	均值	7.27	1.98	3.63	8.25	11.29
比利时	观测点	82				82
	均值	15.13				15.13
丹麦	观测点	50			39	11
	均值	10.92			9.75	15.04
意大利	观测点	52				52
	均值	14.95				14.95
葡萄牙	观测点	146	83		8	55
	均值	1.46	0.73		0.94	2.60
瑞典	观测点	164	111	5		48
	均值	4.95	2.89	3.63		9.85

注：人均财政收入为国家政府筹集的税收收入，单位为金克。

数据来源：请参见附录 2。

表 5.3　　赤字比率的描述性统计

		所有政体	财政分割结合专制统治	财政集权结合专制统治	财政分割结合受限政府	财政集权结合受限政府
总体	观测点	1 470	468	201	121	680

续表

		所有政体	财政分割结合专制统治	财政集权结合专制统治	财政分割结合受限政府	财政集权结合受限政府
总体	均值	0.17	0.15	0.29	0.16	0.16
	标准差	0.35	0.44	0.45	0.19	0.26
	最小值	−0.89	−0.89	−0.41	−0.16	−0.41
	最大值	2.93	2.77	2.93	0.93	1.92
小组 1						
总体	观测点	1 017	311	196	75	435
	均值	0.19	0.18	0.29	0.19	0.16
英格兰	观测点	249		27		222
	均值	0.16		0.14		0.16
法国	观测点	213	98	71		44
	均值	0.16	0.29	0.08		−0.00
荷兰	观测点	186		45	75	66
	均值	0.38		0.79	0.19	0.30
西班牙	观测点	94	28	28		38
	均值	0.07	0.21	0.06		−0.03
奥地利	观测点	133	67	19		47
	均值	0.34	0.31	0.53		0.31
普鲁士	观测点	142	118	6		18
	均值	0.01	0.01	0.08		−0.03
小组 2						
总体	观测点	453	157	5	46	245
	均值	0.13	0.09	0.33	0.10	0.16
比利时	观测点	81				81
	均值	0.16				0.16
丹麦	观测点	50			39	11
	均值	0.09			0.09	0.08

续表

		所有政体	财政分割结合专制统治	财政集权结合专制统治	财政分割结合受限政府	财政集权结合受限政府
意大利	观测点	50				50
	均值	0.19				0.19
葡萄牙	观测点	98	36		7	55
	均值	0.19	0.13		0.18	0.22
瑞典	观测点	174	121	5		48
	均值	0.09	0.07	0.33		0.10

注：赤字比率为预算赤字占国家政府税收收入的比重。

数据来源：请参见附录 2。

就赤字比率来说，一共有 1 470 个观测值，其中 468 个为财政分割结合专制统治，201 个为财政集权结合专制统治，121 个为财政分割结合受限政府，680 个为财政集权结合受限政府。财政集权结合专制统治的人均预算赤字(0.29)要高于财政分割结合专制统治的人均预算赤字(0.15)，这意味着财政集权加重了政府赤字。尽管小组 1 和小组 2 中，财政分割结合专制统治和财政集权结合受限政府的平均赤字比率差距都是可以忽略不计的，但是对小组 1 的国家而言，后者的赤字比率显著低于前者(前者为 0.18，后者为 0.16)。主要的异常值是普鲁士，它在财政分割结合专制统治政体下几乎实现了平衡预算(平均的赤字比率仅为 0.01)。作为长期的借款者，普鲁士实现平衡预算的原因并不是它被排除在信贷市场之外。① 本书将在 5.4 节详细讨论普鲁士的案例。

5.3　政体、财政收入和财政审慎性：案例研究的证据

为了清晰地了解财政收入和赤字如何随着政治体制变革而改变，本节考察小组 1 各国的时间序列数据，其中包括法国、荷兰、西班牙、奥地利和普鲁

① 一般而言，并不会因为政府选择从不借入任何资金就能实现赤字比率等于零。请参阅 Homer 和 Sylla (2005，第 11～15 章)。

士。这些案例研究能够为理论分析的预测(政治转型能够提高政府筹集资金和追求财政审慎政策的能力)提供一个初步的检验证据。分析的结果发现,财政集权和受限政府往往都能够显著改善政府的公共财政。毫无疑问,这可以让我们清楚地了解政治改革降低主权信贷风险的作用机制。

5.3.1 法国

图 5.3 绘制了法国从 1650 年至 1913 年的财政收入。从图中可以看出,分割财政结合专制统治政体下(一直持续到 1789 年)的法国财政收入都比较低,人均财政收入仅略高于 3 金克。另外,从图 5.4 的赤字比率也可以看出,同时期的赤字比率较高,均值为 0.29(它的赤字大约是财政收入的 3 倍以上)。不仅如此,与英格兰(它在整个 18 世纪都采取了有效的税收平滑政策)不同,法国反复拖欠它的公共债务(参见第 4 章),孱弱的收入筹集能力加上糟糕的财政审慎性,毫无疑问,旧体制法国的主权信贷风险较高(参见图 4.1)。

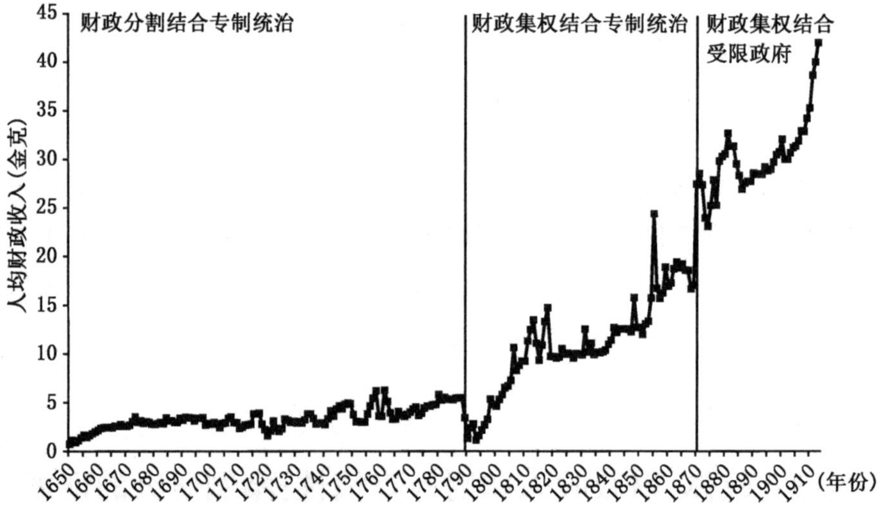

数据来源:请参见附录 A.2。

图 5.3 1650—1913 年法国的人均财政收入

在 1790 年,也就是法国实现财政集权之后的第 20 年,法国的财政收入急剧增加,人均财政收入提高至 10 金克,几乎翻了一番。同样地,它同期的赤字

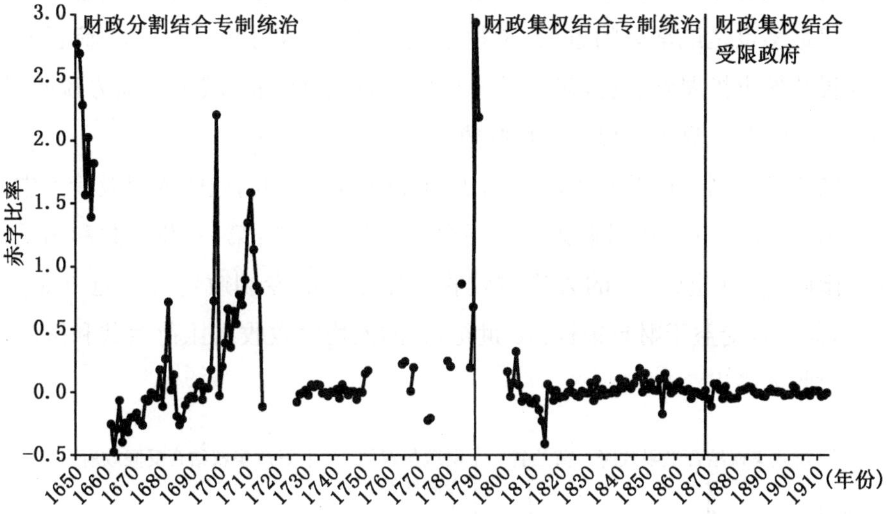

数据来源：请参见附录 2。

图 5.4　1650—1913 年法国的赤字比率

比率也降低了，甚至在拿破仑战争（1803—1815 年）时期也是如此。这与 Bordo 和 White（1991）的主张是一致的，他们认为，税收改革使拿破仑能够为战争筹集更高的税收收入，而不再需要寻求大规模的借贷（参见第 4 章）。

在拿破仑时代之后，法国的财政收入基本保持不变，而且从未下降。到 19 世纪 40 年代，财政收入再次提高，到 60 年代末提高至人均 16 金克。在法国—普鲁士战争（1870—1871 年）之后，法国建立了稳定的、财政集权结合受限政府的政治体制，这对应着财政收入的跃升，到 1913 年已经达到人均 40 金克，增长幅度超过 1 倍。与此同时，财政平衡也成为法国的常态。相应地，法国的主权债务风险也降低至接近英格兰的水平（参见图 4.1）。

法国政治体制与政府收入和赤字比率的变化关系与理论分析的预期相吻合。案例分析的证据显示，财政集权结合受限政府的政体都会在提高政府收入的同时降低政府赤字。最终，法国的政治转型显著降低了它的主权信贷风险。

5.3.2　荷兰

请回忆一下第 4 章，荷兰共和国（1572—1795 年）是一个典型的财政分割结合受限政府体制的国家。在国家层面的财政是高度分割的，荷兰省作为荷兰人口最多也是最富有的省份，承担了主要的税收负担。1574 年，荷兰省将共同税从城市扩展到农村，建立了一套统一的税收体系，减少了地方税收"搭便车"问题，并且显著地提高了税收收入。[①]

图 5.5 绘制了荷兰共和国从 1720 年到 1795 年的财政收入以及荷兰省从 1796 年到 1913 年的财政收入。从图中可以发现两点：第一，荷兰共和国受益于受限政府：18 世纪，它的人均财政收入比法国的专制政府高出近 9 金克。第二，荷兰省受益于财政集权：18 世纪，它的人均财政收入比荷兰共和国的人均财政收入高出 7 金克。

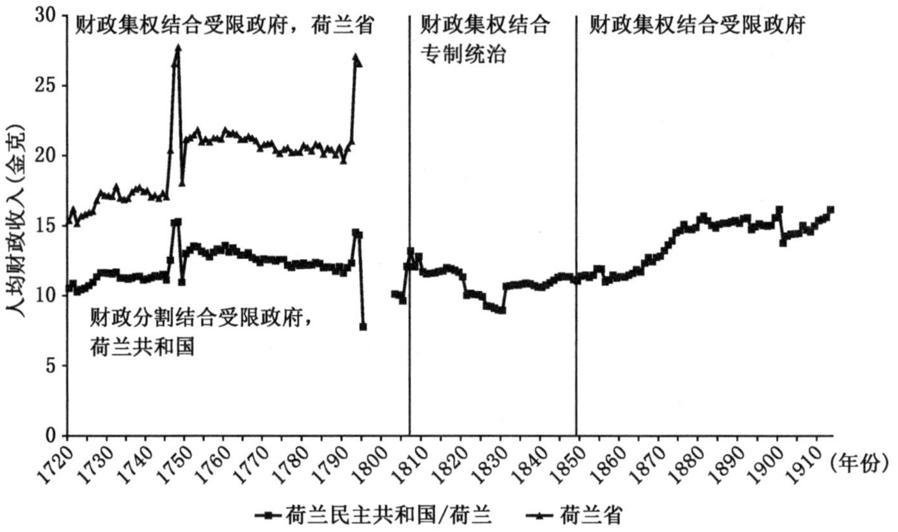

数据来源：请参见附录 2。

图 5.5　1720—1913 年荷兰的人均财政收入

那么政体对财政审慎性的影响是怎样呢？图 5.6 绘制了荷兰从 1720 年到 1913 年的赤字比率，从图中可以看出，该比值直到 18 世纪 70 年代都比较低，尽管在奥地利王位继承战争(1740—1748 年)时期有所提高。[②] 总的来说，较高的政府收入和审慎性的财政政策这两个因素是荷兰在整个 18 世纪保持

① 请参阅 Fritschy(2003)，以及 van Zanden 和 Prak (2006)。

② 由于荷兰省的赤字比率与荷兰共和国的赤字比率相似，因此图 5.6 中未报告荷兰省的数据。

极低主权信贷风险的原因(参见图 4.2)。

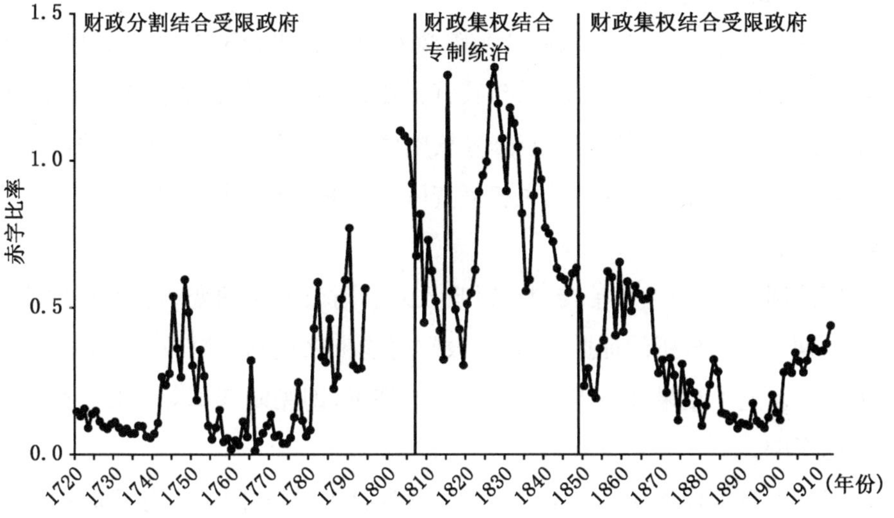

数据来源:请参见附录 2。

图 5.6　1720—1913 年荷兰的赤字比率

但是,从 18 世纪 80 年代开始,荷兰的赤字比率开始上升。这个发现与 van Zanden 和 van Riel(2004)的主张是相吻合的,他们认为财政分割削弱了荷兰共和国筹集资金和偿还债务的长期能力(参见第 4 章)。尽管中央政府要求各省为国家军事支出缴纳固定的税收份额,但是大部分省搭乘荷兰省的税收“便车”以规避自身的义务,而荷兰省则不得不补上由此产生的预算缺口。这种制度缺陷一方面导致不可持续的财政状况,另一方面削弱了荷兰的军事实力。事实上,在 1795 年法国征服荷兰之前,荷兰债券利率的快速提高就反映了这种不断加剧的财政困境(参见图 4.2)。

荷兰国家层面的财政集权发生在 1806 年,而威廉一世在拿破仑战争结束之后(1815 年)建立了一个专制统治的政体(参见第 4 章)。从受限政府向专制统治的转变似乎抵消了财政集权对公共财政的正面影响。人均财政收入变为 11 金克,比 18 世纪时期还要低约 1 金克。不仅如此,在整个威廉一世统治期间,赤字比率一直居高不下——其均值为 0.79(赤字几乎比政府收入高 8 倍)。因此,与法国不同,荷兰的情况说明缺乏议会预算权力的财政集权对财政审慎性有着负面的影响。事实上，这一时期荷兰财政主权信贷风险的增长就很可能反映了这种担忧(参见图 4.2)。

在荷兰，稳定的财政集权结合受限政府的体制建立于 1848 年。随后，荷兰的人均财政收入从 19 世纪 60 年代开始提高，到 70 年代约为 15 金克。相应地，赤字比率稳步降低至接近于 0(从威廉一世退位和 1840 年宪法改革之际就开始下降)。随后，荷兰的主权信贷风险水平降低至与英格兰相似的水平(参见图 4.2)。

同法国一样，荷兰政治转型与财政收入和财政赤字的变革也符合理论分析的预期。案例分析的证据表明，受限政府能带来更高的财政收入和更低的政府赤字。这个结果进一步支撑了本书的理论，即宪制变革对公共财政有着正向的影响。

尽管财政集权为荷兰带来了更高的财政收入，但它同时提高了赤字比率。请回顾 5.1 节，理论分析曾经指出财政集权对财政审慎性的影响取决于两种互斥效应的较量。在法国的案例中，财政集权新增收入的正效应要大于拿破仑财政权力巩固的负效应。而在荷兰的案例中，事情恰好相反：威廉一世财政权力巩固的负效应要大于财政集权新增收入的正效应。因此，荷兰的案例再一次说明财政集权对公共财政的复杂影响(参见第 4 章)。最后，这两大政治转型都对荷兰的主权信贷风险有着显著影响。

5.3.3 西班牙

图 5.7 绘制了 1703 年到 1913 年西班牙的财政收入。从图中可以看出，西班牙的财政收入在 19 世纪前半叶都非常之低，人均财政收入仅约为 1 金克。[①] 由于缺失西班牙政府在 1801 年之前的支出数据，因此图 5.8 仅绘制了 1801 年之后的政府赤字比率。从图中可以看出，西班牙的赤字比率较高，均值为 0.21(政府赤字比政府收入高出 2 倍多)。而且，西班牙出现过一系列的

① Drelichman 和 Voth(2010)认为，短期流动性危机导致菲利普二世国王(1555—1598 年)屡次拖欠债务。分散的财政权力是出现统治者财政问题的重要根源。请参阅第 2 章和第 3 章。

债务违约。[①] 因此，毫无意外，在财政分割结合专制统治政体下，西班牙的债券利息非常高(参见图 4.3)。

数据来源：请参见附录 2。

图 5.7　1703—1913 年西班牙的人均财政收入

在 1845 年实现财政集权之后，西班牙的财政收入稳步提高。在整个财政集权结合专制统治的政体之下，西班牙的人均财政收入为 2.44 金克，要比分割财政结合专制统治时期高出 1 倍多。另外，同时期西班牙的赤字比率明显降低，说明财政集权对西班牙的赤字比率存在正向效应，这一点与法国相同。

1876 年，西班牙建立了财政集权结合受限政府的政体，这时财政收入达到了顶峰，人均财政收入超过 5 金克。[②] 令人意外的是，曾经极不稳定的西班牙在此之后直到 1913 年都保持着收入盈余。换言之，西班牙的主权信贷风险也得到了大幅度的改善(参见图 4.3)。

同法国及荷兰的案例一样，西班牙政治转型与财政收入和赤字比率的变

---

① 参见 Reinhart 等(2003，表 2)。但是，西班牙在 1876 年建立财政集权结合受限政府的政体之后，仅发生过一次外债拖欠。请参阅第 4 章。

② 尽管政治转型导致西班牙人均财政收入显著增加，但其绝对水平仍明显低于大多数其他的欧洲国家。总体来看，葡萄牙的收入也很低，这意味着这种现象可能是伊比利亚半岛所独有的。第 7 章中的实证分析将明确考察地理因素的影响。

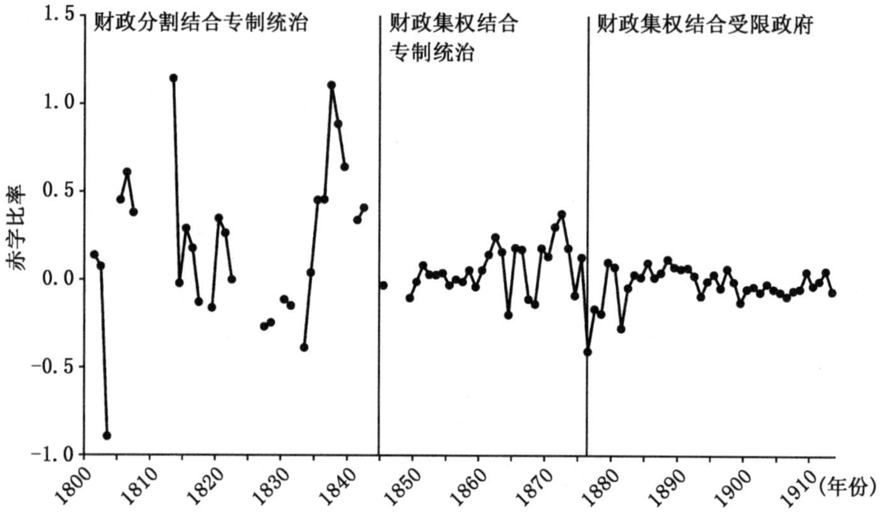

数据来源:请参见附录 2。

图 5.8　1801—1913 年荷兰的赤字比率

革也符合理论分析的预测。案例分析的证据表明,受限政府能够带来更高的财政收入并且降低财政赤字。整个发现支持了本书的论点,即议会改革能够改善公共财政。同法国一样,案例分析发现西班牙的财政集权带来了更高的财政收入和更低的财政赤字(与荷兰的情况不同)。这些发现进一步支持了建立统一国家税收体系对公共财政的正向净效应。最终,在两大政治转型的作用下,西班牙的主权信贷风险降低了。

5.3.4　奥地利

请回顾第 4 章,我们没有分析奥地利的息差,因为奥地利并没有在两大政治转型发生之前的可得数据。但无论如何,按照三个不同的政体阶段考察奥地利的财政收入和赤字比率也是有价值的。

图 5.9 绘制了 1818 年到 1910 年奥地利的财政收入。从图中可以看出,在财政分割结合专制统治政体下(一直持续到 19 世纪 40 年代),奥地利的人

均财政收入很低，仅略高于 3 金克。① 不仅如此，同时期的赤字比率也处于高位，如图 5.10 所示（数据始于 1780 年）。

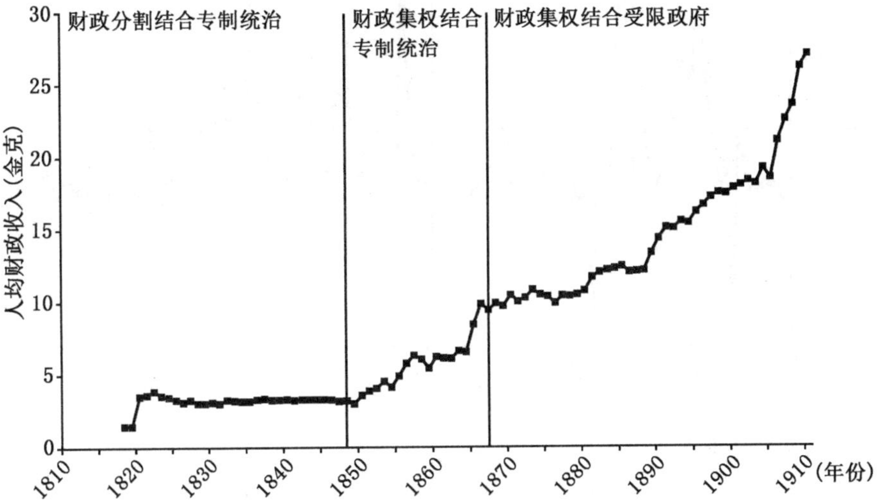

数据来源：请参见附录 2。

图 5.9　1818—1910 年奥地利的人均财政收入

尽管 1848 年的自由革命失败了，但是这一事件还是加速了奥地利帝国统一性财政制度的创立。对应地，奥地利政府收入的时间序列出现了趋势性的变化，在 1848 年之后开始稳步提升。在财政集权结合专制统治的政体下，人均财政收入为 5 金克，几乎是财政分割结合专制统治下的 2 倍。不过，与法国或者西班牙不同（但是与荷兰相同），奥地利的赤字比率随着财政集权的出现而提高，从 0.31 提高至 0.53（在后者的情况下，赤字比财政收入高出 5 倍以上）。外部战争可以部分解释奥地利在这段时间提高的赤字比率。尽管从 1815 年到 1847 年，奥地利没有参加任何一次大型的战争，但在 1848 年到 1866 年，它参加了 5 次大型战争，分别是第一次意大利独立战争（1848—1849 年）、法国—奥地利战争（1859 年）、第二次意大利独立战争（1859—1861 年）、

① 尽管奥地利从 18 世纪后期开始就有预算数据，但它人口的时间序列数据直到 1818 年才开始。此外，其人口数据在 1910 年结束（奥匈帝国于 1918 年第一次世界大战结束时解散）。Pammer (2010:133)简要介绍了奥地利历史经济和社会数据的可得性。

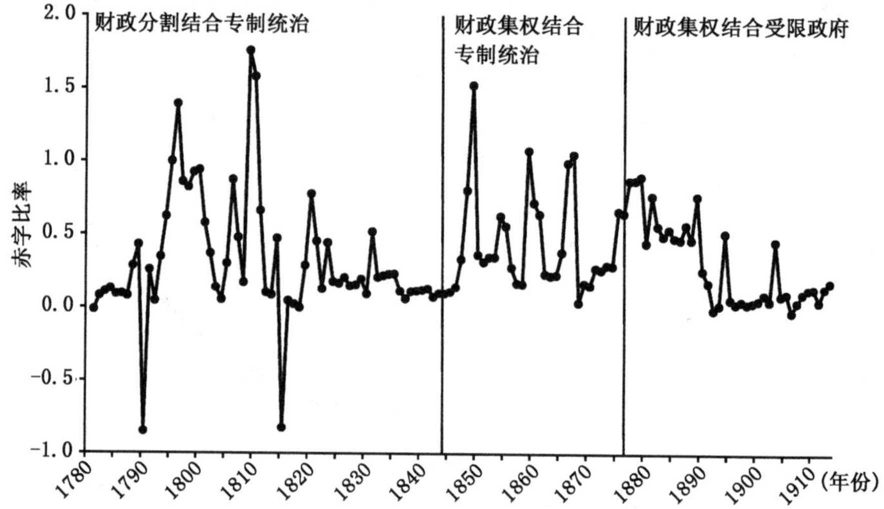

数据来源:请参见附录 2。

图 5.10 1781—1913 年奥地利的赤字比率

第二次石勒苏益格—荷尔斯泰因战争(1864 年)以及奥地利—普鲁士战争(1866 年)。

1867 年的协约建立了奥地利和匈牙利二元君主国,这标志着议会时代的开始。事实上,这两个国家的议会都从 1867 年开始履行常规的预算监督权力。对应地,奥地利的人均财政收入开始提高,在 1910 年达到约 27 金克。同期赤字比率也降低,在 1890 年降低至接近于零的水平。在征服波斯尼亚(1878 年)期间,奥地利的息差激增到峰值(超过 400 个基准点),到 19 世纪 80 年代降低至 150 个基准点以下,最后在 1900 年降低至 100 个基准点左右(参见附录 1)。

同法国、荷兰以及西班牙的案例一样,奥地利的政治体制与政府收入和赤字比率的变革也符合理论分析的预期。案例分析的证据说明,有限政府会带来更高的财政收入和更低的财政赤字。这个发现进一步支持了本书的主张,即制度变革存在正向的财政效应。另外,案例分析的证据还说明财政集权会带来更高的财政收入。但是,与荷兰的情况相同,奥地利的数据显示财政集权提高了奥地利的赤字。

5.4　异常情况——普鲁士

如第 4 章所述，由于普鲁士公共财政性质的特殊性，本书在分析了财政收入和赤字比率之后会具体考察普鲁士的主权信贷风险。

图 5.11 绘制了普鲁士从 1815 年到 1913 年的政府债务息差。图中数据显示，普鲁士的息差在拿破仑战争之后（1815 年起）不断降低，到 19 世纪 40 年代降低至 50 个基准点以下，但随后又在 1848 年的革命之年达到峰值。尽管受限政府也建立于 1848 年，但直到 1900 年之后也没有再使息差降低至之前的水平。在 19 世纪后半期，普鲁士的平均息差为 102 个基准点。

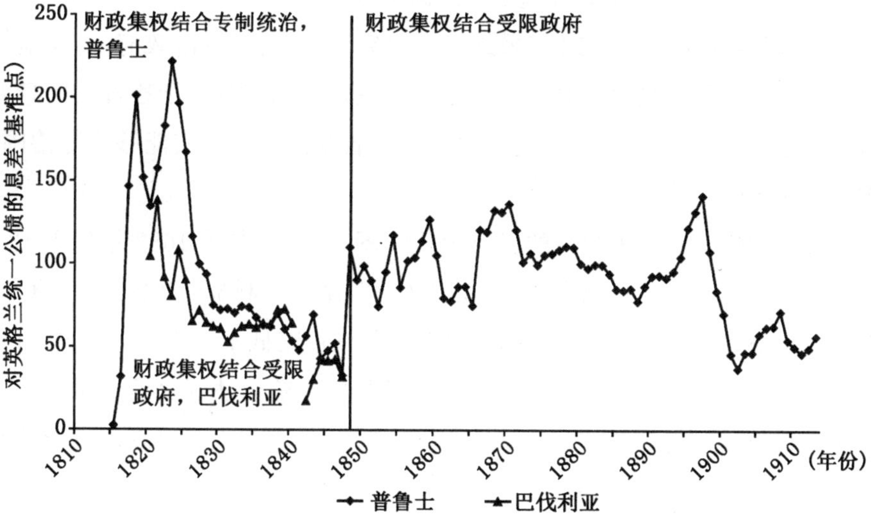

数据来源：请参见附录 2。

图 5.11　1815—1913 年普鲁士的息差

外部冲突能够部分解释普鲁士的息差变动。从 1815 年到 1847 年，普鲁士没有参加任何大型战争，但在 1848 年到 1871 年，普鲁士参加了 4 次大型战争，分别是第一次和第二次石勒苏益格—荷尔斯泰因战争（1848—1849 年，1864 年）、奥地利—普鲁士战争（1866 年）和法国—普鲁士战争（1870—1871 年）。另外很重要的一点是，由于普鲁士从 1842 年到 1869 年缺乏月度或周度的政府债券息差数据,本书的分析采用了 Homer 和 Sylla(2005)的数据,他们采用低频数据计算年度均值,而这意味着普鲁士在这段时期的政府债券息差数据并不足够准确。

另外,历史数据展示了受限政府对普鲁士公共财政的积极作用。Ferguson(1998)指出,罗斯柴尔德家族的放款人督促弗雷德里克·威廉二世(在位时间 1786—1797 年)开展制度改革,以可信地降低主权信贷风险。相似地,Tilly(1966,1967)认为,1848 年建立的受限政府加强了普鲁士议会追求稳健财政政策的能力。①

现在,我们定量地对比一下德国不同政体下的主权信贷风险。图 5.11 绘制了普鲁士以及巴伐利亚州(又译为拜仁州,是德国面积最大的联邦州,州府位于慕尼黑。——译者注)的息差[数据来源于 Homer 和 Sylla(2005)]。不同的是,巴伐利亚州于 1818 年采纳了自由宪法,实现了受限政府,对应地,直到 1848 年(普鲁士受限政府建立),巴伐利亚州的息差都低于普鲁士的息差,且平均息差为 30 个基准点。这个发现意味着受限政府确实能够降低德国国内的信贷风险。

那么它们对财政审慎性的影响怎样?图 5.12 绘制了 1688 年到 1913 年普鲁士的财政收入。从图中可见,在财政分割结合专制统治政体下(一直延续至 19 世纪初),普鲁士人均财政收入较低,其均值略低于 4 金克。财政集权发生于 1806 年,普鲁士在耶拿—奥厄施泰特战役中输给法国之后。对应地,普鲁士的财政收入直到拿破仑战争结束(1815 年)一直在不断提高,不过在随后的 30 年间都没有显著增加。

在 1848 年受限政府建立之后,普鲁士的人均财政收入开始提高,在随后的 20 年里提高至超过 7 金克。与本书之前注意到的一样,普鲁士在 1848 年到 1871 年一共参加了 4 次大型战争。德国的政治统一发生在法国—德国战争(1870—1871 年)德国胜利之后。随后,德国的人均财政收入快速提高,到

① 即使在 1848 年之后,普鲁士的政治体制也有可能从未真正地立宪。例如,Marshall 和 Jaggers(2008)的第四政体数据库(Polity Ⅳ Database)将 19 世纪的普鲁士列为专制政权。但是,如第 3 章所述,本书选择较早的日期来定义受限政府实现的时间,使数据偏向不利于本书假设(宪法改革改善了公共财政)的方向。不过,即使将 1848 年以后的普鲁士归类为财政集权结合专制的政体,而不是财政集权结合受限政府的政体,也只会加强第 7 章中的回归结果。

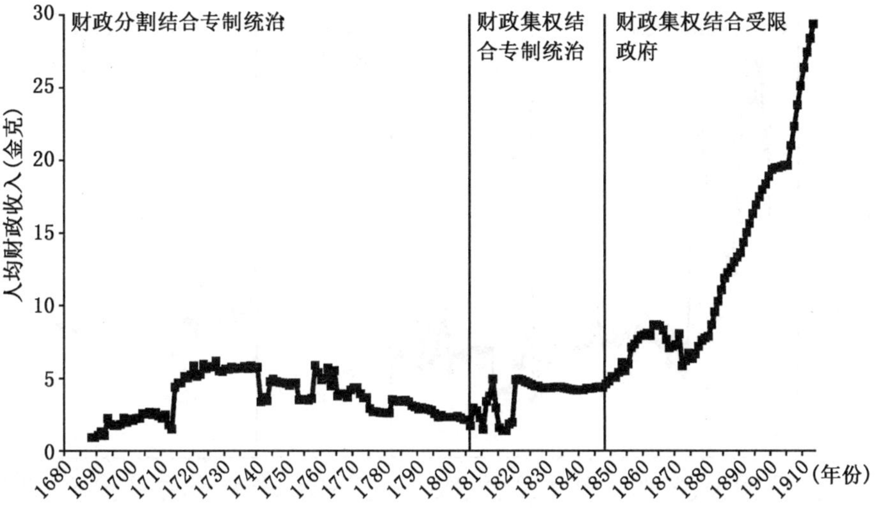

数据来源:请参见附录 2。

图 5.12　1688—1913 年普鲁士的人均财政收入

1913 年时已经接近 30 金克。

同息差一样,普鲁士的赤字比率也展现出了令人惊讶的特征。图 5.13 绘制了 1688 年到 1913 年普鲁士的赤字比率。从图中可以看出,普鲁士的赤字比率在大同盟战争(1688—1697 年)和西班牙王位继承战争(1701—1714 年)时期不断上升。但是,在整个动荡不安的 18 世纪,普鲁士都保持着财政盈余,即使在参加大型战争时也是如此。这些战争包括:北方大战(1700—1721 年)、奥地利王位继承战争(1740—1748 年)、七年战争(1756—1763 年)以及第一次和第二次反法同盟战争(1792—1801 年)。这种财政审慎性反映了一个独特的财政原则:Kiser 和 Schneider(1994)认为,普鲁士的税收体系在当时的欧洲是最有效率的。普鲁士在 1806 年进行了大规模的税收改革,意味着它已经了解了制度变革的重要性。尽管 1806 年之后只有零星的政府支出数据,但是已有的数据说明,普鲁士直到 1913 年都持续着审慎性的财政政策。

与法国、荷兰、西班牙和奥地利的案例不同,普鲁士的案例强调了历史因素对公共财政的影响(特殊的)。尽管案例分析的证据说明普鲁士的政治转型存在显著的财政效果,但是由于历史因素的影响,政治转型对公共财政的影响

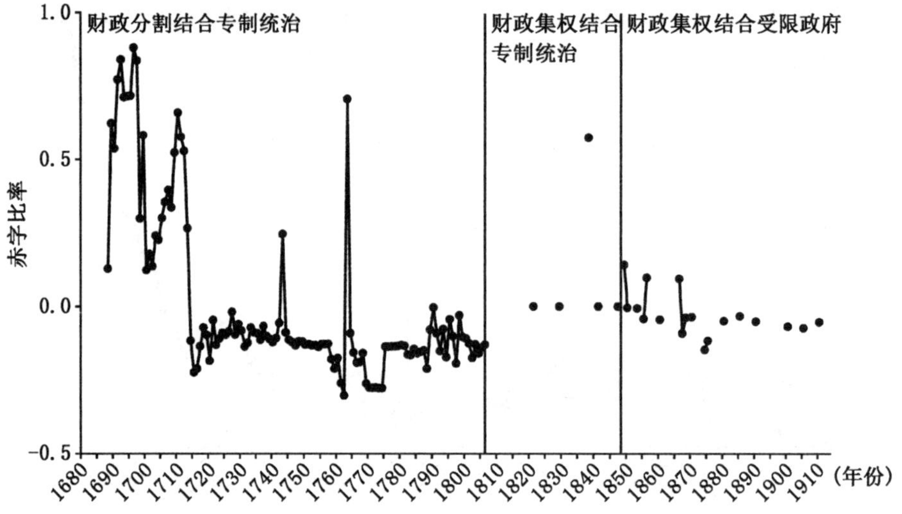

数据来源:请参见附录2。

图5.13　1688—1913年普鲁士的赤字比率

并没有完全符合理论分析的预测。

除了普鲁士之外,还有个别国家的财政数据也表现出一定的异常性。如表4.2显示,从财政分割结合专制政体向财政集权结合受限政府转变之后,丹麦和葡萄牙的息差略有下降。相似地,表5.3显示,从财政分割结合专制政体向财政集权结合受限政府转变之后,葡萄牙和瑞典的赤字比率有所提高。这些特例情况说明必须考虑各种历史因素(如战争、经济、债务违约、黄金储备等)对公共财政的影响。因此,本书第7章将采用面板回归分析的方法,控制各国个体效应以及多种政治和经济变量对公共财政的影响,从而更好地厘清政治转型的公共财政效应。

本章回答了一个重要问题:政治转型通过什么渠道改善主权信贷风险?本章识别了财政集权和受限政府改善主权信贷风险的两大机制:提高政府的人均收入和改善财政政策审慎性。另外,对各国时间序列的具体分析还表明了控制除政治体制之外其他历史因素的重要性。为了严格地刻画政治转型的财政影响,下面两章将采用一套稳健的统计方法考察本书的数据。

第6章　让数据为自己发声

提高政府收入和改善财政审慎性是政治转型降低主权信贷风险的两大作用机制。财政集权和受限政府一般都能提高政府收入并降低赤字比率。为了完成第4章开头所描述的对比——如果长期主权债券收益率代表一个国家财政状况的脉搏，那么政府收入和财政审慎性就代表着支持其跳动的肺循环，即它的肺部和血管。

为了全面分析政治转型的财政效应，我们将采用之前的数据进行一套严格的检验。首先是结构突变检验，在这个检验中，我们并没有假设财政数据的时间序列包含任何主要转折点的事前信息，而是让数据为自己说话。[①] 如果结构突变检验将财政集权和受限政府识别为主要的突变，那么我们就可以更加确信政治转型改善了公共财政。在本章首先描述结构突变检验的基本设定，随后将报告政府收入和财政审慎性结构突变检验的结果和主权信贷风险结构突变检验的结果。

6.1　结构突变的基础设定

本书的结构突变检验方法采用 Bai 和 Perron(2003)的方法。[②] 具体来

---

① 相关的历史研究应用可参阅 Willard 等(1996)、Brown 和 Burdekin(2000)、Sussman 和 Yafeh(2000)、Mauro 等(2002)，以及 Dincecco(2009a)。

② 这种方法可以识别均值中的多个结构变化，同时允许序列相关。因此，它改进了依赖于序列单结构变化方法的“移动窗口”技术。

说，是在 Doan（2010）创建的时间序列回归方法（Regression Analysis of Time Series，RATS）中纳入 Bai-Perron 的方法，从而对每个样本国家进行如下回归：

$$F_t = \alpha + \sum_{l=I,\cdots,L} \beta_l F_{t-1} + \varepsilon_t \quad (1)$$

其中，F_t 为第 t 年的财政指标，β_l 到 β_L 为待估计的参数，而 ε_t 为残差项。① 根据不同研究的设定，F_t 分别为息差（相对英国统一债券，单位为基准点）、人均财政收入（单位为金克）或预算赤字占收入的比重。RATS 方法采用动态规划算法进行计算，首先确定达到残差平方和全局最小化的时间序列数据分段，随后再确定突变点的最优集。

RATS 方法要求使用者根据数据段内最小观测值数量，在每个时间序列中选择最大数量的“最优”突变点。Willard 等人（1996）讨论了不同参数选择的优劣取舍。选择两个观测值之间的最小空间会急剧降低错判不同事件影响的机会，但会沦落为识别暂时性的事件（也就是假阳性问题：将某些事件错判为具备“长期影响性”的事件，但实际并非如此）。但是，如果分析的阶段变长，那么就会提高忽略重要转变（也就是假阴性问题：误判真的突变点为伪）的可能性。

为了能够最小化出现假阳性或假阴性的可能，本书采用了不同范围的各种参数。② 表 6.1 对比了选取不同最大突变点和最小观测值组合通过 RATS 方法识别的各个息差突变点。同样地，表 6.2 和表 6.3 采用同样的方法分别对比了人均财政收入和赤字比率的各个突变点。如表中所示，不同参数的检测结果是非常稳定的。对每个财政指标而言，在近 100％的时间内，每个样本国家的不同参数集至少存在 1 个共同的突变点（如在 10 年之内或更短）。不仅如此，在超过 95％的时间内，每个国家不同的参数集至少存在 2 个共同的突变点；而在超过 90％的时间内，各国不同参数集至少存在 3 个共同的突变点。因此，我们可以自信地说，结构突变检验所识别出的突变点对不同参数都

① 因变量最多允许 5 年的滞后期（即 $L \leqslant 5$）。

② 许多 19 世纪之前的时间序列数据存在缺失。对于在 1815 年之后开始连续的时间序列数据，本书选择了最佳的 1、2 或 3 个结构突变，其中每个分段至少有 5、10 或 15 个观测值（即 5、10 或 15 年）。对于从 17 世纪或 18 世纪开始连续的时间序列数据，本书选择了最佳 3、4 或 5 个结构突变，其中每个分段至少有 15、20 或 25 个观测值（即 15、20 或 25 年）。

是稳健的。①

表 6.1　　息差时间序列在不同每段最小观测点的最优突变点对比

最优 1 个			最优 2 个			最优 3 个		
5	10	15	5	10	15	5	10	15
面板 A:法国,1816—1913 年								
1873	**1873**	**1873**	1852	1857	**1871**	1852	1857	**1871**
			1847	1847	1847	1847	1847	1847
						1824	1825	1831
面板 B:丹麦,1864—1913 年								
1900	**1900**	1878	**1900**	**1900**	**1898**			
			1870	1878	1878			
面板 C:荷兰,1816—1913 年								
1830	1830	1830	1829	1830	1830	1829	1829	1830
			1834	**1849**	**1849**	**1850**	**1850**	**1848**
						1834	1839	1885
面板 D:葡萄牙,1813—1902 年								
1836	**1848**	**1848**	1895	**1849**	**1848**	**1849**	**1848**	**1848**
			1836	1839	**1863**	1844	**1863**	**1863**
						1895	1836	1887
面板 E:普鲁士,1816—1913 年								
1823	1825	1830	1825	1825	1830	1824	1825	1830
			1849	**1849**	1897	1847	**1847**	**1847**
						1866	1866	1866
面板 F:西班牙,1821—1913 年								
1831	1832	**1835**	1831	1832	**1835**	1833	1832	1835
			1825	**1880**	**1879**	**1880**	**1881**	**1879**
						1825	**1871**	1864

注:息差是对英国统一公债的息差。面板 A 到 F 显示了最小每段观测点数分别为 5、10 或 15 所对应的最优 1 个、2 个或 3 个突变点。由于丹麦的观测点少于 50,所以只给出了最优 1 个或最优 2 个突变点的分析结果。标粗的年份为 10 年区间(或更短)时间内出现财政集权或受限政府的年份。更多细节请参见表 2.5 和表 3.1。

资料来源:参见正文。

① 本章结构突变检验的 do-file 文件发布在 http://sites.google.com/site/mdincecco。

表 6.2　　人均财政收入时间序列在不同每段最小观测点的最优突变点对比

最优 3 个			最优 4 个			最优 5 个		
15	20	25	15	20	25	15	20	25
面板 A:英格兰,1650—1913 年								
1797	1797	1797	1802	1797	1797	1802	1797	1797
1816	1817	1822	1817	1817	1822	1818	1818	1822
1898	1893	1888	1898	1893	1888	1898	1893	1888
			1787	1777	1853	1787	1777	**1688**
						1856	1856	1714
面板 B:法国,1650—1913 年								
1895	1893	**1797**	**1797**	1893	**1795**	1805	**1796**	**1795**
1869	**1869**	**1877**	**1869**	**1869**	**1877**	**1869**	**1869**	**1877**
1854	1847	1852	1854	1839	1852	1854	1839	1852
			1895	1818	1820	1820	1818	1820
						1895	1893	1740
面板 C:葡萄牙,1762—1913 年								
1832	1798	1798	1798	1798	1798	1798	1798	1787
1847	**1847**	**1854**	**1847**	**1851**	**1855**	**1847**	**1851**	**1863**
1898	1893	1888	1898	1893	1888	1898	1893	1888
			1832	1831	1830	1832	1831	1838
						1880	1871	1812
面板 D:普鲁士,1688—1913 年								
1713	1713	1713	1713	1713	1713	1713	1713	1713
1765	1765	1765	1764	1764	1771	1771	1771	1771
1740	1740	1740	1819	1819	1820	1819	1819	1819
			1834	**1839**	1740	1834	**1839**	**1847**
						1740	1740	1740
面板 E:西班牙,1703—1913 年								
1860	**1853**	**1841**	**1838**	**1853**	**1838**	**1841**	**1853**	**1838**
1875	**1873**	**1872**	**1875**	**1873**	1863	**1875**	**1873**	1863
1898	1893	1814	1898	1893	1888	1898	1893	1888
			1858	1814	1804	1814	1814	1804
						1860	1779	1779

续表

最优 3 个			最优 4 个			最优 5 个		
15	20	25	15	20	25	15	20	25
面板 F:瑞典,1740—1913 年								
1802	**1864**	**1864**	1802	**1864**	**1863**	**1864**	**1867**	**1863**
1787	1789	1787	1787	1789	1787	1787	1789	1787
1817	1812	1812	1817	1812	1812	1817	1812	1812
			1893	1893	1888	1893	1893	1888
						1802	1847	1837

最优 1 个			最优 2 个			最优 3 个		
5	10	15	5	10	15	5	10	15
面板 G:奥地利,1818—1910 年								
1822	1827	1832	1822	1827	1832	1822	1827	1832
			1827	1837	**1847**	1827	**1847**	**1847**
						1832	1837	**1862**
面板 H:丹麦,1864—1913 年								
1874	1874	1883	1874	1873	1879			
			1907	**1903**	**1894**			
面板 I:荷兰,1816—1913 年								
1873	1873	1873	1900	1865	1865	1900	1873	1881
			1908	1830	1830	1821	1830	1830
						1908	**1841**	1861

注:人均财政收入为国家政府筹集的税收收入。面板 A 到 F 显示了最小每段观测点数分别为 15、20 或 25 所对应的最优 3 个、4 个或 5 个突变点。面板 G 到 I 显示了最小每段观测点数分别为 5、10 或 15 所对应的最优 1 个、2 个或 3 个突变点。由于丹麦的观测点少于 50,所以只给出了最优 1 个或最优 2 个突变点的分析结果。标粗的年份为 10 年区间(或更短)时间内出现财政集权或受限政府的年份。更多细节请参见表 2. 5 和表 3. 1。

资料来源:参见正文。

表 6.3　　赤字比率收入时间序列在不同每段最小观测点的最优突变点对比

最优 3 个			最优 4 个			最优 5 个		
15	20	25	15	20	25	15	20	25
面板 A:奥地利,1781—1913 年								
1846	**1846**	**1846**	**1849**	**1846**	**1838**	**1849**	**1849**	**1855**
1810	1810	1810	1810	1810	1810	1810	1809	1805
1889	1889	1888	1889	1889	1888	1889	1889	1880
			1834	**1868**	**1863**	1834	**1869**	1830
						1795	1829	1880
面板 B:英格兰,1692—1913 年								
1711	1711	1716	1711	1711	1716	1711	1711	1716
1738	1738	1741	1737	1739	1741	1737	1739	1741
1797	1797	1797	1797	1797	1797	1797	1797	1797
			1753	1759	1766	1753	1759	1766
						1814	1817	1869
面板 C:瑞典,1740—1913 年								
1856	**1856**	**1853**	1853	**1831**	**1853**	**1853**	**1856**	**1853**
1785	1781	1785	1779	1788	1785	1779	1788	1775
1800	1801	1810	1809	1811	1810	1809	1810	1800
			1794	1763	1879	1763	1763	1825
						1794	1879	1879
最优 1 个			最优 2 个			最优 3 个		
5	10	15	5	10	15	5	10	15
面板 D:丹麦,1864—1913 年								
1876	1876	1878	**1893**	1887	1878			
			1898	**1898**	**1895**			
面板 E:法国,1816—1913 年								
1864	**1864**	**1864**	1839	1839	1839	1839	**1861**	**1870**
			1856	1856	1856	1856	1851	1854

续表

最优 1 个			最优 2 个			最优 3 个		
5	10	15	5	10	15	5	10	15
						1851	1839	1839
面板 F:荷兰,1816—1913 年								
1820	1825	**1839**	**1838**	**1838**	**1848**	**1840**	**1838**	**1853**
			1821	1825	1833	1822	**1858**	1831
						1833	1825	1868
面板 G:西班牙,1849—1913 年								
1873	**1873**	**1873**	**1873**	**1873**	**1873**	**1873**	**1873**	**1880**
			1868	**1883**	1888	**1882**	**1883**	1898
						1868	1859	1865

注:赤字比率为预算赤字占国家政府税收收入的比值。面板 A 到 C 显示了最小每段观测点数分别为 15、20 或 25 所对应的最优 3 个、4 个或 5 个突变点。面板 D 到 G 显示了最小每段观测点数分别为 5、10 或 15 所对应的最优 1 个、2 个或 3 个突变点。由于丹麦的观测点少于 50,所以只给出了最优 1 个或最优 2 个突变点的分析结果。标粗的年份为 10 年区间(或更短)时间内出现财政集权或受限政府的年份。更多细节请参见表 2.5 和表 3.1。

资料来源:请参见正文。

6.2　主权信贷风险:检验结果

表 6.4 给出了小组 1 国家和部分小组 2 国家(丹麦和葡萄牙)从 1816 年到 1913 年的结构突变检验结果。表 6.4 中包含 2 个最佳的结构突变点,采用的每段观测点的最小数为 15,选择这个参数指标的原因是,它能够代表本书突变识别检验的整体模式(参见表 6.1)。另外,奥地利在财政集权和受限政府体制建立之前并没有可获得的数据,所以并没有对奥地利进行结构突变检验(参见第 4 章)。本书对小组 2 的丹麦和葡萄牙也进行了检验,因为前者有财政集权前后的政府债券利息数据,而后者有两次政治转型前后的政府债券利息数据。

表 6.4 **息差时间序列的主要突变点**

年份	变动百分比	事件
面板 A:法国,1816—1913 年		
1847	+198%*** (3.97)	宪法体制的终结(1830—1848 年)/第一次意大利独立战争(1848—1849 年)爆发
1871	+26% (1.38)	**受限政府(1870 年)**/法国—普鲁士战争(1870—1871 年)
面板 B:丹麦,1864—1913 年		
1878	−19%*** (3.04)	铁路国有化(1878—1882 年)
1898	−5% (0.61)	**财政集权(1903 年)**
面板 C:荷兰,1816—1913 年		
1830	+56%*** (3.20%)	比利时独立战争爆发(1830—1833 年)
1849	−30%*** (2.69)	**受限政府(1848 年)**
面板 D:葡萄牙,1823—1902 年		
1848	+10% (0.50)	第三次内战(1846—1847 年)/**受限政府(1851 年)**
1863	+20% (1.69)	**财政集权(1859 年)**
面板 E:普鲁士,1816—1913 年		
1830	−53%*** (4.92)	第一次海关关税同盟(1834 年)
1897	−29%** (2.42)	威廉二世的世界政策(19 世纪 90 年代)
面板 F:西班牙,1821—1913 年		
1835	−72%*** (5.82)	第一次卡洛斯战争结束(1833—1839 年)/**财政集权(1845 年)**
1879	−56%*** (2.73)	**受限政府(1876 年)**/第三次卡洛斯战争结束(1872—1876 年)

注:息差为相对英国统一公债的利息差。第一列显示了两个最优突变年份(每段最小观测值为 15,根据文中所描述的算法)。第二列显示了突变年份前后 10 年平均息差的变动百分比。括号内的 T 统计量为绝对值。最后一列给出了突变年份的简单解释,文中有对应的详细说明。如果突变点发生在财政集权或受限政府的十年区间(或更短)之内,则该突变年份被标粗。

* 为 10%的水平上显著,** 为 5%的水平上显著,*** 为 1%的水平上显著。

资料来源:参见正文。

由于法国在大革命(1789—1799年)期间的政府债券利息数据缺失,所以无法检测其财政集权时间点附近的结构突变。因此,法国的突变检验开始于大革命和拿破仑时代(1789—1815年)结束之际。从突变检验的结果来看,识别出的突变点为1871年,与稳定的财政集权和受限政府政体的建立时间(1870年)以及法国—普鲁士战争(1870—1871年)相吻合。事实上,这些事件导致法国的息差在随后的10年内小幅度提高,意味着法国战败于普鲁士所带来的负效应在短期内抵消了制度改革对公共财政的正效应。不过,请回顾图4.1,法国的债券息差在1871年之后是稳步下降的。另外,识别出的第二个突变点为1847年,对应着(动荡不安的)七月革命立宪政权(1830—1848年)的终结和第一次意大利独立战争(1848—1849年)的开始,而这些事件导致法国的息差显著提高了近200%。

同法国一样,由于荷兰在拿破仑战争(1803—1815年)时期的数据是缺失的,从而无法检测荷兰财政集权时间点附近的结构突变。因此,荷兰的突变检验开始于1816年。识别的第一个突变点为1849年,与建立财政集权和受限政府体制的时间(1848年)相吻合。在随后的10年中,荷兰的息差显著降低了30%。不仅如此,识别的第二个突变点为1830年,它恰好对应着比利时起义(1830年)和随后的独立战争(1830—1833年),而这些事件导致荷兰的息差提高了超过50%。

由于丹麦在1864年并没有连续的利息数据,无法检测丹麦在建立受限政府体制时间点附近的结构突变。因此,丹麦的突变检验开始于1864年。识别的第一个突变点为1898年,它对应着丹麦1903年的财政集权。在接下来的10年中,丹麦的息差小幅度下降了5%。不仅如此,识别的第二个突变点为1878年,这对应着19世纪70年代末和80年代初丹麦的铁路国有化。令人意外的是,铁路国有化导致丹麦的息差显著降低了20%。

由于西班牙的息差可得数据开始于财政集权和受限政府建立之前,因此可以对西班牙进行这两大政治转型的结构突变检验。[①] 识别出的第一个突变

① 我们在第4章提到过,本书在回归分析中排除了14个西班牙的超过20%利率的观测值。不过为了确保数据的连续性,这些观测值仍被包含在突变检验中。

点为 1835 年,它对应着内部战争(第一次卡洛斯战争,1833—1839 年)和不久后到来的财政集权(1845 年)。第二次卡洛斯战争(1847—1849)是明显的例外,在此期间,西班牙的息差在整个 19 世纪 50 年代和 60 年代都稳步降低。不仅如此,识别出的第二个突变点为 1879 年,它对应着稳定的财政集权和受限政府体制的建立(1876 年)以及第三次卡洛斯战争的结束(1872—1876 年)。这些事件导致西班牙的息差降低了超过 50%。

同西班牙一样,葡萄牙的利息可得数据开始于财政集权和受限政府建立之前,可以对葡萄牙进行这两大政治转型的结构突变检验。识别出的第一个突变点为 1848 年,它对应第三次内战(1846—1847 年)以及稳定的财政集权和受限政府体制的建立(1851 年)。在整个 19 世纪 50 年代,葡萄牙的息差降低了超过 200 个基准点。不仅如此,识别出的第二个突变点为 1863 年,它对应着 1859 年发生的财政集权改革。随后,葡萄牙的息差稳步降低,不过,这一趋势在之后被打断了(由于 19 世纪 60 年代末不稳定的政治局势和 90 年代初发生的金融危机),而且其息差再次达到了峰值。

普鲁士的财政集权发生于 1806 年,但是利息的可得数据开始于 1816 年前后,所以对普鲁士的突变检验开始于拿破仑战争(1803—1815 年)结束之后。识别出的第一个突变点为 1830 年,它对应着第一次德意志关税同盟的建立(1834 年),这导致普鲁士的息差在随后的 10 年内降低了 53%。另外,识别出的第二个突变点为 1897 年,它对应着首相俾斯麦的辞职(1890 年)和新任君主威廉二世所采用的侵略性外交政策(即著名的"世界政策")。在整个 19 世纪 90 年代,普鲁士的息差不断提高,但是在 20 世纪开始显著下降(参见图 5.11)。尽管检测出的两个最佳突变点(采用每段观测点最小值等于 15)并没有与受限政府的建立(1848 年)相吻合,但是其他数个参数值都将 1848 年或其附近年份识别为突变点(参见表 6.1)。令人意外的是,普鲁士的息差并没有在宪政改革之后降低。不过普鲁士是一个特殊案例,本书已经在第 5 章讨论过普鲁士案例的特殊性。

总体来说,结构突变检验的结果为本书的观点(政治转型降低主权信贷风险)提供了统计证据。政府债券息差的时间序列数据的主要转折点与财政集权和受限政府发生的时间相吻合。因此,在第 4 章的统计性描述和案例研究证据的基础上,突变检验的结果进一步提供了更为严格谨慎的统计分析证据。值得注意的是,突变检验的结果在政治转型之外也强调了内外战争冲突对公共财政的影响。

6.3　两大作用机制:检验结果

现在,我们转向政治转型降低主权信贷风险的两大机制:提高人均财政收入以及改善财政审慎性,并且给出结构突变检验的研究发现。

表 6.5 和表 6.6 分别给出了小组 1 国家和部分小组 2 国家(丹麦、葡萄牙和瑞典)人均财政收入和赤字比率的结构突变检验结果。对拥有连续时间序列(17 世纪或 18 世纪)数据的国家,突变检验展示了 4 个最优突变点(每段最小观测值为 25);对于可得数据在 1815 年之后的国家,突变检验展示了 2 个最优突变点(每段最小观测值为 15)。这两套参数都能够代表突变检验识别的一般模式(参见表 6.2 和表 6.3)。由于葡萄牙和瑞典的可得预算数据期间覆盖了两大政治转型,所以分析中也包含了这两个国家,同时丹麦的可得数据期间覆盖了财政集权改革,所以本部分的检验也包含了丹麦。

表 6.5　　人均财政收入时间序列的主要突变点

年份	变动百分比	事件
面板 A:英格兰,1650—1913 年		
1797	+58%*** (7.18)	第二次反法同盟战争爆发(1798—1801)
1822	−18%*** (5.05)	拿破仑战争结束(1803—1815 年)
1853	+15%*** (7.24)	克里米亚战争爆发(1853—1856 年)
1888	+10%*** (4.08)	南非战争爆发(1899—1902 年)
面板 B:法国,1650—1913 年		
1795	+37% (1.68)	法国大革命(1788—1789 年)/**财政集权(1790 年)**

续表

年份	变动百分比	事件
1820	−15%** (2.77)	拿破仑战争结束(1803—1815 年)/王朝复辟(1814—1815 年)
1852	+32%*** (3.83)	拿破仑三世政变(1851 年)/克里米亚战争爆发(1853—1856 年)
1877	+26%*** (2.93)	**受限政府(1870 年)**/法国—普鲁士战争(1870—1871 年)
面板 C:葡萄牙,1762—1913 年		
1798	+41%*** (5.73)	法国革命战争(1792—1801 年)
1830	−8% (0.87)	第二次内战(1832—1834 年)
1855	+20%*** (5.58)	**受限政府(1851 年)/财政集权(1859 年)**
1888	+63%*** (5.63)	金融危机(1891 年)
面板 D:普鲁士,1688—1913 年		
1713	+94%*** (5.88)	参与北方大战(1700—1721 年)
1740	−22%*** (5.20)	奥地利王位继承战争爆发(1740—1748 年)
1771	−28%*** (4.11)	七年战争结束(1756—1763 年)
1820	+88%*** (5.47)	拿破仑战争结束(1803—1815 年)
面板 E:西班牙,1703—1913 年		
1804	−42%*** (4.50)	拿破仑战争爆发(1803—1815 年)
1838	+51%*** (5.53)	第一次卡洛斯战争(1833—1839 年)/**财政集权(1845 年)**
1863	+39%** (4.00)	与秘鲁的海战(1865—1866 年)爆发
1888	+0% (0.02)	未确认事件

续表

年份	变动百分比	事件
面板 F:瑞典,1740—1913 年		
1787	+57%*** (2.93)	俄国—瑞典战争(1788—1790 年)
1812	−13% (0.69)	俄国—瑞典战争结束(1808—1089 年)/采用宪法(1809 年)
1863	+16% (1.65)	**财政集权(1861 年)/受限政府(1866 年)**
1888	+22%*** (4.62)	铁路国有化(1896 年)
面板 G:奥地利,1818—1910 年		
1832	0% (0.14)	未确认事件
1847	+22%** (2.66)	**财政集权(1848 年)**/第一次意大利独立战争爆发(1848—1849 年)
面板 H:丹麦,1864—1913 年		
1879	+19%*** (7.25)	铁路国有化(1878—1882 年)
1894	+12%*** (5.07)	财政集权(1903 年)
面板 I:荷兰,1816—1913 年		
1830	+8%** (2.65)	比利时独立战争爆发(1830—1833 年)
1865	+14%*** (5.64)	自由经济改革(19 世纪 50 年代和 60 年代)

注:人均财政收入为国家政府筹集的税收收入。第一列显示了 4 个(面板 A 到 F)最优突变年份(每段最小观测值为 25,根据文中所描述的算法);2 个(面板 G 到 I)最优突变年份(每段最小观测值为 15)。第二列显示了突变年份前后 10 年人均财政收入的变动百分比。括号内的 T 统计量为绝对值。最后一列给出了突变年份的简单解释,文中有对应的详细说明。如果突变点发生在财政集权或受限政府的 10 年区间(或更短)之内,则该突变年份被标粗。

* 为 10%的水平上显著,** 为 5%的水平上显著,*** 为 1%的水平上显著。

资料来源:参见正文。

表 6.6　　赤字比率时间序列的主要突变点

年份	变动百分比	事件
面板 A:奥地利,1781—1913 年		
1810	−57% (1.28)	拿破仑战争结束(1803—1815 年)
1838	−34% (1.52)	**财政集权(1848 年)**/第一次意大利独立战争(1848—1849 年)
1863	−22% (0.73)	第二次石勒苏益格—荷尔斯泰因战争(1864 年)/**受限政府(1867 年)**
1888	−62%*** (3.77)	铁路国有化(19 世纪 80 年代)
面板 B:英格兰,1692—1913 年		
1716	−98%*** (3.46)	西班牙王位继承战争结束(1701—1714 年)
1741	+814%*** (5.72)	奥地利王位继承战争爆发(1740—1748 年)
1766	−107%*** (5.92)	七年战争结束(1756—1763 年)
1797	+143%* (1.84)	第二次反法联盟战争爆发(1798—1801 年)
面板 C:瑞典,1740—1913 年		
1785	+3 528%* (1.80)	俄国—瑞典战争(1788—1790 年)
1810	−118% (0.96)	俄国—瑞典战争结束(1808—1809 年)/采用宪法(1809 年)
1853	+8 831%*** (3.20)	第一次石勒苏益格—荷尔斯泰因战争(1848—1849 年)/**财政集权(1861 年)**
1879	−52% (1.34)	未确认事件
面板 D:丹麦,1864—1913 年		
1878	−141%** (2.73)	铁路国有化(1878—1882 年)
1895	+56% (0.49)	**财政集权(1903 年)**
面板 E:法国,1816—1913 年		
1839	+629%** (2.41)	宪制政体结束(1830—1847 年)/第一次意大利独立战争(1848—1849 年)

续表

年份	变动百分比	事件
1856	−33% (0.64)	克里米亚战争结束(1853—1856 年)
面板 F:荷兰,1816—1913 年		
1833	−25%*** (3.92)	比利时独立战争结束(1830—1833 年)
1848	−43%*** (4.17)	**受限政府(1848 年)**
面板 G:西班牙,1849—1913 年		
1873	−165%* (2.04)	**受限政府(1876 年)**/第三次卡洛斯战争结束(1872—1876 年)
1888	+324% (0.98)	未确认事件

注:赤字比率为预算赤字对国家政府税收收入的比值。第一列显示了 4 个(面板 A 到 C)最优突变年份(每段最小观测值为 25,根据文中所描述的算法);2 个(面板 D 到 G)最优突变年份(每段最小观测值为 15)。第二列显示了突变年份前后 10 年赤字比率的变动百分比。括号内的 T 统计量为绝对值。最后一列给出了突变年份的简单解释,文中有对应的详细说明。如果突变点发生在财政集权或受限政府的 10 年区间(或更短)之内,则该突变年份被标粗。

* 为 10%的水平上显著,** 为 5%的水平上显著,*** 为 1%的水平上显著。

资料来源:参见正文。

英格兰(它在 1688 年之后就实现了财政集权和受限政府)在整个 18 世纪及之后都成功地采用税收平滑性的政策(参见第 5 章),而结构突变检验所识别的主要转折点强调了英格兰的这一财政策略。突变点分别对应着奥地利王位继承战争(1740—1748 年,赤字比率)、第二次反法同盟战争(1798—1801 年,财政收入与赤字比率)、克里米亚战争(1853—1856 年,财政收入)以及南非战争(1899—1902 年,财政收入)的开始。在每种情况下,外部冲突的开始都会导致相关财政指标显著提高。其余的突变点分别对应着西班牙王位继承战争(1701—1714 年,赤字比率)、七年战争(1756—1763 年,赤字比率)和拿破仑战争(1803—1815 年,政府收入)的结束。在这些情况下,外部冲突的结束都会导致相关财政指标显著降低。

由于1688年光荣革命时期的政府支出数据缺失，因此无法对英格兰受限政府成立时间点附近的赤字比率进行结构突变检验。尽管对政府收入的结构突变检验开始于1650年，但是受限政府的成立时间与4个最优突变点（每段最小观测值为25）都不吻合。不过，如图5.1所示，在17世纪90年代，政府收入显著提高了91%。不仅如此，5个最优突变点（每段最小观测值为25）将1688年识别为一个主要的转折点（参见表6.2）。

对法国而言，政府收入1793年的突变点对应着财政集权和法国大革命（1789—1799年）。尽管国内政治动乱的负面影响在短期抵消了一些财政变革的正面影响，但如图5.3所示，法国的政府收入在随后的20年间快速提高。1877年的突变点对应着稳定的财政集权和受限政府体制的建立以及法国—普鲁士战争（1870—1871年）。在整个19世纪70年代，政府收入提高了26%。法国政府收入的其他突变点分别对应着拿破仑战争（1803—1815年）的结束和波旁王朝的复辟（1814—1815年），以及拿破仑三世政变（1851年）和克里米亚战争（1853—1856年）的开始。尽管前两个事件导致政府收入显著下降，但是后两个事件导致政府收入显著提高。

由于法国大革命时期（1789—1799年）政府支出数据的缺失，故无法对法国赤字比率进行财政集权时间点附近的结构突变检验。因此，法国的赤字比率突变检验开始于大革命和拿破仑时期（1789—1815年）结束之后。1839年的突变点发生在七月政府（1848年）结束和第一次意大利独立战争（1848—1489年）开始的10年区间之内。这些事件导致赤字比率提高了超过600%。1856年的突变点对应着克里米亚战争（1853—1856年）的结束，但是并没有显著降低赤字比率。尽管受限政府的建立（1870年）与2个最优突变点（每段最小观测值为15）都不吻合，但是，其他几个参数值将1870年或附近年份识别为一个主要的转折点（参见表6.3）。不仅如此，如图5.4所示，整个19世纪70年代，法国的赤字比率降低了165%。

对荷兰而言，由于拿破仑战争时期（1803—1815年）政府预算数据的缺失，故无法对其进行财政集权发生时间点附近的结构突变检验。因此，对财政收入和赤字比率的突变检验开始于1816年。1833年赤字比率的突变点对应着比利时独立战争（1830—1833年）的结束，1848年赤字比率的突变点则对应着财政集权和受限政府体制的建立。这两个事件都在随后的数十年间显著地降低了赤字比率。

相反，荷兰 1830 年财政收入的突变点对应着比利时革命（1830 年）和比利时独立战争（1830—1833 年）的开端，这同时导致财政收入显著提高。另外，1865 年财政收入的突变点对应 19 世纪 50 年代和 60 年代经济改革的自由时代。[①] 尽管建立受限政府（1848 年）与 4 个最优突变点（每段最小观测值为 25）都不吻合，但是，如图 5.5 所示，在 1848 年之后不久，荷兰的财政收入在 19 世纪 60 年代和 70 年代稳步增长。不仅如此，2 个最优突变点（每段最小观测值为 10）将 1841 年（1840 年宪法改革的下一年）识别为一个主要的转折点（参见表 6.2）。

由于 1864 年之前丹麦政府预算数据的缺失，故无法对丹麦受限政府建立时间点附近的息差进行结构突变检验。因此，对丹麦财政收入和赤字比率的突变检验开始于 1864 年。1894 年财政收入的突变点和 1895 年赤字比率的突变点都发生在财政集权的 10 年之内。在随后的 10 年中，这两项财政指标都显著提高。1879 年财政收入的突变点和 1878 年赤字比率的突变点对应着丹麦的铁路国有化，它导致财政收入显著提高以及赤字比率明显下降。

对于西班牙而言，1838 年财政收入的突变点对应着第一次卡洛斯战争（1833—1839 年）的结束和财政集权化的建立（1845 年）。这些事件导致财政收入在随后的 10 年中提高了 51%。尽管受限政府的建立（1876 年）与 4 个最优突变点（每段最小观测值为 25）都不吻合，但是，其他几个参数值都将附近的年份识别为突变点（参见表 6.2）。不仅如此，如图 5.7 所示，在 19 世纪 70 年代末和 80 年代初，西班牙的财政收入显著提高了 35%。财政收入的其他突变点分别对应着拿破仑战争（1803—1815 年）的开始、秘鲁海战（1865—1866 年）和 1888 年未被确认的某事件。令人意外的是，拿破仑战争的爆发显著降低了西班牙的财政收入。

由于西班牙缺少 1849 年前连续的政府支出数据，故无法对其财政集权时间点附近的赤字比率进行结构突变检验，因此，西班牙赤字比率的突变检

① 请参阅 van Zanden 和 van Riel (2010：65—79)。

验从 1849 年开始。1873 年的突变点对应着第三次卡洛斯战争(1872—1876 年)的结束和稳定的财政集权与受限政府体制的建立(1876 年)。这些事件导致赤字比率下降了 165%。第二个突变点对应着 1888 年某次未被确认的事件。

回顾上一节,由于奥地利在财政集权和受限政府体制建立之前并没有可得的息差数据,所以无法对奥地利进行息差的结构突变检验。不过,奥地利的预算数据是可得的(在两大政治转型期间),因此可以对奥地利的财政收入和赤字比率进行结构突变检验。1838 年赤字比率的突变点发生在财政集权和第一次意大利独立战争(1848—1849 年)的 10 年之内,而 1863 年的突变点则对应稳定的财政集权和受限政府体制的建立与第二次石勒苏益格—荷尔斯泰因战争(1864 年)。两大政治转型(以及抵消他们正效应的历次外部战争)使奥地利的赤字比率在随后的 10 年间小幅度降低。其他的突变点则分别对应着拿破仑战争(1803—1815 年)的结束和 19 世纪 80 年代的铁路国有化,而这两次事件都导致赤字比率有所降低。

尽管从 18 世纪末期开始,奥地利的政府预算数据就是可得的,但是并没有 1818 年之前的人口数据(参见第 5 章),所以,对奥地利财政收入的结构突变检验开始于 1816 年。同赤字比率一样,奥地利 1847 年财政收入的突变点对应着财政集权和第一次意大利独立战争(1848—1849 年)。这些事件导致财政收入提高了 22%。奥地利财政收入的其他最优突变点对应着 1832 年的未确认事件,不过并没有产生显著的影响。尽管受限政府体制建立(1867 年)与 2 个最优突变点(每段最小观测值为 15)都不吻合,但如图 5.9 所示,在 19 世纪 60 年代后期和 70 年代初期,奥地利的财政收入提高了 55%。不仅如此,3 个最优突变点(每段最小观测值为 15)将 1862 年识别为主要的突变点(参见表 6.2)。

对于瑞典而言,1863 年财政收入的突变点发生在财政集权(1861 年)和建立受限政府(1866 年)之间。这两大政治转型使财政收入在随后的 10 年间小幅度提高。1853 年赤字比率的突变点对应着克里米亚战争(1853—1856 年)的爆发并且发生在财政集权的 10 年内。这些事件结合为一个全新的扩展性财政政策，导致赤字比率显著提高。[①] 尽管受限政府成立的时间点与赤字比率时间序列的突变点并不吻合，但是在 19 世纪 60 年代末到 70 年代初，赤字比率降低了 40%。不仅如此，1810 年赤字比率的突变点(以及 1812 年财政收入的突变点)对应着 1809 年的宪法改革和 1808—1809 年俄国—瑞典战争的结束。在这次政治改革之后，执政者拥有绝对的否定权，而且议会每 5 年才举行一次会议(参见第 3 章)。尽管这些事件导致赤字比率在 19 世纪 10 年代下降了 118%，但是对财政收入的影响却忽略不计。其他的最优突变点分别对应着 1788—1790 年俄国—瑞典战争(政府收入和赤字比率)的爆发和 1896 年的铁路国有化(财政收入)。这两大事件都导致对应的财政指标显著提高。赤字比率的另一个突变点对应着 1879 年的某次未确认事件，但并没有产生显著的影响。

由于葡萄牙在 1851 年之前政府支出数据大范围缺失，故无法对葡萄牙的赤字比率进行结构突变检验，因此，对葡萄牙的突变检验主要关注于财政收入。1855 年的突变点发生在财政集权(1851 年)和建立受限政府(1859 年)之间。这两大政治转型使财政收入在随后的 10 年间提高了 20%。其他的最优突变点分别对应着法国革命战争(1792—1801 年)、第二次内战(1832—1834 年)和 1891 年的金融危机。尽管第一次和第三次事件导致财政收入显著增加，但是第二次事件对财政收入并没有显著影响。

同葡萄牙一样，普鲁士在 1806 年之后的政府支出数据大量缺失，故无法对普鲁士的赤字比率进行结构突变检验。因此，对普鲁士的突变检验主要关注于政府收入。1713 年的突变点对应着普鲁士加入大北方战争(1700—1721 年)并且导致财政收入显著提高。相反，1771 年的突变点对应着七年战争(1756—1763 年)的结束，并且导致财政收入显著下降。其他的两个最优突变点分别对应着奥地利王位继承战争(1740—1748 年)的爆发和拿破仑战争(1803—1815 年)的结束。令人意外的是，前一个突变点显著降低了财政收入，而后一个突变点却显著提高了财政收入。回顾第 5 章，直到 1815 年的拿破仑战争结束，普鲁士的财政收入都在不断提高，但是在随后的 30 年间，普鲁

① 尽管瑞典没有参加克里米亚战争，但冲突激发了其出口的新需求。请参阅 Schön(2010：174－178)。

士的财政收入并没有显著高于其在18世纪的水平。因此，毫不意外地，1806年的财政集权并没有对应任何一个主要的突变点。尽管建立受限政府(1848年)与4个最优突变点(每段最小观测值为25)都不吻合，但是其他的参数将附近年份识别为主要突变点(参见表6.2)。不仅如此，如图5.12所示，在19世纪50年代末到60年代初，普鲁士的财政收入明显上升了。

总的来说，结构突变检验的发现进一步为本书的论点(提高财政收入和改善财政审慎性是政治转型改善公共财政的两大作用机制)提供了统计性的证据。同息差一样，财政收入和赤字比率时间序列的主要突变点往往都对应着财政集权和受限政府的建立。因此，这些结果进一步支持了第5章的描述性分析和案例分析。另外，结构突变检验还强调了公共财政和战争与政治动乱之间的关系。最后，研究还展示了政府的大型经济干预(如铁路国有化)对公共财政的影响。

为了能够严格地刻画政治转型的财政效应，本章报告了结构突变检验的结果，这些检验没有在任何财政序列中假设主要转折点的事前信息，而是让数据为自己说话。突变检验的结果往往将财政集权和建立受限政府识别为主要的转折点，这在第5章的描述性证据和案例分析证据之上进一步提供了统计性的证据。因此，我们可以更加确信政治转型导致了公共财政的改善。另外，这些结果还指出外部和内部战争以及其他历史性因素对公共财政的重要影响。为了明确控制(除政治转型之外)其他政治和经济变量的财政效应，本书将在下一章使用计量方法来达到这一目的。

第 7 章　测算政治转型的财政效应

通过结构突变检验的分析，由数据可以看出，它们往往将政治转型识别为不同财政指标时间序列的主要突变点。相对应地，这些突变点往往会显著提高财政收入并且改善财政审慎性，最终导致主权信贷风险显著降低。因此，突变检验为本书的论点（政治转型导致公共财政大幅度改善）提供了严格的证据。

不过，同案例分析一样，结构突变检验也发现政治转型之外的历史性因素对公共财政存在显著影响。这些历史性因素包括外部和内部冲突、收入增长、财政与货币政策、国家个体效应与时间固定效应等。为了考虑这些因素对公共财政的影响，本章将采用计量方法考察数据的面板性质。面板数据的测算包含了随着时间和国家变化的各种变量，从而能够获得更多的信息。这种方法的主要优点是能够系统地从各种潜在的相关因素中分离出（通过使用控制变量）政治转型对公共财政的影响。通过控制除了政治转型之外的其他历史因素特征，计量分析方法可以肯定或否定案例研究与结构突变检验的结果。

本章首先描述计量回归的设定，包括面板设定、各个控制变量以及逆向因果问题的讨论；接下来报告对主权信贷风险的回归结果；最后报告对财政收入和财政审慎性的回归结果。

7.1　计量基本设定

7.1.1　面板设定

本书的计量方法设定参照 Beck 和 Katz（1995），并且采用包含面板矫正标准误(panel-corrected standard errors,PCSE)的普通最小二乘法。这种方法是一种处理面板数据的标准方法,能够矫正任何同时出现的相关误差或面板异方差问题,而且包含了一个共同的 AR1 项以控制可能出现的序列相关问题。[①]

Beck 和 Katz(1995)表明,PCSE 方法要优于广义最小二乘法(feasible generalized least squares,FGLS),因为后者方法往往会对标准误的估计不准。从估计效率来说,普通最小二乘法要劣于广义最小二乘法,这意味着,如果普通最小二乘法的估算结果是存在显著的相关性,那么事实应该是有着比估算结果更强的相关性。Beck 和 Katz(1995)还表明,使用共同的 AR1 项优于使用国家个体效应。另外,还可以通过在回归方程中加入被解释变量的滞后项来控制序列相关问题(参见 Beck 和 Katz,1996)。而且,采用滞后项的回归结果和本书随后报告的回归结果是高度相似的。[②]

基本回归设定为:

$$F_{it}=\alpha+\beta_1 CA_{it}+\beta_2 FL_{it}+\beta_3 CL_{it}+\gamma' X_{it}+\beta_4\mu_i+\beta_5\tau+\varepsilon_{it} \qquad (2)$$

其中,F_{it} 是国家 i 在 t 年的财政指标,根据不同的回归设定,它分别代表政府债券息差(基准为英国统一公债,单位为基准点)、政府人均税收收入(取自然对数,单位为金克)或预算赤字占财政收入的比率。[③] X_{it} 为一系列的控制变量、μ_i 为国家个体固定效应、τ 为旧体制的二元变量(下文会详细展开)、ε_{it} 为残差项。

CA_{it} 是二元变量,在每个样本年,如果这个国家的政体为财政集权结合专制统治的,则取值为 1;同样,FL_{it} 也是二元变量,在每个样本年,如果这个国家的政体为财政分割结合受限政府的,则取值为 1;最后,CL_{it} 也是二元变

---

① 误差项同期相关,面板异方差和序列相关是面板数据特有的 3 个计量经济学模型问题。如果一个国家的标准误与另一个国家的标准误相关联,则会发生误差项同期相关。如果标准误的方差因国家/地区而异,则发生面板异方差。最后,如果标准误与时间相关,则会发生序列相关。另请参阅 Beck 和 Katz(1995:636)。

② 第三种方法是一阶差分。但是,Wooldridge(2003,第 13、14 章)认为,这种方法显著减少了自变量的变化,因此他并不鼓励对很长的时间序列做一阶差分。

③ Wooldridge(2003:189)提供了使用自然对数的经验法则。在主权信用风险回归中,使用年平均自然收益率的自然对数作为因变量产生的结果与稍后介绍的结果基本一致。

量，在每个样本年，如果这个国家的政体为财政集权结合受限政府的，则取值为 1。[①] 这些虚拟变量采用一种清晰、简洁而且易懂的方式测量政治体制的财政影响。回顾第 2 章，尽管在财政集权之前，各国财政分割的水平并不相同，但是所有未完全实现财政集权的国家都被归类为完全财政分割的。由于一些国家在财政集权之前的分割水平相对较低，因此这种设定方法意味着一些被视为完全财政分割的国家会有较好的财政表现，例如较高的人均财政收入（参见第 2 章和第 5 章）。在这种情况下，平均来说，财政集权对公共财政的改善效应会被低估，而这种系统性低估不利于本书的假设——财政集权改善公共财政。因此，如果回归结果依旧表明财政集权对相关的财政变量存在显著的正向影响，那么实际上的影响效应应该更为强烈。

同样，回顾第 3 章，在选取受限政府建立时点时，本书都选取较为早期的时点。由于欧洲的公共财政随着时间不断改善，这种选择意味着一些被归类为受限政府的政体会包含相对糟糕的财政表现。在这种情况下，平均来说，议会改革之后的财政改善效应会被低估，而这种系统性的低估并不利于本书的假设——立宪的受限政府会改善公共财政。因此，如果回归结果依旧表明受限政府对各种财政指标存在显著的正效应，那么实际上的影响效应应该是更为强烈的。与此同时，本书还采用了一个稳健性的回归检验，通过将受限政府建立时间向后滞后 5 年，以考虑投资者和纳税人对新建立的议会体制是否能够长期存续所存在的担忧。

7.1.2　考虑冲突、增长和其他因素

第 4 章和第 5 章的案例研究证据以及第 6 章的突变检验结果都表明，外部冲突对公共财政存在重大的影响。事实上，Hoffman 和 Rosenthal(1997)也认为，专制君主的一大真实目的就是发动个人荣誉战争和国土保卫战争。在短期，战争会破坏和摧毁人力资本及物质资本，从而恶化公共财政。但是，在长期，Tilly(1990)、Hoffman 和 Norberg(1994a)、Hoffman 和 Rosenthal(2000)、O'Brien(2001，2005)、Hoffman(2009)、Karaman 和 Pamuk(2010)以

---

① 财政分割结合专制统治政体，FA_{it} 为基本案例，在回归分析中被省略了。

及 Rosenthal 和 Wong(2011)都认为,军事竞争会促进财政创新,从而改善公共财政。

每次外部冲突的性质并不相同,比如战争规模不同或敌方实力也相差甚远。为了评估战争对公共财政的影响,本书在 Clodfelter(2002)的基础上组合了一套新的数据库。这套数据库包含从 1650 年到 1913 年在西欧和东欧发生的、至少涉及一个样本国家的对外战争。为了计算战争的规模,本书计算了战争参与国在参战年份中的历年平均战亡人数。在某些情况下,样本中的国家会同时参加多场战争,本书会在加总各参战国战亡人数时扣除重叠部分。附录 3 列出了所有控制变量的详细信息。

由于战争是各国君主的一大核心目标,所以几乎所有的统治者都希望参加战争。事实上,军事支出在整个 19 世纪都是各国国家预算中最主要的构成。[①] 不过,金融条件也对战争有着显著影响。决策是否参战时考虑的一大因素就是敌国的财政实力。为了控制敌方的实力,本书加总战争爆发年份的对战联盟国的人口数量作为敌方联盟总人口。如果样本国家同时参加多场战争,则在加总时会扣除重叠部分。

金融因素还会影响军事联盟的构成。Tilly(1990)认为,英格兰、荷兰共和国(1795 年之前的荷兰)以及法国是 17 世纪到 19 世纪欧洲的主要军事强国,而其他国家则主要依靠聘请雇佣兵。为了控制这一效应,本书采用了一个二元变量,当某个国家在某年与英格兰、荷兰共和国或法国联盟参战,则取值为 1。

金融条件还会影响战争的结果。由于数据的可得性,本书无法采用债务水平或货币贬值来衡量这种后果。但是,从债务违约可以看出整体性的信息,因为违约是对财政危机的极端反应,它表示财政危机已经给金融部门和整个经济带来了大范围的破坏性影响。Hoffman 和 Rosenthal(1997)认为,君主将公共债务违约视为解决战争债务的一种方法。为了测量这一效应,本书依据 Reinhart 等(2003,表 2)构建了一个二元变量,将发生对外债务违约的时期取值为 1。[②]

---

① 请参阅 Hoffman 和 Rosenthal(1997),Rosenthal(1998),以及 Lindert(2004,第 2 章);另请参阅本书第 8 章。

② 此数据将与其他数据相互补充,详见附录 3。

表 7.1 列出了欧洲各国 1650 年到 1913 年期间的参战国、对战联盟以及对外战争战亡人数。平均来说，战争会导致每年 5 万的战亡人数，而每年的对战联盟国总人口则超过 2 500 万人。[①] 死亡人数最少的冲突为西班牙战争(1727—1729 年)，其年平均战亡人数为 269 人。战亡人数最高的年份为 1809 年，60 万士兵阵亡于拿破仑战争(1803—1815 年)的伊比利亚半岛和奥地利前线。最小的对战联盟是奥地利政府战争(1878 年)中的波斯尼亚和黑塞哥维纳的对战联盟，总人口仅略高于 100 万。最大的对战联盟是第一次意大利独立战争(1848—1849 年)中的奥地利、法国和西班牙对战联盟，联盟国总人口为 8 800 万。从 1650 年到 1913 年，平均有 10%的时间，不同的国家与英格兰、荷兰共和国或者法国达成战争联盟。西班牙联盟欧洲三巨头之一参战次数最多(11 次)。从 1650 年到 1913 年，各国政府平均的债务违约年份占 1%，其中，法国和西班牙在此期间的违约次数最高(各 7 次)，而且它们每次违约几乎都与军事冲突有关。

表 7.1　　1650—1913 年欧洲各国的外部战争

战争名称	年份	参战国 vs. 对战联盟	战亡人数/年
法国—西班牙战争	1648—1659	法国 vs. 西班牙	0.007
第一次英荷战争	1652—1654	英格兰 vs. 法国、荷兰	0.017
第一次大北方战争	1655—1660	奥地利、丹麦、葡萄牙、俄国 vs. 瑞典	—
英国—西班牙战争	1655—1659	英格兰 vs. 西班牙	—
葡萄牙—西班牙战争	1661—1668	葡萄牙 vs. 西班牙	—
哈布斯堡—奥斯曼战争	1663—1664	奥地利 vs. 土耳其	0.085
第二次英荷战争	1665—1667	英格兰 vs. 丹麦、法国、荷兰	0.049
移归权战争	1667—1668	英格兰、荷兰、西班牙、瑞典 vs. 法国	0.020
第三次英荷战争	1672—1674	英格兰、法国 vs. 荷兰	0.023
法国—荷兰战争	1672—1679	英格兰、法国、瑞典 vs. 丹麦、荷兰、西班牙	0.045
哈布斯堡—奥斯曼战争	1683—1689	奥地利、波兰 vs. 土耳其	0.125

① 表 7.3 显示了与冲突相关的控制变量的描述性统计信息。

续表

战争名称	年份	参战国 vs. 对战联盟	战亡人数/年
法国征服卢森堡	1684	法国、荷兰 vs. 西班牙	0.020
大联盟战争	1688—1697	奥地利、英格兰、荷兰、葡萄牙、西班牙 vs. 法国	0.081
大北方战争	1700—1721	丹麦、普鲁士、波兰、俄国 vs. 瑞典	0.318
西班牙王位继承战	1701—1714	奥地利、英格兰、荷兰、葡萄牙、普鲁士 vs. 法国、西班牙	0.162
第七次威土战争	1714—1718	奥地利 vs. 土耳其	0.280
四国同盟战争	1718—1720	奥地利、英格兰、法国、荷兰 vs. 西班牙	0.150
西班牙战争	1727—1729	英格兰、法国 vs. 西班牙	0.003
波兰王位继承战	1733—1735	奥地利、俄国 vs. 法国、普鲁士、西班牙	0.313
俄土战争	1735—1739	奥地利、俄国 vs. 土耳其	0.240
奥地利王位继承战	1740—1748	奥地利、英格兰、荷兰、俄国 vs. 法国、普鲁士、西班牙	0.289
俄国—瑞典战争	1741—1743	俄国 vs. 瑞典	0.019
七年战争	1756—1763	奥地利、法国、俄国、西班牙、瑞典 vs. 英格兰、葡萄牙、普鲁士	0.858
科西嘉战争	1768—1769	科西嘉 vs. 法国	0.050
巴伐利亚王位继承战争	1778—1789	奥地利 vs. 普鲁士	0.016
俄国—瑞典战争	1788—1790	俄国 vs. 瑞典	0.033
第一次反法同盟战争	1792—1797	奥地利、英格兰、荷兰、葡萄牙、普鲁士、西班牙 vs. 法国	0.325
第二次反法同盟战争	1798—1801	奥地利、英格兰、普鲁士、俄国、土耳其 vs. 法国、荷兰	0.386
拿破仑战争	1803—1815		
第三次反法同盟战争	1805—1807	奥地利、英格兰、普鲁士、俄国、瑞典 vs. 法国、荷兰、波兰	2.333
半岛战争	1807—1814	英格兰、葡萄牙、西班牙 vs. 法国、荷兰	3.000
奥地利战争	1809	奥地利 vs. 法国、荷兰	3.000
俄国战役	1812	奥地利、丹麦、俄国 vs. 法国、荷兰、波兰	1.500

续表

战争名称	年份	参战国 vs. 对战联盟	战亡人数/年
莱比锡战役	1813	英格兰、普鲁士、俄国、瑞典 vs. 法国、荷兰	计算在俄国战役总数中
法国战役	1814	英格兰、荷兰、俄国、普鲁士、瑞典 vs. 法国	计算在俄国战役总数中
奥地利战役	1815	奥地利 vs. 法国	0.600
滑铁卢战役	1815	奥地利、英格兰、荷兰、葡萄牙、普鲁士、西班牙 vs. 法国	计算在奥地利战役总数中
俄国—瑞典战争	1808—1809	俄国 vs. 瑞典	0.031
列戈叛乱	1823	法国 vs. 西班牙	0.065
比利时独立战争	1830—1833	比利时、英格兰、法国 vs. 荷兰	0.007
奥地利—萨尔多战争	1848—1849	奥地利 vs. 萨尔多	0.100
第一次意大利独立战争	1848—1849	奥地利、法国、西班牙 vs. 意大利	0.055
第一次石勒苏益格—荷尔斯泰因战争	1848—1849	丹麦、瑞典 vs. 普鲁士	0.030
克里米亚战争	1853—1856	英格兰、法国、土耳其 vs. 俄国	1.538
法国—奥地利战争	1859	奥地利 vs. 法国	0.196
第二次意大利独立战争	1859—1861	奥地利 vs. 意大利	0.010
第二次石勒苏益格—荷尔斯泰因战争	1864	奥地利、普鲁士 vs. 丹麦	0.042
奥地利—普鲁士战争	1866	奥地利 vs. 意大利、普鲁士	0.164
门塔纳战役	1867	法国 vs. 意大利	0.013
法国—普鲁士战争	1870—1871	法国 vs. 普鲁士	0.918
奥地利征服波斯尼亚	1878	奥地利 vs. 波斯尼亚	0.035

注：每年平均战亡人数的单位为 10 万。更多细节参见正文和附录 3。

资料来源：Clodfelter (2002)。

另外，我们还必须考虑内部冲突对公共财政的影响，因为内部冲突会对税收产生巨大的影响。为了考虑内部冲突的影响，本书在 Clodfelter(2002)和《大不列颠百科全书(2010)》(*Encyclopedia Britannica*，2010)的基础上，构建了一个二元指标，将任何发生内战、军事政变或革命的年份取值为 1。

表 7.2 列出了从 1650 年到 1913 年欧洲各国发生的全部内部冲突。平均来说，这一时期中有 3%的时间发生了国内的动乱。毫无意外地，英格兰的内部冲突次数最少(2 次)，而葡萄牙和西班牙的内部冲突最多(分别为 11 次和 10 次)。

表 7.2　　　　欧洲各国的内战(1650—1913 年)

	年份	事件
奥地利	1848	革命之年
比利时	1789—1790	布拉邦特革命
	1830	比利时革命
丹麦	1848	革命之年
英格兰	1649—1651	第三次英国内战
	1688	光荣革命
法国	1789—1799	法国大革命
	1799	拿破仑一世政变
	1815	波旁王朝复辟
	1830	七月革命
	1848	革命之年
	1851	拿破仑三世政变
	1870	第二帝国覆灭
	1871	巴黎公社
意大利		1861—1913 年无内战
荷兰	1785	巴达维亚革命
	1814—1815	荷兰王国建立
	1830	比利时革命
葡萄牙	1848	革命之年
	1808	1808 年革命
	1820	1820 年革命
	1820—1823	葡萄牙革命第一次内战

续表

	年份	事件
葡萄牙	1823	1823 年政变
	1827—1828	米格尔暴动
	1832—1834	葡萄牙革命第二次内战
	1836	1836 年政变
	1846—1847	葡萄牙革命第三次内战
	1849	科斯塔·卡布拉尔政变
	1851	萨尔丹哈政变
	1910	第一葡萄牙共和国建立
普鲁士	1848	革命之年
西班牙	1820	1820 年政变
	1823	1823 年复辟
	1833—1839	第一次卡洛斯战争
	1843	温和政变
	1847—1849	第二次卡洛斯战争
	1854	1854 年起义
	1863	1863 年政府垮台
	1868—1870	光荣革命
	1872—1876	第三次卡洛斯战争(含 1874 年复辟)
	1909	悲惨一周
瑞典	1772	1772 年政变
	1792	暗杀古斯塔夫三世
	1809	反古斯塔夫四世政变

注:包含所有列出的内战、政变或革命。

资料来源:参见附录 3。

Mokyr(1998,1999)将工业革命分为两个阶段:第一阶段发生在 1750 年到1825年的英国,第二阶段发生在1870年到1913年的欧洲大陆和北美。[①]如第5章所述,这一时期并没有出口收入、工资或者国家总产出的系统性数据,而且以现代方法重构的1815年之前的GDP数据并不准确,最多只是一个有根据的推测。不过,Hohenberg和Lees(1985)、Bairoch(1988)以及Acemoglu等(2005)认为,城镇化率和经济表现之间存在非常紧密的联系。因此,本书以De Vries(1984)的数据计算了城镇人口占总人口的比重,并将此作为衡量收入增长的代理变量,而这一变量还同时捕捉了各国不同的技术创新和技术采纳速度。另外,为了进一步减少发生第二次工业革命(它发生在欧洲大陆)对回归结果的影响,本书的回归时间截至1870年(第二次工业革命之前)。

Beck(2008)认为,设定良好的模型往往并不需要控制个体或时间的固定效应。举例来说,人们希望采用通过实质性的变量解释财政效应,而不是简单地认为旧体制法国(如认为1789年必然是一个动荡的年份)的公共财政就是糟糕的。本书的计量研究涵盖4个世纪的政治体制、国内和国外冲突、收入增长、财政和公共政策等。为了完成这一分析,本书采用国家固定效应以捕捉各国固定不变、但无法测量的特征(如文化、地理等)。

在本书的数据库中,小组1的国家(和小组2的某些国家)一般包含数个世纪的观测点。Greene(2000)和Wooldridge(2003)认为,当时间跨度很长时,固定效应会导致自由度的高度损失。不仅如此,Wooldridge还认为,当每个国家的年度观测点和总体国家相比数量较小时,时间虚拟变量是最佳的选择。由于本书数据库中的这些比值都非常大,因此采用固定效应方法是会产生问题的。

在这种情况下的最佳计量策略是加入实质性变量。具体来说,旧体制经济往往是以农业为基础,且人们只能勉强维持生计。另外,Persson(1999)、Jacks(2005)以及Keller和Shiue(2007)都认为,国家层面和国际层面上的市场是高度不统一的,而战争才是当时对任意年份影响最广的重要冲击。因此,本书的回归设定中加入了4个与战争相关的变量:战亡人数、对战联盟人口、雇佣兵状态以及政府债务违约。另外,回归中还包含了一个刻画旧体制的二

① 旧体制经济是相对停滞的。请参阅Rosenthal(1992),Hoffman和Norberg(1994a),以及Hoffman和Rosenthal(1997)。

元变量(以捕捉法国大革命前和 19 世纪的基础环境差异),以作为其他实质性控制变量的补充。具体来说,这个二元变量在 1788 年之前的任何年份都取值为 1,这样不仅保留了最大限度的自由度,还能够将总样本大体分为两段,且两段中的观测点数量基本相同。如第 3 章所描述的,Hoffman 和 Rosenthal(2000)认为,战争的根本性质在 1800 年左右发生了转变,并且 19 世纪的战争数量相较于之前大幅度降低。不仅如此,Persson(1999)、Jacks(2005)以及 Keller 和 Shiue(2007)都认为,市场统一水平在整个 19 世纪急剧提高。并且,第二次工业革命也发生在 19 世纪后半叶。[①] 因此,1789 年可以作为一个天然的分界。

还有一些控制变量仅适用于某些财政变量。Bordo 和 Rockoff(1996)以及 Obstfeld 和 Taylor(2003)认为,坚持传统的金本位是财政审慎的一个重要信号。因此,本书在政府债务息差和赤字比率的回归中加入一个二元变量以控制这一效应。具体来说,如果一个国家在任一年份坚持金本位,则这一变量取值为 1。对于像西班牙这样的国家,它们虽然名义上遵从金本位,但是从来没有做出过官方承诺,所以这个变量的取值是主观选取的。具体来说,如果一个国家的货币在某一年份事实上并且法律上按照 Meisser(2005,表 1)的标准转换为黄金,那么定义它遵守金本位。相似地,Bordo 和 Rockoff(1996)以及 Obstfeld 和 Taylor(2003)的研究中也控制了影响给定年份欧洲资产市场息差的"黄金"利率冲击。另外,为了控制系统性风险,本书在息差的回归中还加入了一个根据所有样本国家的可得数据计算出的平均息差(相对于"安全"的英格兰统一公债)。

另外,在人均财政收入的回归中,本书还加入了一个特殊的控制变量。具体来说,将货币单位统一转化为金克能够降低通货膨胀的影响。但是,尽管全球的累计黄金储备在 19 世纪早期之前是相对稳定的,但在 1850 年加利福尼亚和澳大利亚的黄金大发现使全球的黄金储备急剧增长。为此,本书采用 Velde 和 Weber(2000)计算的全球累计黄金储备的年度变化数据来控制黄金储备变化的财政效应。

---

① 如前所述,本书数据也仅限于 1870 年之前,以减少此事件的影响。

表 7.3 控制变量的描述性统计

	观测点	均值	标准差	最小值	最大值
战亡人数	2 574	0.51	0.89	0.003	6
敌对联盟规模	2 574	2.64	1.64	0.12	8.76
雇佣兵虚拟变量	2 574	0.10	0.30	0	1
违约虚拟变量	2 574	0.01	0.10	0	1
内战虚拟变量	2 574	0.03	0.16	0	1
城镇化率	2 574	0.14	0.10	0.02	0.46
旧体制虚拟变量	2 574	0.49	0.50	0	1
金本位虚拟变量	2 574	0.17	0.38	0	1
平均信贷风险	1 674	227	183	—101	948
黄金储备变化	2 565	2.96	4.88	0.23	22.67
铁路国有化虚拟变量	2 574	0.01	0.11	0	1

注:更多控制变量的细节,参见正文和附录 3。

资料来源:参见附录 3。

最后,本书在赤字比率回归中还有一个控制变量。在前文的分析中,我们已经注意到,直到 1815 年,各国的军事支出还主导着它们的财政预算。到 19 世纪,各国政府开始提供的主要非军事公共产品是交通基础设施,其中最重要的是铁路网络。[①] 国家运营铁路往往是大型项目,从而对政府预算有着重要的影响。为了控制这一效应,本书在回归中加入一个二元变量,当任一年份发生铁路国有化[参见 Bogart(2009,表 1)]时,则该年取值为 1。

表 7.3 给出了所有控制变量的描述性统计,其中,城镇人口占总人口比例的均值为 14%,最低值为 2%(17 世纪 50 年代的奥地利),而最大值为 40%(19 世纪 70 年代之后的英国)。遵从金本位年份占样本总年份比例的均值为 17%,其中英国坚持金本位的时间最长,为从 1774 年到 1797 年以及 1821 年之后的所有时间(样本时间内)。平均系统风险为 227 个基准点,其中最低的"全球"政府债券息差发生在 18 世纪 80 年代的荷兰共和国,其数值为负

① 第 8 章将重新回到这个主题。

(−101 个基准点),而最大的政府债券息差(948 个基准点)发生在 1811 年拿破仑战争期间。全球累计黄金储备的年度增量均值接近 300 万金衡制盎司,其中最小的年度增量(23 万金衡制盎司)发生在 1650 年到 1651 年,而最大的年度增量(2 267 万金衡制盎司)发生在 1911 年到 1912 年。最后,发生铁路国有化的年份占样本总年份的比例均值为 1%,而奥地利、比利时和德国发生的铁路国有化次数最高(均为 6 次)。

本书的计量模型能够将政治转型的财政效应从国外和国内冲突、经济增长、财政和货币政策以及国家和时间效应等因素中系统地分离出来。由于政治转型也会影响上述这些因素,因此除了政治体制本身的系数之外,控制变量的系数也会捕捉一些政治转型对公共财政的正向影响。所以,政治转型的系数很可能会低估政治转型对公共财政的总体影响。那么,如果回归结果表明政治转型对各个财政指标存在显著的正向影响,那么实际上的影响应该更为强烈。

7.1.3　逆向因果?

在描述计量分析的结果之前,我们先考虑是否可能存在逆向因果问题——公共财政可能是影响政治转型的因素吗?这种思考是很有帮助的。[①]举例来说,政府债券的高息差是否会促使政府进行财政集权制度和受限政府转型?

众所周知,内生性是一个难以解决的计量问题。但是,政治转型对各种财政指标来说是高度外生的。如第 2 章所描述的,激进的外部力量往往是建立统一税收体系的原因。具体来说,在德国领土中,低地国家(指荷兰、比利时、卢森堡这 3 个国家。——译者注)和意大利半岛(缩小范围来说,指伊比利亚半岛),财政集权的根源是 1792 年之后的法国军事征服。[②] 事实上,Acemoglu 等(2009a)将这一事件作为一个准自然实验,研究了法国大革命的长期经济影响。

---

① 逆向因果关系是同时性问题的一种情况,其中还包括选择性偏差和测量性误差。有关概述请参阅 Persson 和 Tabellini(2003,第 5、8 章)。

② 对于英格兰在 1066 年诺曼征服之后建立起统一的机构也有类似的论点。请参阅 Brewer(1989:3—7)。

在其他国家，财政集权往往发生在大规模的政治改革进程中，这些改革的目的是建立新政府当局。不仅如此，大规模的政治改革往往发生在经济、政治和社会的动荡时期。法国本身的统一税收体系就是在大革命（1789—1799年）期间建立的，这更好地展示了这一现象，不仅如此，普鲁士的财政集权发生在拿破仑（1803—1815 年）时期，奥地利的财政集权发生在革命之年（1848年），而葡萄牙和西班牙的财政集权则发生在内战前后。

相似的情况也适用于受限政府的建立。Berger 和 Spoerer（2001）考察了27 个欧洲国家发生 1848 年革命的原因。他们指出，谷物收成的短期冲击才是发生这场动乱的关键因素，而并非缺乏代表性机构（或者扩展来说，其根源并非糟糕的财政政策）。Acemoglu 等（2009b）还发现，经济发展并不是民主转型的原因，而重要的历史节点，如法国大革命或 1848 年革命，才是最终导致各国走向不同政治—经济路径的原因。①

最后一点与制度变革的具体发生时间相关。历史证据表明，各国开展政治转型的原因并不是为了改善财政指标，而是外部冲击或特定经济、地理、政治和社会经济共同作用的结果。即使某些制度改革确实是为了改善国家公共财政，但政治转型的具体时间也是无法预测的，是完全取决于机遇的。

1866 年英格兰的光荣革命就很好地说明了这一观点。② 1685 年查尔斯二世去世，詹姆斯二世即刻继位为国王。新教徒的精英们非常不满，因为詹姆斯二世是一位虔诚的天主教教徒，并且与法国有着紧密的联系。同时，1688年爆发了大联盟战争——法国和欧洲大联盟之间的战争，当时的欧洲大联盟中包括了荷兰的威廉三世（他在 1689 年詹姆斯二世被废黜之后伴随着玛丽皇后成为英格兰的国王）。人们可以认为各种发生在特定时间的特定事件（或总的来说——机遇）促使英国的受限政府建立于 1688 年（而不是之前）。而且，1688 年之前的数次制度变革尝试都失败了，其中就包括蒙茅斯公爵领导的1685 年起义。同样，按照这个逻辑，人们还可以认为英格兰的宪法改革发生在 1640 年到 1700 年中的任意年份，或者完全不会发生。事实上，Pincus

① 更多内容可参阅 Moore（1966）。

② Holmes（1993）和 Smith（1997）提供了 16、17 世纪英国政治事件的一般性描述。另外，参见本书第 3 章中列出的引用。感谢 Daniel Bogart 对这个主题的见解。

(2009)指出，光荣革命的发生是视情况而定的，而不是预定会发生的。[1] 相似的观点也适用于 1789 年的法国、1848 年的革命之年以及其他的关键性历史时点(参见前文的讨论)。强调基于对制度变革发生时点的重要影响，意味着政治对公共财政来说是高度外生的。

7.2　主权信贷风险：回归结果

主权信贷是衡量国家财政健康水平的间接指标。为了评估财政体制对公共财政的广泛影响，本节将讨论使用政府债券息差作为被解释变量的回归结果。[2]

表 7.4 展示了这个回归分析的结果。其中列(1)包含了标准的控制变量集合，它的回归结果说明政治转型对小组 1 国家的主权信贷风险存在显著的正向效应。具体来说，从财政分割结合专制统治的政治体制出发，向财政集权结合专制统治的政治体制转变，会导致政府债券息差下降超过 180 个基准点；向财政分割结合受限政府的政治体制转变，会导致政府债券息差下降近 370 个基准点；最后，向财政集权结合受限政府的政治体制转变，会使政府债券息差下降超过 200 个基准点。同时，每个系数都在 1%的水平上显著。

各个控制变量的情况如何呢？敌对联盟规模对主权信贷风险存在显著的负向影响，这一发现意味着当一个国家面对的敌战国越强，战败的概率就越高。同面对最小敌对联盟(120 万人口)相比，面对最大敌对联盟(8 760 万人口)会导致政府债券息差提高近 80 个基准点。令人感到意外的是，战亡人数对主权信贷风险存在显著的正向效应。[3] 由于战争的破坏性影响，内部冲突对主权信贷风险存在显著的负向影响，使政府债券息差相对于内部和平时期提高了超过 90 个基准点。对欧洲资本市场的共同冲击，同样也会显著提高各国的主权信贷风险。尽管坚持金本位能够大幅度降低政府债券息差，但是这

---

① 请参阅 Mokyr (2010)。

② 本章回归的 do-file 文件发布于以下网站：http://sites.google.com/site/mdincecco。

③ 但是，如果不区分联盟人口和军事人员死亡人数，仅将发生外部冲突的年份取值为 1，那么外部战争就会对信用风险产生显著的负面影响。请参阅 Dincecco(2009b)。

个结果在不同设定下并不稳健。最后，雇佣兵情况、债务违约和城镇化率往往对主权信贷风险不存在任何显著的影响。

列(2)在标准的控制变量集上增加了国家固定效应和旧体制的虚拟变量。这时，从财政分割结合专制统治的政治体制出发，向财政集权结合专制统治和向财政集权结合受限政府的政治体制转变，无论是显著性还是系数，都与列(1)的回归结果相似。尽管从财政分割结合专制统治的政治体制向财政分割结合受限政府的政治体制转变时，政府债券息差仅降低了近100个基准点，但依旧是高度显著的。令人感到意外的是，旧体制会显著降低政府债券息差，而这一点是由于荷兰共和国的极端低利率所导致的(参见第4章)。

为了考虑投资者和纳税人对新体制是否能够长期持续地担忧，列(3)的回归加入了受限政府成立年份之后5年的滞后项。在这种情况下，从财政分割结合专制统治的政治体制出发，向财政集权结合专制统治和向财政分割结合受限政府的政治体制转变，无论是显著性还是系数，都与列(2)的回归结果相似。这时，从财政分割结合专制统治的政治体制向财政集权结合受限政府的政治体制转变，会导致政府债券息差降低超过360个基准点。

回顾7.1.2节，本书采用城镇化率控制收入变化的影响，而这一变量对政府债券息差的影响在不同设定下均不显著。为了进一步降低第二次工业革命的影响，列(4)将回归的时间段限制在1870年之前。这时，政治转型对主权信贷风险的影响程度和显著性再一次与列(2)的回归结果相似。值得注意的是，政府债券违约在1870年的时间段中对主权信贷风险存在显著的负向影响，使政府债券息差提高了近130个基准点。

列(5)在完整设定(包含控制变量的标准集、国家固定效应和旧体制的虚拟变量)的基础上加入了小组2的国家。这时，尽管政治转型对主权信贷风险存在正向的影响，但是这些影响并不显著。这一发现意味着，对核心国家而言，政治转型存在重要的财政效应；但是对边缘国家而言，这一效应大幅度削弱。不过，回顾曾经讨论过的关于丹麦和葡萄牙息差性质的特殊性——它们在绝大部分政治体制下并没有降低(参见表4.2)。列(6)在列(5)的基础上剔除了丹麦和葡萄牙的数据。这时的回归结果与列(1)到列(4)的回归结果相似。再一次地，政治转型对主权信贷风险存在显著的正效应，其会导致政府债券息差降低 165～270 个基准点。

总的来说，这套回归检验为政治转型显著降低主权信贷风险进一步提供了计量证据。在不同的设定之下，政治转型对息差的影响基本上是强烈并且稳健的。通过控制政治转型之外的其他历史性因素，这套回归结果强化了案例研究和结构突变检验的结果。同样，这些发现也证实了内外冲突和其他要素对主权信贷风险的影响。

表 7.4　　　　政治体制与主权信贷风险的回归结果

	(1)	(2)	(3)	(4)	(5)	(6)
财政集权结合专制统治政体	−184*** (62.22)	−172** (78.02)	−170*** (68.80)	−190*** (55.90)	−56 (62.48)	−165** (79.74)
财政分割结合受限政府政体	−369*** (64.78)	−275*** (63.05)	−306*** (56.89)	−293*** (46.29)	−55 (52.08)	−269*** (65.91)
财政集权结合受限政府政体	−203*** (64.35)	−214** (88.53)	−361*** (80.03)	−185*** (59.12)	−58 (66.47)	−196** (88.89)
战亡人数	−22*** (3.65)	−18*** (3.26)	−19*** (3.41)	−14*** (3.71)	−27*** (2.84)	−20*** (3.12)
敌对联盟规模	9*** (2.24)	11*** (2.04)	12*** (2.06)	11*** (1.90)	14*** (1.88)	12*** (1.86)
雇佣兵虚拟变量	18 (47.55)	19 (45.32)	14 (39.72)	25 (32.63)	0.61 (36.45)	12 (38.41)
违约虚拟变量	54 (47.44)	51 (45.96)	48 (40.15)	126*** (30.85)	20 (33.27)	48 (45.56)
内战虚拟变量	91*** (28.40)	71*** (27.80)	59*** (23.28)	70*** (20.36)	28 (22.45)	68*** (27.60)
城镇化率	−33 (110.00)	−567* (340.33)	86 (311.55)	−564* (330.17)	−654* (344.60)	−373 (275.78)
金本位虚拟变量	−82*** (25.94)	43 (28.08)	85*** (26.56)		3 (20.10)	−12 (15.38)
平均信贷风险	0.25*** (0.02)	0.28*** (0.02)	0.26*** (0.02)	0.21*** (0.02)	0.30*** (0.02)	0.28*** (0.02)
旧体制虚拟变量		−87* (45.19)	−80** (39.53)	−114*** (33.13)	−45* (27.11)	−80* (26.50)
国家固定效应	否	是	是	是	是	是
小组	1	1	1	1	1 和 2	1 和 2（不包括丹麦和葡萄牙）
年份	1750—1913	1750—1913	1750—1913	1750—1869	1750—1913	1750—1913
政体	标准	标准	5 年滞后	标准	标准	标准

续表

	(1)	(2)	(3)	(4)	(5)	(6)
观测点	506	506	506	294	863	686
R^2	0.24	0.40	0.43	0.52	0.23	0.38

注:被解释变量为年度息差(相对英国统一公债),单位为基准点。回归方法为面板矫正标准误的普通最小二乘法(OLS),另外,还有一个共同的 AR1 项控制序列相关。括号内为标准误。小组 1 包括奥地利、法国、荷兰、普鲁士和西班牙;小组 2 包括比利时、丹麦、意大利、葡萄牙和瑞典。更多详细信息参见正文。

* 为 10%的水平上显著,** 为 5%的水平上显著,*** 为 1%的水平上显著。

资料来源:参见正文。

7.3 两大作用机制:回归结果

现在,我们开始讲述对两大作用机制(政治转型导致主权信贷风险降低的两大作用机制)的回归结果。这两大作用机制分别为提高人均财政收入和改善财政审慎性。

7.3.1 财政收入

表 7.5 显示了使用人均财政收入作为被解释变量的回归结果。其中,列(1)包含了标准的控制变量集,回归结果说明对于小组 1 和小组 2 的国家而言,政治转型都存在显著的正向影响。具体来说,从财政分割结合专制统治的政治体制出发,向财政集权结合专制统治的政治体制转变,会导致人均财政收入提高 30%;向财政分割结合受限政府的政治体制转变,会导致人均财政收入提高超过 30%;最后,向财政集权结合受限政府的政治体制转变,会使人均财政收入提高 40%。同时,每个系数都是高度显著的。

各个控制变量的情况如何呢? 敌对联盟规模对人均财政收入存在显著的正向影响,这一发现意味着当一个国家面对的敌战国越强,就越会努力筹集财政收入。同面对最小敌对联盟(120 万人口)相比,面对最大敌对联盟(8 760 万人口)会导致人均财政收入提高近 20%。收入增长同样存在显著的正向影响,同最小城镇化率相比(0.02),最大城镇化率(0.49)会使人均财政收入提高近 190%。另外,全球黄金储备也会显著提高人均财政收入。相反,内部冲突存在显著的负向影响,会降低 6%的人均财政收入。最后,战亡人数和雇佣兵状态对人均财政收入影响并不显著。[①]

列(2)在列(1)的基础上增加了国家固定效应和旧体制的虚拟变量。这时,政治转型对人均财政收入的影响,无论是显著性还是系数,都与列(1)的回归结果相似。毫无意外,旧体制存在显著的负向影响,相对 19 世纪而言,人均财政收入低了 18%。为了考虑投资者和纳税人对新体制是否能够长期持续的担忧,列(3)的回归加入受限政府成立年份之后 5 年的滞后项。在这种情况下,政治转型对人均财政收入的影响,无论是显著性还是系数,都与列(1)和列(2)的回归结果相似。

如上文所述,本书采用城镇化率来捕捉收入的增长,发现其对人均财政收入存在显著的正向影响。为了进一步减少第二次工业革命的影响,列(4)的回归时间段截至 1870 年。这时,从财政分割结合专制统治的政治体制向财政分割结合受限政府的政治体制和财政集权结合受限政府的政治体制转变时,其影响分别比列(2)降低 16%和 23%,但依旧是高度显著的。尽管从财政分割结合专制统治的政治体制向财政集权结合专制统治的政治体制转变时,其系数依旧为正,但是不再显著。考虑到普鲁士公共财政的特殊性(参见第 5 章),列(5)的回归在列(4)的基础上剔除了普鲁士(即依旧是 1870 年之前的面板数据),这一改变恢复了从财政分割结合专制统治的政治体制向财政分割结合受限政府的政治体制转变时系数的显著性(在 5%的水平上显著)。另外,政治转型对人均财政收入的影响程度与前三列的回归结果相似。

列(6)在完整设定(包含控制变量的标准集、国家固定效应和旧体制的虚拟变量)的基础上,只放入小组 1 的国家样本。这时,从财政分割结合专制统治的政治体制向财政分割结合受限政府的政治体制和财政集权结合受限政府的政治体制转变时,其影响程度和显著性都与列(1)到列(3)的结果保持基本一致。尽管从财政分割结合专制统治的政治体制向财政集权结合专制统治的政治体制转变时,其系数依旧为正,但是不再显著。考虑到普鲁士公共财政的特殊性

① 由于违约可能是收入水平的内生原因,因此在这组回归分析中将其剔除了。

(参见之前的讨论和第5章),所以列(7)在小组1样本中剔除了普鲁士。这一改变恢复了从财政分割结合专制统治的政治体制向财政集权结合专制统治的政治体制转变时其系数的显著性(在1%的水平上显著)。事实上,这时政治转型的影响程度最强。具体来说,从财政分割结合专制统治的政治体制出发,向财政集权结合专制统治的政治体制转变,会导致人均财政收入提高超过20%;向财政分割结合受限政府的政治体制转变,会导致人均财政收入提高75%;最后,向财政集权结合受限政府的政治体制转变,会导致人均财政收入提高65%。

表7.5　政治体制与人均财政收入的回归结果

	(1)	(2)	(3)	(4)	(5)	(6)	(7)
财政集权结合专制统治政体	0.10** (0.05)	0.11*** (0.04)	0.13*** (0.04)	0.04 (0.06)	0.15** (0.07)	0.06 (0.06)	0.23*** (0.06)
财政分割结合受限政府政体	0.33*** (0.06)	0.36*** (0.06)	0.35*** (0.06)	0.19*** (0.06)	0.34*** (0.06)	0.48*** (0.10)	0.75*** (0.09)
财政集权结合受限政府政体	0.40*** (0.06)	0.44*** (0.05)	0.41*** (0.05)	0.18** (0.08)	0.35*** (0.09)	0.40*** (0.07)	0.65*** (0.07)
战亡人数	−0.01 (0.01)	−0.01 (0.01)	−0.01 (0.01)	−0.01 (0.01)	−0.01 (0.01)	−0.01 (0.01)	−0.02* (0.01)
敌对联盟规模	0.02*** (0.00)	0.01*** (0.00)	0.01*** (0.00)	0.01*** (0.00)	0.02*** (0.00)	0.01*** (0.00)	0.02*** (0.00)
雇佣兵虚拟变量	−0.03 (0.02)	−0.03 (0.02)	−0.03 (0.02)	−0.03 (0.03)	−0.03 (0.04)	−0.03 (0.03)	−0.03 (0.04)
内战虚拟变量	−0.06*** (0.02)	−0.06*** (0.02)	−0.04** (0.02)	−0.07*** (0.02)	−0.08*** (0.02)	−0.06*** (0.02)	−0.07*** (0.02)
城镇化率	4.27*** (0.28)	3.42*** (0.31)	3.40*** (0.31)	4.47*** (0.48)	4.77*** (0.49)	3.70*** (0.37)	3.44*** (0.32)
黄金储备变动	0.03*** (0.00)	0.03*** (0.00)	0.03*** (0.00)	0.04*** (0.01)	0.02* (0.01)	0.02*** (0.01)	0.01*** (0.00)
旧体制虚拟变量		−0.18*** (0.04)	−0.18*** (0.04)	−0.21*** (0.03)	−0.29*** (0.03)	−0.15*** (0.04)	−0.27*** (0.05)
国家固定效应	否	是	是	是	是	是	是
小组	1和2	1和2	1和2	1和2	1和2(不包括普鲁士)	1和2(不包括普鲁士)	1和2(不包括普鲁士)
年份	1650—1913	1650—1913	1650—1913	1650—1869	1650—1869	1650—1913	1650—1913
政体	标准	标准	5年滞后	标准	标准	标准	标准
观测点	1 737	1 737	1 737	1 257	1 075	1 243	1 017
R^2	0.13	0.44	0.45	0.50	0.62	0.31	0.48

注:被解释变量为人均年度财政收入(单位为金克)的自然对数值。回归方法为面板矫正标准误的普通最小二乘法(OLS),另外,还有一个共同的AR1项控制序列相关。括号内为标准误。小组1包括奥地利、英格兰、法国、荷兰、普鲁士和西班牙;小组2包括比利时、丹麦、意大利、葡萄牙和瑞典。更多详细信息参见正文。

*为10%的水平上显著,**为5%的水平上显著,***为1%的水平上显著。

数据来源:参见正文。

总的来说，这套回归检验为提高政府收入是政治转型改善公共财政的一大机制提供了进一步的统计证据。在不同的设定之下，政治转型对人均财政收入的正向影响基本上是强烈并且稳健的。通过控制政治转型之外的其他历史性因素，这套回归的发现强化了案例研究和结构突变检验的结果。同样，这些发现也证实了内外冲突以及收入增长对人均财政收入的影响。

7.3.2　赤字比率

表 7.6 列出了赤字比率作为被解释变量的回归结果。[①] 其中，列(1)包含了标准的控制变量集，回归结果说明对于小组 1 的国家而言，政治转型对赤字比率存在显著的正向影响。具体来说，从财政分割结合专制统治的政治体制出发，向财政分割结合受限政府的政治体制转变，会导致赤字比率降低 0.21；向财政集权结合受限政府的政治体制转变，会导致赤字比率降低 0.07。同时，每个系数都是高度显著的。

尽管从财政分割结合专制统治的政治体制向财政集权结合专制统治的政治体制转变，对赤字比率存在正向的效应，但是系数并不显著。这个结果捕捉了财政集权对赤字比率的正向影响和负向影响之间的较量。回顾第 5 章的内容，一方面，更高的财政收入会有助于追求明智的财政政策(如拿破仑统治下的法国)；另一方面，执政者财政能力的巩固可能会导致浪费性的公共支出，从而存在负向的财政效应(如威廉一世统治的荷兰)。由于普鲁士预算赤字数据的特殊性(参见上一节和第 5 章)，列(2)在小组 1 的样本中剔除了普鲁士。在这种情况下，从财政分割结合专制统治的政治体制向财政集权结合专制统治的政治体制转变对赤字比率的影响在 10%的水平上显著。不仅如此，从财政分割结合专制统治的政治体制向财政分割结合受限政府的政治体制以及财政集权结合受限政府的政治体制转变，它们的影响程度和显著水平都与列(1)基本保持一致。

各个控制变量的情况如何呢？敌对联盟规模对赤字比率存在着显著的

① 由于在这里序列相关不是主要问题，因此在这个回归中省略了 AR1 项。另请参阅 Dincecco (2010a)。

负向影响，与对人均财政收入回归一样，这一发现意味着当一个国家面对的敌战国越强，政府就越努力筹集财政收入。事实上，敌对联盟越大，赤字比率就越高。具体来说，同面对最小敌对联盟（120 万人口）相比，面对最大敌对联盟（8 760 万人口）会导致赤字比率提高 52％。令人感到意外的是，战亡人数对赤字比率存在显著的正向效应，这和对主权信用风险回归的结果一样。同时，雇佣兵状态也对赤字比率存在显著的正向效应，但是仅限于剔除普鲁士数据后的回归。内部冲突对赤字比率存在显著的负向影响，这会使赤字比率提高超过 10％。不同的是，坚持金本位能够显著降低超过 20％的赤字比率。尽管城镇化率会显著提高赤字比率，但是这个结果在不同设定下并不稳健。最后，债务违约和铁路国有化对赤字比率不存在任何显著的影响。

列（3）在列（2）的基础上增加了国家固定效应和旧体制的虚拟变量。在这种情况下，从财政分割结合专制统治的政治体制向财政集权结合受限政府转变时，其对赤字比率的正向影响与之前的回归结果相似。但是，从财政分割结合专制统治的政治体制向财政分割结合受限政府转变时，其影响程度翻了一番。考虑到普鲁士预算赤字的特殊性，列（4）在列（3）的基础上剔除了普鲁士。这时，从财政分割结合专制统治的政治体制向财政集权结合专制统治的政治体制转变时，在列（3）中的系数从为负但并不显著转变为在 10％的水平上显著。最后，旧体制并没有对赤字比例存在任何显著的影响。

为了考虑投资者和纳税人对新体制是否能够长期持续的担忧，列（5）的回归加入了受限政府成立年份之后 5 年的滞后项。在这种情况下，从财政分割结合专制统治的政治体制向财政分割结合受限政府的政治体制和向财政集权结合受限政府的政治体制转变时，对赤字比率的影响系数与列（3）和列（4）的结果基本保持一致。不仅如此，一旦剔除了普鲁士，从财政分割结合专制统治的政治体制向财政集权结合专制统治的政治体制转变时，原先为负但不显著的系数转变为在 1％的水平上显著[参见列（6）]。

回顾 7.1.2，本书采用城镇化率作为收入增长的替代变量，而这一变量对赤字比率的影响在不同设定中并不稳健。为了进一步减少第二次工业革命的影响，列(7)的回归中仅包含 1870 年之前的样本数据。这时，从财政分割结合专制统治的政治体制向财政分割结合受限政府的政治体制转变时，对赤字比率的影响系数要大于列(4)和列(5)的回归结果。尽管从财政分割结合专制统治的政治体制向财政集权结合专制统治的政治体制转变时，对赤字比率的影响系数为正，但这又是微不足道的。另外，从财政分割结合专制统治的政治体制向财政集权结合专制统治的政治体制转变时，对赤字比率的影响系数首次不显著。列(8)剔除了普鲁士的异常赤字数据，这时之前不显著的结果恢复了它们的显著性。具体来说，从财政分割结合专制统治的政治体制出发，向财政分割结合受限政府的政治体制转变，会导致赤字比率下降 54%(在 1%的水平上显著)；向财政集权结合受限政府的政治体制转变，会导致赤字比率下降 11%(在 5%的水平上显著)；最后，向财政集权结合专制统治的政治体制转变，会导致赤字比率下降 7%(在 10%的水平上显著)。

列(9)在完整设定(包含控制变量标准集、国家固定效应和旧体制的虚拟变量)的基础上加入了小组 2 的各个国家。尽管，从财政分割结合专制统治的政治体制向财政分割结合受限政府的政治体制转变时，对赤字比率的系数依旧显著，但向财政集权结合专制统治的政治体制和财政集权结合受限政府的政治体制转变时，对赤字比率的系数并不显著。同对主权信贷风险的回归结果相似，这个发现再一次说明政治转型对核心国家存在重要的财政效应，但是对边缘国家的效应则大幅度削弱。但是，回顾瑞典赤字比率的特殊性质——从财政分割结合专制统治的政治体制转向财政集权结合受限政府的政治体制时，它的赤字比率提高了(参见表 5.3)。因此，列(10)剔除了瑞典的数据，这一改变使列(10)的结果与之前的回归结果基本保持一致——从财政分割结合专制统治的政治体制转向财政集权结合受限政府的政治体制时，对赤字比率存在显著的正向影响。尽管从财政分割结合专制统治的政治体制转向财政集权结合专制统治的政治体制时，对赤字比率的影响并不显著，但是其系数依旧为负数。

表 7.6　　政治体制与赤字比率的回归结果

	(1)	(2)	(3)	(4)	(5)	(6)	(7)	(8)	(9)	(10)
财政集权结合专制统治政体	0.00 (0.03)	−0.05* (0.03)	−0.03 (0.03)	−0.06* (0.03)	−0.04 (0.03)	−0.07*** (0.03)	−0.03 (0.04)	−0.07* (0.04)	0.03 (0.02)	−0.00 (0.03)
财政分割结合受限政府政体	−0.21*** (0.05)	−0.23*** (0.05)	−0.44*** (0.05)	−0.44*** (0.04)	−0.43*** (0.05)	−0.44*** (0.05)	−0.53*** (0.06)	−0.54*** (0.06)	−0.24*** (0.03)	−0.27*** (0.04)
财政集权结合受限政府政体	−0.07*** (0.03)	−0.11*** (0.03)	−0.08*** (0.03)	−0.10*** (0.03)	−0.07** (0.03)	−0.09** (0.03)	−0.03 (0.05)	−0.11** (0.05)	−0.02 (0.02)	−0.06** (0.03)
战亡人数	−0.06*** (0.01)	−0.09*** (0.01)	−0.05*** (0.01)	−0.07*** (0.01)	−0.05*** (0.01)	−0.07*** (0.01)	−0.06*** (0.02)	−0.07*** (0.02)	−0.06*** (0.01)	−0.06*** (0.01)
敌对联盟规模	0.06*** (0.01)	0.06*** (0.01)	0.06*** (0.01)	0.06*** (0.01)	0.05*** (0.01)	0.06*** (0.01)	0.06*** (0.01)	0.06*** (0.01)	0.06*** (0.00)	0.05*** (0.00)
雇佣兵虚拟变量	−0.01 (0.04)	−0.31*** (0.07)	0.01 (0.04)	0.15*** (0.06)	0.01 (0.04)	0.16*** (0.06)	−0.02 (0.05)	−0.09 (0.07)	−0.01 (0.03)	−0.02 (0.03)
违约虚拟变量	−0.05 (0.09)	−0.12 (0.08)	−0.09 (0.08)	−0.10 (0.07)	−0.09 (0.08)	−0.10 (0.07)	−0.11 (0.10)	−0.12 (0.09)	−0.04 (0.06)	−0.05 (0.06)
内战虚拟变量	0.15*** (0.06)	0.11** (0.05)	0.26*** (0.05)	0.24*** (0.04)	0.26*** (0.05)	0.25*** (0.05)	0.34*** (0.07)	0.33*** (0.07)	0.26*** (0.04)	0.23*** (0.04)
城镇化率	0.99*** (0.13)	0.71*** (0.13)	−0.13 (0.13)	−0.16 (0.14)	−0.16 (0.14)	−0.19 (0.14)	−1.16*** (0.28)	−1.37*** (0.30)	−0.60*** (0.12)	−0.58*** (0.13)

续表

	(1)	(2)	(3)	(4)	(5)	(6)	(7)	(8)	(9)	(10)
黄金储备变动	−0.23*** (0.03)	−0.20*** (0.03)	−0.09*** (0.03)	−0.10*** (0.03)	−0.09*** (0.03)	−0.11*** (0.03)	0.10*** (0.04)	0.12*** (0.04)	−0.01 (0.02)	−0.02 (0.02)
铁路国有化虚拟变量	0.03 (0.10)	0.02 (0.10)	−0.04 (0.08)	−0.06 (0.09)	−0.05 (0.08)	−0.07 (0.09)			−0.01 (0.04)	−0.00 (0.04)
旧体制虚拟变量			0.03 (0.02)	0.01 (0.03)	0.03 (0.03)	0.01 (0.03)	−0.03 (0.03)	−0.00 (0.04)	−0.03 (0.02)	−0.03 (0.02)
国家固定效应	否	否	是	是	是	是	是	是	是	是
小组	1	1(不包括普鲁士)	1	1(不包括普鲁士)	1	1(不包括普鲁士)	1	1(不包括普鲁士)	1 和 2	1 和 2 (不包括瑞典)
年份	1650—1913	1650—1913	1650—1913	1650—1913	1650—1913	1650—1913	1650—1869	1650—1869	1650—1913	1650—1913
政体	标准	标准	标准	标准	5 年滞后	5 年滞后	标准	标准	标准	标准
观测点	1 017	875	1 017	875	1 017	875	788	655	1 470	1 296
R^2	0.09	0.12	0.22	0.22	0.22	0.22	0.22	0.21	0.19	0.19

注：被解释变量为年度预算赤字和财政收入的比值。回归方法为面板矫正标准误的普通最小二乘法(OLS)。小组 1 包括奥地利、英格兰、法国、荷兰、普鲁士和西班牙；小组 2 包括比利时、丹麦、意大利、葡萄牙和瑞典。更多详细信息参见正文。

* 为 10%的水平上显著，** 为 5%的水平上显著，*** 为 1%的水平上显著。

数据来源：参见正文。

总体来说，这套计量回归的结果为财政审慎性是政治转型改善公共财政的一大机制提供了进一步的统计证据。在不同的设定之下，政治转型对赤字比率的正向影响基本上是强烈并且稳健的。通过控制政治转型之外的其他历史性因素，这套回归的发现强化了案例研究和结构突变检验的结果。同样，这些发现也证实了内外冲突以及收入增长对人均财政收入的影响。关于财政集权有一点要注意，尽管计量分析说明财政集权带来的新增财政收入的正向效应往往大于执政者财政权力巩固带来的负向效应，但这一结果对小组 1 的国家更为明显。最后，回归的结果也强调了内部和外部冲突、经济增长以及坚持金本位对赤字比率的影响。

在控制外部和内部冲突、经济增长、财政和货币政策以及国家和时间效应等变量的情况下，本章的计量分析结果为政治转型显著改善公共财政提供了严格的统计证据。第一套回归结果表明，财政分割结合专制统治政体之下的主权信贷风险显著高于财政集权结合受限政府政体之下的风险。为什么会有这样的影响？本书的第二套和第三套回归结果说明，同其他三类政治体制相比，财政分割结合专制统治的政体下，能够筹集到的财政收入较低并且政府更不倾向于选择财政审慎性政策。通过控制政治转型之外的其他历史性特征，本章的回归分析可以“正式核准”并证实案例研究和结构突变检验的结果。

总的来说，描述性统计、案例研究、结构突变检验以及计量证据为本书的论点（财政集权和受限政府对公共财政存在显著的正向影响）提供了强有力的证据。本书的第 8 章将根据前人的研究讨论本书的核心发现。同时，第 8 章还将考察政治转型是如何改变国家使用公共资金的方式的，并且将为当今新兴和发达经济体提供历史性的经验。

第 8 章　现代财政政府的制度平衡

本书之前的定性和定量分析强有力地说明了政治转型对公共财政存在深远的影响。本章将先根据前人的研究评估本书的主要发现，接着对本书进行总结——考察政治转型是如何改变国家使用公共资金的方式的，并且将为当今新兴和发达经济体提供历史性的经验。

8.1　结果评估

第 2 章和第 3 章刻画了欧洲各国经历过的两大政治转型。在 1650 年，绝大多数为旧体制财政分割的弱政府，而地方税收的“搭便车”行为降低了政府筹集收入的能力。财政集权是欧洲各国所经历的第一次政治转型，大多发生在 18 世纪末旧体制结束之际。但是，财政权力的强化可能会加剧执政者控制的问题。由于强势的统治者依旧能够任意地使用政府资金，因此需要对公共支出加以限制。随后，议会限制权的设立是欧洲各国经历的第二次政治转型，大多发生在 19 世纪。在第一次世界大战爆发之际（1913 年），欧洲国家已经能够筹集大规模的税收收入，并且通过议会限制统治者的公共支出。这两次政治转型的最终结果是一套平衡的财政和政治制度，也是富裕国家典型的公共财政体制。

在本书之前的研究往往单独考察旧体制（1789 年之前）、法国大革命和拿破仑时期（1789—1815 年）或 1815 年后的时期。[①] 这种分段的研究忽视了不

① 请参阅第 1 章列出的引用。

同时间段之间相互联系的关键因素。本书的分析则涵盖更长的时间跨度,从17世纪中期一直到20世纪初期。这种新视角能够将财政集权和议会改革(它们同时成功地解决了弱政府和强政府的问题,而不仅仅是其中的一个)的各种论点汇集成一个长期制度变迁的整体性分析。

本书研究的另一个独特之处是采用了系统性的分析方法。以往的研究往往关注于特定的政体或者特定的时期,从而可能会过分强调某些独特或者不甚重要的制度特征。相反,本书的研究使用了一套全新的、包含近12个样本国家的数据库,并且采用这一数据库进行了一整套的系统分析。因此,本书能够系统地检验欧洲各国不同时期财政集权和受限政府的影响。

本书第4章考察了主权信贷风险,这是衡量国家财政健康水平概况的统计变量。描述性统计和案例分析表明,政治转型往往会显著改善政府债券的息差水平。但是,这种改善的作用机制是什么?先前的大部分研究仅分析了主权信贷本身,而忽视了制度改革对公共财政的直接效应。随后,第5章识别了政治转型降低主权信贷风险的两大关键机制:提高人均财政收入和改善财政审慎性。因此,本书的分析能够准确地解释财政集权和受限政府影响公共财政的具体路径。

综合来说,案例研究是分析欧洲财政史的主要工具,而比较研究往往也是定性导向的。这种研究方法忽视了社会学家们可用的强大的统计工具。因此,第6章和第7章采用了一套严格的定量检验来考察样本数据库。其中,结构检验完全没有在任何财政序列中假设主要转折点的事前信息,而是用数据来充分证明。另外,结构性检验为本书的论点(政治转型是导致公共财政显著改善的关键转折点)提供了统计证据。

一般来说,比较研究的文献并没有严格将政治体制对公共财政的影响从其他可能影响因素中分离出来。为了系统性控制这些潜在变量(包括内部和外部冲突、收入增长、财政和货币政策以及国家和时间效应等),第7章采用了面板回归方法。实证结果发现,即使在控制了其他重要的变量之后,政治转型依旧显著地改善了主权信贷风险、政府财政收入和财政审慎性。

总的来说,本书的发现有力地支持了财政集权和受限政府显著地改善了公共财政这一论点。本书最后一部分考察政治转型对政府公共资金支出方式的影响，并将为当今新兴和发达经济体提供历史性的经验。

8.2　政府角色的转变

拥有平衡财政体系的现代发达经济体具备征收大规模财政收入的能力，并且可以将这些资金投入有正向经济影响的公共服务之中。到 19 世纪后半叶，大部分欧洲国家经历了财政集权和受限政府这两大政治转型。那么，公共支出的结构是如何随着财政集权和受限政府政体的建立而改变的呢？为了回答这个问题，本节将考察法国、荷兰和西班牙这三个国家从 1816 年到 1913 年中央政府支出结构的演变。①

在 19 世纪的大部分时间，军事支出是各国政府预算中的最大构成部分（参见第 7 章）。到第一次世界大战爆发之前，中央政府对公共服务的支出一直保持在较低的水平，这些公共服务包括扶贫、失业救济、健康、住房和教育等。Lindert(1994，2004，第 2 章)认为，社会性公共支出的增长主要归功于选举权改革，而这项改革大多发生在第一次世界大战（1914—1918 年）和第二次世界大战（1939—1945 年）的爆发前夕或结束之后。② 尽管在此期间欧洲各国大部分的受限政府是精英民主制，却对公共支出的结构有着清晰的影响。③同专制统治相比，受限政府的公共支出中对外战争和皇家支出的比重都会更低，而使整个社会受益的公共服务比重会更高。现在，由于数据的可得性，本书主要关注两大非军事公共服务：教育和公共建设（如交通基础设施）。

图 8.1 绘制了从 1816 年到 1913 年法国在教育和公共建设上支出的政府资金比重。④ 这个比重在七月政府时期（财政集权结合受限政府，1830—1848 年）从 5%提高至 10%。拿破仑三世在 1848 年被选举为总统，并在 1858 年建立了专制政体（参见第 3 至 5 章）。一如既往，军事支出比重再次

---

① Cardoso 和 Lains(2010a)概述了欧洲 19 世纪支出模式的趋势。

② 另请参阅 Aidt 等(2006)以及 Aidt 和 Jensen(2008)关于欧洲的研究，Husted 和 Kenny(1997)以及 Kenny 和 Lott(1999)关于美国的研究。Ticchi 和 Vindingi(2009)声称，战争与选举权之间存在根本性关联。

③ 另请参阅第 3 至 5 章。Carstairs(1980)和 Flora(1983)提供了 19 世纪和 20 世纪欧洲选举权改革的时间表。

④ Fontvieille(1976)提供了法国国防、教育、公共工程和其他类别支出的分类数据。参见图 8.1。

攀升，在克里米亚战争时期（1853—1856 年）达到 42％的峰值，而对教育和公共建设的支出份额则降低至 6％。尽管非军事支出在 19 世纪 60 年代有小幅度提升，但随着法国—普鲁士战争（1870—1871 年，拿破仑三世参战的第二大战争冲突）的爆发，这一比例降到了它的最低谷（4％）。战争结束之后，法国战败，拿破仑三世被废黜，同时法国建立了稳定的财政集权结合受限政府的政体。随后，教育和公共建设的支出份额开始快速提升，到 19 世纪 80 年代达到了 9％。在此之后直到 1913 年，这一比例都在不断提高，不过增长幅度相对变缓。

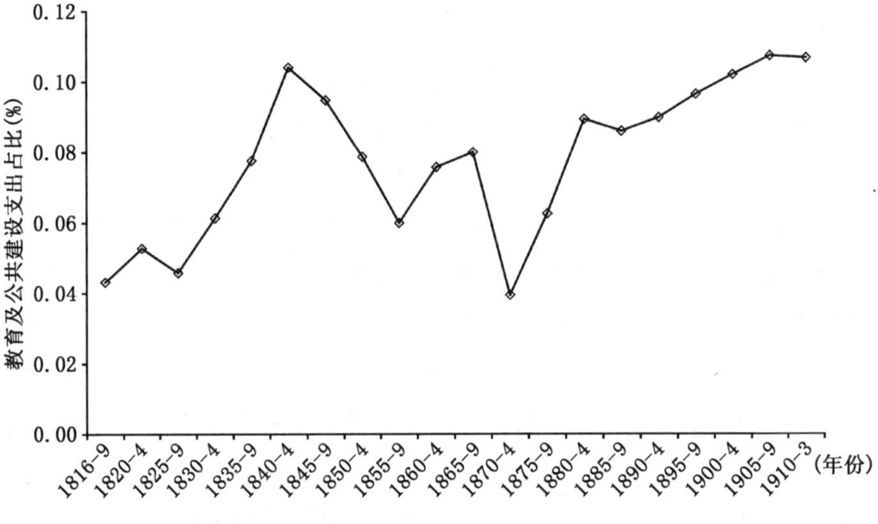

数据来源：Fontvieille (1976)。

图 8.1 法国在 1816—1913 年的教育及公共建设支出占比[①]

荷兰的案例与法国的相似。图 8.2 绘制了从 1816 年到 1913 年荷兰在教育和公共建设上支出的政府资金比重。[②] 同拿破仑三世一样，荷兰的专制统

① Fontvieille (1976，表 116—35)提供了法国 1816—1913 年总公共支出和教育及公共建设支出的年度数据。出于制图目的，本书分别计算了 4 年的均值（如 1816—1819 年、1910—1913 年）和 5 年的均值（如 1820—1824 年、1825—1829 年，以此类推）。

② van Zanden(1996)提供了 1816 年至 1850 年荷兰国防、教育、公共建设、皇室花费和其他类别支出的分类荷兰数据；van Zanden 和 van Riel(2010)提供了从 1850 年至 1913 年的荷兰数据。参见图 8.2。

治者威廉一世也是战争的狂热爱好者(参见第 3 至 5 章)。尽管在整个 19 世纪 20 年代,国王将 10%的政府资金用于教育和公共建设,但这一比例在比利时独立战争(1830—1833 年)爆发之际被腰斩,降低至 5%,同时军事支出比例在这场战争期间达到峰值,高达 46%。另外,威廉一世还将大量的资金用于其自身的挥霍,到 1830 年几乎达到了总年度支出的 3%。1839 年,威廉一世的财政问题终于被公之于众,他也立刻被迫逊位。1848 年,荷兰建立了稳定的财政集权结合受限政府的政治体制,而且非军事支出占比在经济改革的自由时代(19 世纪 50 年代和 60 年代)大幅度提升。到 1870 年,对教育和公共工程的支出已经占总支出的近 20%。从 1880 年到第一次世界大战爆发前,这一比重的均值为 18%。

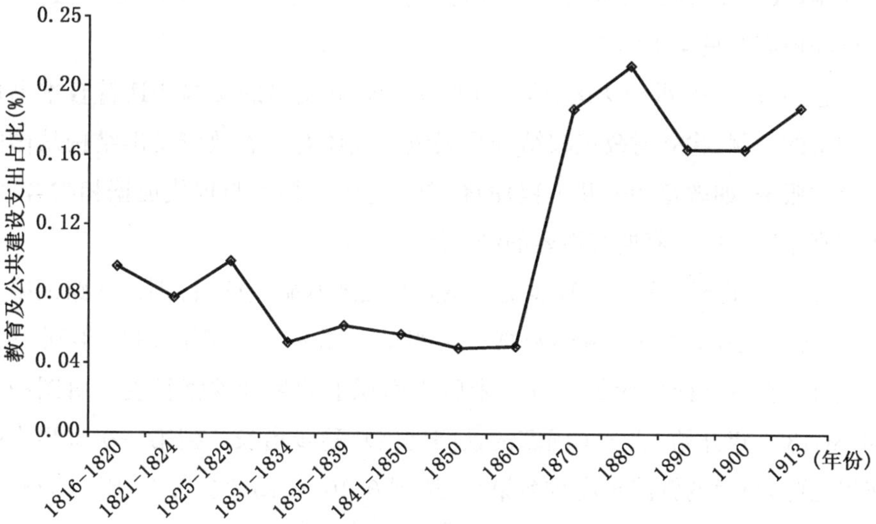

数据来源:van Zanden(1996)、van Zanden 和 van Riel (2010)。

图 8.2　荷兰在 1816—1913 年的教育及公共建设支出占比[①]

① 1816—1850 年的支出比例数据来自 van Zanden(1995,表 4),提供了 1816—1820 年、1821—1824 年、1825—1829 年、1831—1834 年、1835—1839 年以及 1841—1850 年的 4 年或 5 年平均值。图中采用的是家庭事务项类,其中包含教育和公共建设支出。1850—1913 年的支出比例数据来自 van Zanden 和 van Riel(2010,表 2.3),提供了 1850 年、1860 年、1870 年、1880 年、1890 年、1900 年和 1913 年的年度数据,图中采用的是教育项目和基础设施项目。

西班牙数据的趋势同法国与荷兰的相似。图 8.3 绘制了从 1816 年到 1913 年西班牙对教育和公共工程政府支出的政府资金比重。[①] 在这一时期之初,西班牙的军事支出比重非常高,达到 56%,并于 19 世纪 20 年代末达到其峰值,为 70%,随后到 19 世纪中期,西班牙的军事支出比重一直保持稳步下降。从 19 世纪 50 年代到第一次世界大战爆发前,这一比重的均值为 23%。相反,直到第一次卡洛斯战争(1833—1839 年)结束,教育和公共建设的公共支出比例都相当低(3%或者更低)。公共财政的重大改革(包括财政集权)是 19 世纪 40 年代自由政府强化的重要原因。随后,非军事支出急速提高,从最初的 1%提高到 1860 年的 11%,但随后又降低至 5%。在第三次卡洛斯战争(1872—1876 年)结束之后,西班牙建立了稳定的财政集权结合受限政府的政治体制,教育和公共建设的公共支出比例开始再次提高。到 1913 年,这一比例已经提高至总支出的 15%。

总的来说,19 世纪法国、荷兰和西班牙公共支出的结构变迁符合本书理论分析的预测,建立财政集权结合受限政府政体对应着政府支出结构从国防到公共服务(如教育和公共工程)的转变。这个结果也与现代证据相吻合,它表明富裕国家的政府拥有重要的经济影响。

19 世纪的政府公共工程类支出主要是交通基础设施,特别是铁路网络建设。[②] 幸运的是,这一变量的数据是可得的。图 8.4 绘制了 1830 年到 1913 年,法国、荷兰和西班牙每平方千米国土面积上的累计铁路长度。由图中可知,从 1850 年开始,这 3 个国家的铁路网络均稳步增长。到第一次世界大战爆发之际,荷兰的铁路长度排名第一,达到 0.10 千米/平方千米国土面积;其次是法国,为 0.07 千米/平方千米国土面积;西班牙相对落后,为 0.03 千米/平方千米国土面积。再一次地,交通改善的发生时间在大体上与财政集权结合受限政府政体建立的时间相重叠。

发展大范围的铁路网络是欧洲各国(具备新的财政集权结合受限政府的政治体制)有效筹集大规模税收并用于促进经济增长的一种方式。有效的劳

① Carreras 和 Tafunell(2006)提供了西班牙国防、教育、公共建设及其他类别支出的分类数据。参见图 8.3。

② 有关概述请参阅 O'Brien(1983),Bogart(2009),以及 Cardoso 和 Lains(2010a)。

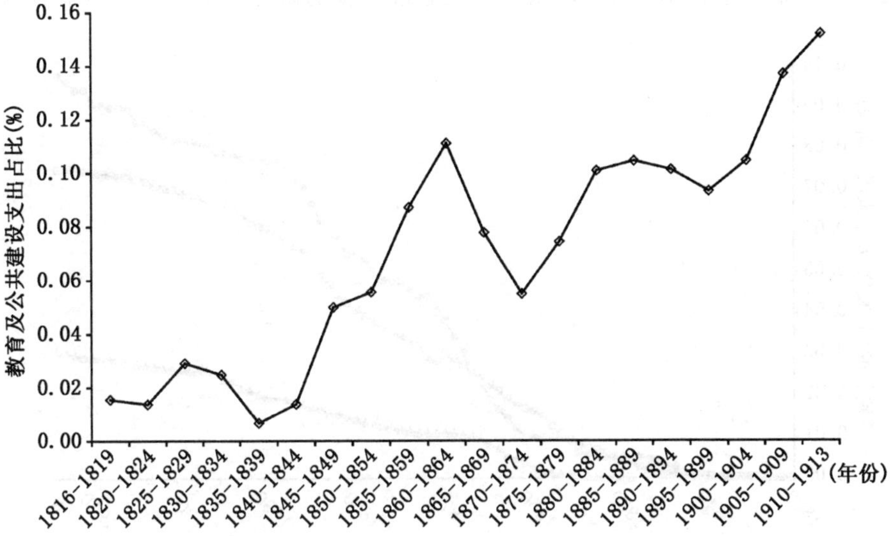

数据来源：Carreras 和 Tafunell(2006)。

图 8.3　西班牙在 1816—1913 年的教育及公共建设支出占比①

动分工、大规模生产以及技术进步都需要大范围的市场，这就要求高效并广阔覆盖的交通网络。② 这其实是 Epstein(2000)观点的一种应用，他认为降低政体内管辖权分割是现代早期(1800 年之前)经济增长的原因，因为这种分割会阻碍需求面增长。1815 年之后，议会对政府预算的常规控制使国家能够将税收资金(在财政集权下更大规模的税收资金)投入到交通基础设施和其他生产性的投资上，从而进一步降低交通成本并带来更大的发展机会。

财政集权和受限政府的政治体制与欧洲历史经济增长之间的关系是错综

① Carreras 和 Tafunell (2006，表 12.8)提供了从 1816—1842 年的年度数据，不过其中包含一些缺失值。图中采用的是家庭事务项，其中包含教育和公共建设。1842 年，西班牙的政府支出明确包含教育支出。Carreras 和 Tafunell (2006，表 12.13)提供了 1845 年以及从 1849—1899 年的年度数据。图中采用的数据为发展项，其中包含教育和公共建设。Carreras 和 Tafunell (2006，表 12.14)拆解了 1900—1913 年的发展项细类，因而这一时间段采用的是具体的教育和公共建设项的数据。为了制图目的，图中计算了 1816—1819 年和 1910—1913 年的 4 年均值，以及 1820—1824 年、1825—1829 年，以此类推直到 1905—1909 年的 5 年均值。

② 借用亚当·斯密(Adam Smith)的话说，“分工受到市场范围的限制”。该语录取自 Tortella (2000：115)，他简要介绍了历史上运输网络与斯密式增长之间的联系。另请参阅 O’Brien(1983)。Bogart(2009)认为，19 世纪的国有化减缓了铁路网络的发展。

复杂的，需要建立清晰的因果联系以便做进一步的研究。不过研究结果显示，

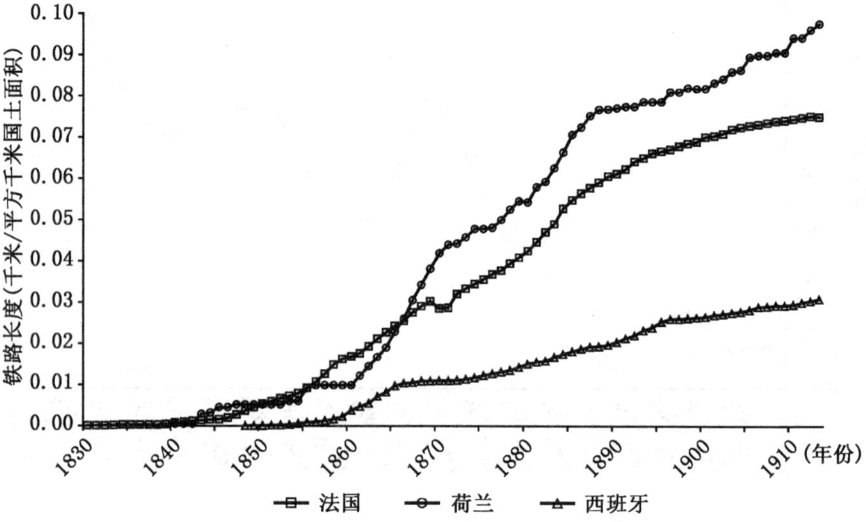

数据来源：Mitchell(2003)以及 Dincecco(2010b)。

图 8.4　法国、荷兰以及西班牙在 1830—1913 年的累计铁路长度①

有能力解决两大关键政治问题的国家更有可能出现持续的经济发展，而这两大关键财政问题恰恰就是财政分权和专制统治。在 18 世纪中期工业腾飞之前，英格兰就完成了向财政集权结合受限政府政治体制的转变。同样，在 19 世纪后半叶工业化之前，欧洲大陆的大部分国家也建立了现代财政体系。因此，这些结果都说明建立财政集权结合受限政府的政治体制为欧洲各国成功实现长期经济增长打造了坚固的制度基础。②

8.3　关于发展的历史经验教训

上述观察让我们能够从历史中得出一些简单的经验教训。由于经济、政治和社会因素的各种不同组合会影响不同时代的特征，所以我们必须谨慎考

① Mitchell(2003)提供了 1825—1913 年各国开放铁路长度的累计千米数，Dincecco (2010b)提供了同时期各国的总国土面积。

② 同样，Magnusson(2009)认为，19 世纪的欧洲国家奉行促进工业化的大规模投资政策。

虑从历史的经验中吸取对当前发展有价值的经验。但是,有一个不变的关键点是:财政集权结合受限政府的政治体制是政治—经济制度基本架构的关键组成,也是各国成功实现长期经济增长的基础。为了说明这一点,本节将分别考察三个现代案例,他们大体上分别对应历史上的三大政体类型:朝鲜(财政集权结合专制统治政体)、危地马拉(财政分割结合受限政府政体)以及韩国(财政集权结合受限政府政体)。[①]

在当今世界,偏向财政集权结合专制统治政体的国家在一定程度上都有糟糕的经济表现。金正日(在任时间1994—2011年)领导下的朝鲜提供了一个具象的例子。[②] 朝鲜在人种上是高度同质的,而且它的政体是高度专制和集权的。[③] 2009年,朝鲜的人均GDP仅为1 900美元,是全世界最贫困的国家之一。同法国的拿破仑三世、荷兰的威廉一世以及其他欧洲历史上的强权统治者一样,金正日也将大量的政府资金用于军事。朝鲜的国防支出占GDP的比重高达25%,同时在役军人人数超过100万。相反,韩国的国防支出仅占其GDP的3%,而在役军人则低于70万人。

但是,议会权力往往并不足以保证良好的经济表现。弱政府无法筹集足够的税收资源,从而在基本公共服务上心有余而力不足,从而难以促进经济增长(参见第1章)。危地马拉大体上可以代表财政分割结合受限政府的政体。[④] 与朝鲜不同,危地马拉是一个议会制的民主国家,但它在2009年的人均GDP仅为5 200美元。同旧体制欧洲的传统精英们一样,当今危地马拉的保守政治寡头反对税收系统的结构性改革。[⑤] 2001年至2003年,危地马拉的最高法院收到了超过50封来自保守利益集团的请求,要求清晰化、取消或减少税收。随着核心税收的废除,危地马拉中央政府所筹集的总税收占GDP的

---

① 可以将朝鲜和危地马拉的组合视为财政分割结合专制政权的现代参照物,在这种情况下,阶级或种族分裂造成了国家内部分裂。另请参阅本章后面的讨论。

② 朝鲜执政者的数据来自Marshall和Jaggers的第四政体数据库(2008);种族和GDP数据来自中央情报局《世界概况》(2010);军事数据则综合了中央情报局《世界概况》(2010)、美国国务院(2010)和斯德哥尔摩国际和平研究所(2010),以及Jin(2005)的数据。

③ Myers(2010)概述了朝鲜政权。

④ 危地马拉的法院和税收数据来自国际货币基金组织(2005)和《经济学人》(*Economist*,2006);民主和GDP数据来自中央情报局的《世界概况》(2010);道路数据来自世界银行的《世界发展报告》(2009)。

⑤ 种族割裂是除了阶级割裂之外的另一个内部分裂的原因。参见Alesina等(2002)。

比重从目标的12%开始下跌。[①] 危地马拉的税收高度依赖于间接税，长期低于GDP的10%。[②] 相反，富裕国家的税收比重往往超过其GDP的20%，而且在很多情况下这一比重会超过30%(参见图1.2)。资金缺乏导致危地马拉缺乏必要的公共服务(如交通基础设施)。[③] 2001年，危地马拉仅有35%的公路是铺设过的，而且公路长度仅为0.13千米/平方千米国土面积(具有相似国土面积的韩国，其公路长度为0.87千米/平方千米国土面积)。因此，危地马拉的政府如果具备更强大的财政能力，那么危地马拉的议会就会增加并且改善它的公共服务，从而促进经济的发展。

韩国基本算是财政集权结合受限政府政体的国家。[④] 不同于朝鲜，韩国是宪政民主共和国家；也不同于危地马拉，韩国有一个强大的财政政府。不仅如此，韩国财政制度的变革大体上与欧洲类似，不过时间大幅度缩短。在朝鲜战争(1950—1953年)之前，韩国是极度贫困的。在战争结束之后，韩国建立了一个高度集权的专制统治政体。与朝鲜不同，韩国选择了一种国家资本主义的形式。大量的税收资源被用于商业集团(韩国财阀)以推动工业化，其中最显著的是在朴正熙执政期间(在任时间1963—1979年)。到1980年，韩国开始转变为民主国家，同时人均GDP提高至接近1 600美元，大约是同时期朝鲜的2倍。韩国的民主改革大体上对应着欧洲历史上从财政集权结合专制统治政体向财政集权结合受限政府政体的转变。随后，韩国的经济高速发展并一直持续至今。它于1996年成为经济合作和发展组织(OECD)的成员国，而且也跻身全球经济20强。到2009年，韩国的人均GDP高达28 000美元。韩国的教育指数(它衡量了识字率以及从幼儿园到大学的入学率)也位居世界前十。不仅如此，韩国拥有大范围的航空、公路、航运、高速和铁路网络。因此，这一证据说明，韩国的财政集权结合受限政府的政体不仅能够筹集到更大

① 1996年的《和平协定》确立了这一目标，该协定结束了长期的游击战争。

② 这种趋势是持续的。Adler，Schlesinger和Olson在1952年进行的一项研究发现，危地马拉的总税收过低，同时间接税的份额过高。

③ 根据《经济学人》(2006)的报道，资金不足也是导致危地马拉刑事司法系统运作如此糟糕的关键原因，而危地马拉一直是世界上谋杀率最高的国家之一。

④ 韩国的数据以Glaeser等(2004)和Acemoglu(2005)为基础。另请参阅Wade(1990)，Herbst(2000)和Kang(2002)。执政者的数据来自Marshall和Jaggers的第四政体数据库(2008)；经济和运输数据来自中央情报局《世界概况》(2010)，以及联合国人类发展指数中的教育数据(2010)。

规模的税收资源，并且能够将其用于促进经济增长的生产性公共支出。

总的来说，本书基于长期历史的分析结果支持了对制度（如限制执政者财政决策权的议会制度）的认可和赞扬，并且提供了全新而又严格的证据。本书的发现强调了一个可以被称为“对立”的问题。具体来说，财政分割导致旧体制时期政府糟糕的财政表现，而在实现财政集权之前，议会制度并不是限制统治者的主要手段。在财政集权之前，限制统治者权力的是地方的精英们，他们通过对地方财政的控制限制统治者的财政权力。本书的研究说明，财政集权和受限政府对现代公共财政体系的发展是同样重要的；也就是说，弱政府和强政府之间的制度平衡才是当今发达国家财政结构的主要特征。为了给经济增长打造恰当的制度基础，像危地马拉和朝鲜这样的新兴经济体必须努力克服这两种类型的财政问题，就像曾经的欧洲各国一样。

8.4　政府福利的未来

绝大多数发达国家已经解决了强政府和弱政府的问题，而许多新兴经济体还依旧面对这些问题。但是，发达经济体如今依旧面对着令人胆怯的财政挑战。一大关键财政问题是现收现付制养老体系，这种养老体系使用当前在职工人的缴纳款支付退休工人的退休金。法国的情况很好地说明了这一现象。[①] 同许多发达经济体一样，法国的人口不断老龄化而且预期寿命很长；同时，法国的养老体系（占总社会支出的 65%）非常慷慨。[②] 法国的 500 万名公务员和公共部门工人根据他们退休前最后 6 个月的薪水领取养老金，而这时的工资往往是个人职业生涯当中的制高点。不仅如此，年长的工人还通常会得到一笔最后的加薪，被称为“致敬”，这进一步提高了工人们的养老收入。另外，还有其他各种补贴。举例来说，一位 3 个孩子的母亲，在公共部门工作了 15 年，那么她能够在 40～50 岁就以全额的养老金退休。这些因素都导致了一种不可持续的财政局面：如果不发生重大改革，即使最乐观的预期也认为到

---

① 该观点基于 Hollinger(2010)。感谢 Jean-Laurent Rosenthal 对这个话题的见解。

② 社会支出包括对穷人和失业者的援助、退休金、医疗和教育支出以及住房补贴。请参阅 Lindert(2004:6)。

2050年，养老资金的缺口将高达720亿～1 150亿欧元。

养老金问题并不是法国独有的。2008年OECD的一份报告估算，由于大型的人口结构变化，绝大多数发达国家必须快速采取重大的改革，以强化它们的现收现付养老体系。英国首相大卫·卡梅伦最近提议了一份紧缩的预算方案，这份方案会全面削减25%的社会支出和其他政府成本。① 同样，美联储主席本·伯南克认为，改革大型福利项目（包括社会保障）是解决长期财政问题至关重要的一环。② 另外，养老改革也是亚洲、东欧和拉丁美洲新兴国家的一项优先任务。③

关于养老金体系的讨论充满争议，而且将会长期持续。借用Lindert（2004:4）的话，新的信息也许无法终结这场讨论，但能够提高讨论的层次。本书研究得出的两大关键事实就为了给这场讨论增加新的信息：第一，现代财政体系达到了一种制度平衡，使各国政府能够筹集大规模的税收资源并将资金用于生产性的公共支出；第二，这是深度制度变革的结果，伴随着长达数个世纪的政治改革、战争、革命、公共债务违约、技术变迁和经济增长。过去和现在的相似之处永远不是绝对的。现在，高昂的福利成本（而不仅仅是战争）推动了政策辩论。不过，国家依旧面对如何达到最优财政目标的根本性问题。为了应对新的挑战，政治体制还将经历进一步的制度变革。正确理解发达经济体如何率先建立现代公共财政体系，能够帮助并引领我们走向更光明的财政未来。

---

① 请参阅Burns（2010）。借用首相卡梅伦（2010）的话说："我在办公室的大部分时间花在讨论……现今英国面临的最紧迫的问题是：我们庞大的赤字和不断增加的债务。我们如何处理这些事情将影响我们的经济、社会乃至我们的整个生活方式……这些决定的影响将持续数年，甚至数十年。"

② 请参阅Bernanke（2006）。

③ 请参阅Queisser（1999）。

附　录

这些数据可以从 http://sites. google. com/site/mdincecco 下载。

附录 1　1650—1913 年的财政指标数据库

1.1　小组 1

国家	年份	收益率	财政收入	财政支出	人口	息差相对英国统一公债	财政收入/人口	赤字/财政收入
澳大利亚	1781		55930696	55083261				−0.02
澳大利亚	1782		63557609	68642217				0.08
澳大利亚	1783		54235826	60167870				0.11
澳大利亚	1784		57559359	65067102				0.13
澳大利亚	1785		64232908	70072264				0.09
澳大利亚	1786		61730327	67569683				0.09
澳大利亚	1787		61035257	65853830				0.08
澳大利亚	1788		69869307	89946695				0.29
澳大利亚	1789		67460021	96371458				0.43
澳大利亚	1790		69066212	10440241				−0.85
澳大利亚	1791		71475498	89946695				0.26
澳大利亚	1792		69869307	73081689				0.05
澳大利亚	1793		69066212	93159077				0.35
澳大利亚	1794		74687880	121267419				0.62
澳大利亚	1795		54610493	109220986				1.00
澳大利亚	1796		51718612	123811223				1.39
澳大利亚	1797		55678836	103515582				0.86
澳大利亚	1798		56893081	103654518				0.82
澳大利亚	1799		57879949	111418902				0.93

续表

国家	年份	收益率	财政收入	财政支出	人口	息差相对英国统一公债	财政收入/人口	赤字/财政收入
澳大利亚	1800		58609768	113811991				0.94
澳大利亚	1801		65188496	102929204				0.58
澳大利亚	1802		56878349	78042385				0.37
澳大利亚	1803		61553044	70085149				0.14
澳大利亚	1804		64101539	67662736				0.06
澳大利亚	1805		64639037	84261602				0.30
澳大利亚	1806		39786692	74542883				0.87
澳大利亚	1807		53200091	78660134				0.48
澳大利亚	1808		54222549	63594347				0.17
澳大利亚	1809		24690000	68092421				1.76
澳大利亚	1810		21602704	55754038				1.58
澳大利亚	1811		25097248	41710919				0.66
澳大利亚	1812		32532278	35897687				0.10
澳大利亚	1813		47895798	52121898				0.09
澳大利亚	1814		26013375	38335500				0.47
澳大利亚	1815		21333225	3777759				−0.82
澳大利亚	1816		29762207	31190793				0.05
澳大利亚	1817		29261421	29963695				0.02
澳大利亚	1818		38721390	38721390	26451783		1.46	0.00
澳大利亚	1819		39422880	50868232	26859193		1.47	0.29
澳大利亚	1820		95060712	168909530	27266603		3.49	0.78
澳大利亚	1821		99541117	144645686	27674014		3.60	0.45
澳大利亚	1822		108232522	122248244	28072091		3.86	0.13
澳大利亚	1823		100978797	145686966	28470168		3.55	0.44
澳大利亚	1824		99101781	116909132	28868244		3.43	0.18
澳大利亚	1825		95633411	111699824	29285321		3.27	0.17
澳大利亚	1826		91886143	110870883	29702398		3.09	0.21
澳大利亚	1827		97772722	112400137	30119475		3.25	0.15
澳大利亚	1828		92573142	107109421	30484885		3.04	0.16
澳大利亚	1829		93571409	111978899	30850296		3.03	0.20
澳大利亚	1830		96760199	105975456	31215706		3.10	0.10
澳大利亚	1831		94633934	143874355	31460283		3.01	0.52
澳大利亚	1832		103560614	125362849	31704860		3.27	0.21
澳大利亚	1833		102327750	124980458	31965099		3.20	0.22
澳大利亚	1834		102131344	125700115	32122283		3.18	0.23

续表

国家	年份	收益率	财政收入	财政支出	人口	息差相对英国统一公债	财政收入/人口	赤字/财政收入
澳大利亚	1835		103626326	127779830	32603625		3.18	0.23
澳大利亚	1836		108324272	120704189	32950321		3.29	0.11
澳大利亚	1837		110999593	117937068	33259452		3.34	0.06
澳大利亚	1838		109252184	121562289	33678847		3.24	0.11
澳大利亚	1839		111560329	124639816	34093563		3.27	0.12
澳大利亚	1840		114099969	128071394	34506298		3.31	0.12
澳大利亚	1841		112554011	127404888	34928755		3.22	0.13
澳大利亚	1842		115887665	124618928	35351212		3.28	0.08
澳大利亚	1843		117468080	129214888	35791607		3.28	0.10
澳大利亚	1844		119360705	131062734	36237702		3.29	0.10
澳大利亚	1845		120523698	133828262	36695741		3.28	0.11
澳大利亚	1846		121306319	138523990	37153780		3.26	0.14
澳大利亚	1847		116962346	155949795	36847771		3.17	0.33
澳大利亚	1848		72071447	129871320	22645932		3.18	0.80
澳大利亚	1849		67593060	170655744	22616994		2.99	1.52
澳大利亚	1850		127140864	173608591	35780055		3.55	0.37
澳大利亚	1851		138553238	182274481	35916403		3.86	0.32
澳大利亚	1852		146274439	197152505	36238634		4.04	0.35
澳大利亚	1853		165065116	222629841	36558615		4.52	0.35
澳大利亚	1854		151766404	247075705	36896509		4.11	0.63
澳大利亚	1855		181486614	282811295	37176795		4.88	0.56
澳大利亚	1856		215313451	275452726	37457080		5.75	0.28
澳大利亚	1857		237612842	278089478	37737366		6.30	0.17
澳大利亚	1858		229408594	267279219	38000366		6.04	0.17
澳大利亚	1859		191955976	398621223	35441160		5.42	1.08
澳大利亚	1860		222125781	381619375	35704160		6.22	0.72
澳大利亚	1861		219694269	360154540	35967160		6.11	0.64
澳大利亚	1862		220421675	272083005	36230160		6.08	0.23
澳大利亚	1863		241332826	294880839	36493160		6.61	0.22
澳大利亚	1864		240220769	294718615	36756160		6.54	0.23
澳大利亚	1865		311740698	430997207	37019160		8.42	0.38
澳大利亚	1866		344421448	685924070	34941000		9.86	0.99
澳大利亚	1867		332412403	681445426	35204000		9.44	1.05
澳大利亚	1868		351349492	364125838	35467000		9.91	0.04
澳大利亚	1869		347800508	406003858	35730000		9.73	0.17

续表

国家	年份	收益率	财政收入	财政支出	人口	息差相对英国统一公债	财政收入/人口	赤字/财政收入
澳大利亚	1870		376179823	434162427	35925727		10.47	0.15
澳大利亚	1871		362103121	461250405	36121455		10.02	0.27
澳大利亚	1872		373833048	471758722	36317182		10.29	0.26
澳大利亚	1873		394938351	511096690	36512909		10.82	0.29
澳大利亚	1874	590	384959853	495729829	36708636	266	10.49	0.29
澳大利亚	1875	594	382903656	635499785	36904364	274	10.38	0.66
澳大利亚	1876	698	367277213	605196809	37100091	382	9.90	0.65
澳大利亚	1877	737	388895541	727245173	37295818	422	10.43	0.87
澳大利亚	1878	725	389785868	729844390	37491545	410	10.40	0.87
澳大利亚	1879	717	395554561	750718507	37687273	409	10.50	0.90
澳大利亚	1880	542	407805943	589218752	37883000	237	10.76	0.44
澳大利亚	1881	506	446750244	789286189	38223300	205	11.69	0.77
澳大利亚	1882	509	463810527	723494626	38563600	211	12.03	0.56
澳大利亚	1883	488	473585054	706120368	38903900	191	12.17	0.49
澳大利亚	1884	475	481969857	740435134	39244200	178	12.28	0.54
澳大利亚	1885	465	492247494	727402827	39584500	162	12.44	0.48
澳大利亚	1886	438	480915927	705822896	39924800	141	12.05	0.47
澳大利亚	1887	455	487141263	763505733	40265100	161	12.10	0.57
澳大利亚	1888	456	492544972	722544936	40605400	158	12.13	0.47
澳大利亚	1889	435	546483141	964388927	40945700	146	13.35	0.76
澳大利亚	1890	429	592354902	744464954	41286000	144	14.35	0.26
澳大利亚	1891	426	628579916	738813636	41675100	139	15.08	0.18
澳大利亚	1892	423	633314218	624813356	42064200	139	15.06	−0.01
澳大利亚	1893	420	659063030	672526522	42453300	140	15.52	0.02
澳大利亚	1894	410	660202120	998148891	42842400	137	15.41	0.51
澳大利亚	1895	396	698787741	741570664	43231500	137	16.16	0.06
澳大利亚	1896	391	726459634	748100136	43620600	143	16.65	0.03
澳大利亚	1897	388	755753557	791066323	44009700	144	17.17	0.05
澳大利亚	1898	398	776065139	798307130	44398800	150	17.48	0.03
澳大利亚	1899	405	780552448	811414983	44787900	148	17.43	0.04
澳大利亚	1900	415	803890676	846530278	45177000	139	17.79	0.05
澳大利亚	1901	407	821423750	897660070	45605100	116	18.01	0.09
澳大利亚	1902	398	843754508	885458706	46033200	106	18.33	0.05
澳大利亚	1903	398	841656385	1227579259	46461300	113	18.12	0.46
澳大利亚	1904	402	899724099	977448164	46889400	114	19.19	0.09

续表

国家	年份	收益率	财政收入	财政支出	人口	息差相对英国统一公债	财政收入/人口	赤字/财政收入
澳大利亚	1905	402	875061279	963866255	47317500	123	18.49	0.10
澳大利亚	1906	408	1005384609	981325151	47745600	125	21.06	−0.02
澳大利亚	1907	416	1085611253	1131157185	48173700	119	22.54	0.04
澳大利亚	1908	414	1144156109	1258963451	48601800	123	23.54	0.10
澳大利亚	1909	412	1282820894	1450421081	49029900	114	26.16	0.13
澳大利亚	1910	413	1335306403	1516135413	49458000	105	27.00	0.14
澳大利亚	1911	413	1440363684	1505670604		98		0.05
澳大利亚	1912	427	1491276313	1698922382		99		0.14
澳大利亚	1913	457	1591253390	1876931932		118		0.18
英格兰	1650		19307789		5221000		3.70	
英格兰	1651		19307789		5228000		3.69	
英格兰	1652		19307789		5240000		3.68	
英格兰	1653		19307789		5234000		3.69	
英格兰	1654		15336092		5219000		2.94	
英格兰	1655		11364394		5246000		2.17	
英格兰	1656		12157065		5281000		2.30	
英格兰	1657		11639743		5284000		2.20	
英格兰	1658		9845804		5206000		1.89	
英格兰	1659		10004338		5136000		1.95	
英格兰	1660		8026834		5130000		1.56	
英格兰	1661		5671247	8729770	5141000		1.10	0.54
英格兰	1662		11131289	13652811	5116000		2.18	0.23
英格兰	1663		11316208	11135072	5105000		2.22	−0.02
英格兰	1664		10347565	10595838	5129000		2.02	0.02
英格兰	1665		18988474	21424826	5110000		3.72	0.13
英格兰	1666		15836541	15427305	5067000		3.13	−0.03
英格兰	1667		12438604	11395768	5059000		2.46	−0.08
英格兰	1668		8979165	15519257	5047000		1.78	0.73
英格兰	1669		13991508	12041653	5037000		2.78	−0.14
英格兰	1670		7426262	12601336	5022000		1.48	0.70
英格兰	1671		9763305	16983507	4983000		1.96	0.74
英格兰	1672		19219104	16373585	4973000		3.86	−0.15
英格兰	1673		16935874	22392032	4993000		3.39	0.32
英格兰	1674		19349794	15464967	5008000		3.86	−0.20
英格兰	1675		13453373	10211540	5009000		2.69	−0.24

续表

国家	年份	收益率	财政收入	财政支出	人口	息差相对英国统一公债	财政收入/人口	赤字/财政收入
英格兰	1676		10232251	12628427	5003000		2.05	0.23
英格兰	1677		14199074	16928679	5021000		2.83	0.19
英格兰	1678		16951249	21839990	5056000		3.35	0.29
英格兰	1679		16605306	16826840	5024000		3.31	0.01
英格兰	1680		13099741	13757488	4949000		2.65	0.05
英格兰	1681		11039453	9526379	4930000		2.24	−0.14
英格兰	1682		9455799	8963644	4900000		1.93	−0.05
英格兰	1683		9893995	9773745	4886000		2.02	−0.01
英格兰	1684		9963183	11793526	4888000		2.04	0.18
英格兰	1685		9701804	12788638	4871000		1.99	0.32
英格兰	1686		14468141	16563946	4865000		2.97	0.14
英格兰	1687		16028732	17119693	4879000		3.29	0.07
英格兰	1688		15052402		4897000		3.07	
英格兰	1689		22071219		4917000		4.49	
英格兰	1690		22071219		4916000		4.49	
英格兰	1691		22071219		4931000		4.48	
英格兰	1692		31603894	32710915	5967941		5.30	0.04
英格兰	1693		29082348	42866289	5996725		4.85	0.47
英格兰	1694		30781317	43066168	5984510		5.14	0.40
英格兰	1695		31780710	47817130	5986294		5.31	0.50
英格兰	1696		33706809	55896135	5998078		5.62	0.66
英格兰	1697		23048944	55316067	6014863		3.83	1.40
英格兰	1698		31994562	28842629	6035647		5.30	−0.10
英格兰	1699		36929276	33546715	6053431		6.10	−0.09
英格兰	1700		31065216	22891288	6066216		5.12	−0.26
英格兰	1701		26953223	24614750	6484636		4.16	−0.09
英格兰	1702		34819645	35827977	6523463		5.34	0.03
英格兰	1703		39768340	37994819	6570291		6.05	−0.04
英格兰	1704		38574074	39525196	6598118		5.85	0.02
英格兰	1705		37844642	41999543	6612946		5.72	0.11
英格兰	1706		37787431	47856452	6632773		5.70	0.27
英格兰	1707		39124723	62552359	6654601		5.88	0.60
英格兰	1708		37243933	55365309	6675428		5.58	0.49
英格兰	1709		37229631	65505842	6690256		5.56	0.76
英格兰	1710		37529985	69882434	6708083		5.59	0.86

续表

国家	年份	收益率	财政收入	财政支出	人口	息差相对英国统一公债	财政收入/人口	赤字/财政收入
英格兰	1711		37036546	108306330	6704911		5.52	1.92
英格兰	1712		41105631	56237767	6697738		6.14	0.37
英格兰	1713		41334473	45496525	6709566		6.16	0.10
英格兰	1714		38338081	44230746	6731393		5.70	0.15
英格兰	1715		39668221	58840838	6740221		5.89	0.48
英格兰	1716		39918517	50602548	6775048		5.89	0.27
英格兰	1717		47692660	43087397	6813875		7.00	−0.10
英格兰	1718		43995122	45902300	6852703		6.42	0.04
英格兰	1719		44044324	44965264	6891530		6.39	0.02
英格兰	1720		45646541	43329201	6876358		6.64	−0.05
英格兰	1721		43426220	42835436	6873185		6.32	−0.01
英格兰	1722		44992943	51050529	6881013		6.54	0.13
英格兰	1723		43761986	41410683	6903840		6.34	−0.05
英格兰	1724		42224906	39774647	6925668		6.10	−0.06
英格兰	1725		43613176	40364141	6948495		6.28	−0.07
英格兰	1726		40416816	40599929	6997323		5.78	0.00
英格兰	1727		44701672	42921809	7032150		6.36	−0.04
英格兰	1728		48982500	47260374	6981978		7.02	−0.04
英格兰	1729		45532310	41314748	6897805		6.60	−0.09
英格兰	1730		45635082	40408252	6835633		6.68	−0.11
英格兰	1731		44397276	39044776	6834460		6.50	−0.12
英格兰	1732		42354682	36304013	6860287		6.17	−0.14
英格兰	1733		40256493	33498476	6891115		5.84	−0.17
英格兰	1734		39763624	46420089	6948942		5.72	0.17
英格兰	1735		41088640	42542590	6999770		5.87	0.04
英格兰	1736		42055433	42281694	7045597		5.97	0.01
英格兰	1737		44333732	37417757	7081425		6.26	−0.16
英格兰	1738		41749084	34510921	7109252		5.87	−0.17
英格兰	1739		42568674	38107008	7147080		5.96	−0.10
英格兰	1740		42039882	45084024	7179907		5.86	0.07
英格兰	1741		45466729	53796956	7195735		6.32	0.18
英格兰	1742		46642730	62032796	7140562		6.53	0.33
英格兰	1743		47507258	64956246	7141390		6.65	0.37
英格兰	1744		47450951	67813875	7182217		6.61	0.43
英格兰	1745		46733310	64619613	7242045		6.45	0.38

续表

国家	年份	收益率	财政收入	财政支出	人口	息差相对英国统一公债	财政收入/人口	赤字/财政收入
英格兰	1746		45727976	71742212	7278872		6.28	0.57
英格兰	1747		50640257	83318901	7306699		6.93	0.65
英格兰	1748		52543746	87169045	7322527		7.18	0.66
英格兰	1749		54864266	91835782	7361354		7.45	0.67
英格兰	1750	300	54563839	51151316	7402182		7.37	−0.06
英格兰	1751	298	51933341	43905882	7440009		6.98	−0.15
英格兰	1752	288	51092857	51151316	7486106		6.83	0.00
英格兰	1753	287	53395367	43659336	7538203		7.08	−0.18
英格兰	1754	290	49922337	43874912	7589301		6.58	−0.12
英格兰	1755	313	50781784	51235585	7639398		6.65	0.01
英格兰	1756	336	51279501	73193693	7700154		6.66	0.43
英格兰	1757	334	58300612	80475182	7738911		7.53	0.38
英格兰	1758	325	57523417	94110801	7767667		7.41	0.64
英格兰	1759	363	58559340	107711845	7802424		7.51	0.84
英格兰	1760	368	66636653	130276937	7852180		8.49	0.96
英格兰	1761	392	68575822	150103425	7907937		8.67	1.19
英格兰	1762	397	68033048	143848289	7944693		8.56	1.11
英格兰	1763	336	69677946	142301533	7944449		8.77	1.04
英格兰	1764	353	74583083	102158611	7988206		9.34	0.37
英格兰	1765	337	79742093	80267480	8049962		9.91	0.01
英格兰	1766	336	74114935	79336735	8091719		9.16	0.07
英格兰	1767	337	70794648	71741638	8120475		8.72	0.01
英格兰	1768	330	72883206	64746704	8150232		8.94	−0.11
英格兰	1769	339	79064185	71037003	8104988		9.76	−0.10
英格兰	1770	362	80993886	78337531	8262745		9.80	−0.03
英格兰	1771	344	78496600	71444980	8316501		9.44	−0.09
英格兰	1772	339	78861480	78625603	8378258		9.41	0.00
英格兰	1773	316	76794372	73228161	8442014		9.10	−0.05
英格兰	1774	340	77882091	73383672	8502771		9.16	−0.06
英格兰	1775	338	81659546	73487713	8585527		9.51	−0.10
英格兰	1776	356	77720605	102882798	8662284		8.97	0.32
英格兰	1777	383	81608105	110231569	8741040		9.34	0.35
英格兰	1778	472	84040548	132277883	8825797		9.52	0.57
英格兰	1779	488	87187394	147114475	8903553		9.79	0.69
英格兰	1780	490	92144878	169221670	6954310		13.25	0.84

续表

国家	年份	收益率	财政收入	财政支出	人口	息差相对英国统一公债	财政收入/人口	赤字/财政收入
英格兰	1781	519	97707121	191294062	9045066		10.80	0.96
英格兰	1782	515	101155836	213114367	9113454		11.10	1.11
英格兰	1783	472	92743990	175582216	9141843		10.14	0.89
英格兰	1784	529	96695388	131717647	9224231		10.48	0.36
英格兰	1785	501	113942827	117413874	9306619		12.24	0.03
英格兰	1786	407	112171895	125076887	9399007		11.93	0.12
英格兰	1787	401	121052354	110361959	9500395		12.74	−0.09
英格兰	1788	401	123450887	117719423	9591784		12.87	−0.05
英格兰	1789	391	122641566	117719423	9707172		12.63	−0.04
英格兰	1790	389	125179891	125076887	9809560		12.76	0.00
英格兰	1791	358	136157227	132434351	9921948		13.72	−0.03
英格兰	1792	333	136900331	125076887	10027336		13.65	−0.09
英格兰	1793	396	133398178	147149278	10125725		13.17	0.10
英格兰	1794	445	137820014	198651526	10212113		13.50	0.44
英格兰	1795	452	140181760	279583629	10319501		13.58	0.99
英格兰	1796	488	142668583	279583629	10416889		13.70	0.96
英格兰	1797	591	157042513	337883798	10541277		14.90	1.15
英格兰	1798	593	197367075	344253415	10653665		18.53	0.74
英格兰	1799	509	233180302	344821892	10769054		21.65	0.48
英格兰	1800	470	230369020	459498124	10837442		21.26	0.99
英格兰	1801	490	283416787	471321986	10911830		25.97	0.66
英格兰	1802	423	296783681	396499768	16060000		18.48	0.34
英格兰	1803	514	304205162	379880157	16255000		18.71	0.25
英格兰	1804	525	357792530	448968836	16477000		21.71	0.25
英格兰	1805	507	392177841	505980752	16716000		23.46	0.29
英格兰	1806	489	423145924	514107790	16952000		24.96	0.21
英格兰	1807	477	451245760	508010741	17185000		26.26	0.13
英格兰	1808	452	468865856	536444051	17410000		26.93	0.14
英格兰	1809	438	470204809	557420765	17639000		26.66	0.19
英格兰	1810	441	490663497	551156257	17867000		27.46	0.12
英格兰	1811	467	425125144	520927994	18102000		23.48	0.23
英格兰	1812	501	397552958	539536158	18367000		21.64	0.36
英格兰	1813	511	404737116	599010932	18645000		21.71	0.48
英格兰	1814	452	465336658	674141569	18923000		24.59	0.45
英格兰	1815	504	492364729	617014028	19218000		25.62	0.25

续表

国家	年份	收益率	财政收入	财政支出	人口	息差相对英国统一公债	财政收入/人口	赤字/财政收入
英格兰	1816	481	491840477	506096722	19520000		25.20	0.03
英格兰	1817	399	416197508	423373327	19814000		21.01	0.02
英格兰	1818	385	420744081	406719278	20105000		20.93	−0.03
英格兰	1819	427	413715596	413715596	20389000		20.29	0.00
英格兰	1820	438	439265537	424623352	20686000		21.23	−0.03
英格兰	1821	400	453907721	424623352	21008000		21.61	−0.06
英格兰	1822	376	440405948	411045551	21339000		20.64	−0.07
英格兰	1823	375	434090371	397303052	21666000		20.04	−0.08
英格兰	1824	318	441134752	404373522	21978000		20.07	−0.08
英格兰	1825	338	425223951	395898161	22281000		19.08	−0.07
英格兰	1826	377	404660516	412017980	22576000		17.92	0.02
英格兰	1827	354	404660516	412017980	22872000		17.69	0.02
英格兰	1828	348	418879962	389484877	23190000		18.06	−0.07
英格兰	1829	337	403229609	395898161	23505000		17.16	−0.02
英格兰	1830	337	395804855	381145416	23815000		16.62	−0.04
英格兰	1831	368	373551578	373551578	24135000		15.48	0.00
英格兰	1832	357	373903819	373903819	24373000		15.34	0.00
英格兰	1833	339	366572372	359240924	24602000		14.90	−0.02
英格兰	1834	330	366658807	359325631	24862000		14.75	−0.02
英格兰	1835	328	366658807	351992455	25134000		14.59	−0.04
英格兰	1836	331	388383600	366399623	25406000		15.29	−0.06
英格兰	1837	329	366658807	373991983	25651000		14.29	0.02
英格兰	1838	320	373903819	381235266	25904000		14.43	0.02
英格兰	1839	325	380607202	387926571	26199000		14.53	0.02
英格兰	1840	333	381145416	388475136	26488000		14.39	0.02
英格兰	1841	336	381325159	395991511	26751000		14.25	0.04
英格兰	1842	327	373991983	403324688	27004000		13.85	0.08
英格兰	1843	315	417991040	403324688	27256000		15.34	−0.04
英格兰	1844	302	425324216	403324688	27525000		15.45	−0.05
英格兰	1845	305	417991040	395991511	27776000		15.05	−0.05
英格兰	1846	314	425324216	403324688	28002000		15.19	−0.05
英格兰	1847	343	410657864	432657392	27972000		14.68	0.05
英格兰	1848	350	425324216	432657392	27820000		15.29	0.02
英格兰	1849	323	417991040	403324688	27669000		15.11	−0.04
英格兰	1850	311	417991040	403324688	27524000		15.19	−0.04

续表

国家	年份	收益率	财政收入	财政支出	人口	息差相对英国统一公债	财政收入/人口	赤字/财政收入
英格兰	1851	309	410657864	395991511	27393000		14.99	−0.04
英格兰	1852	302	417991040	403324688	27448000		15.23	−0.04
英格兰	1853	307	432657392	410657864	27542000		15.71	−0.05
英格兰	1854	327	454656921	608653619	27658000		16.44	0.34
英格兰	1855	331	513322330	681985381	27822000		18.45	0.33
英格兰	1856	322	527988682	557321386	28011000		18.85	0.06
英格兰	1857	326	491322801	498655977	28187000		17.43	0.01
英格兰	1858	310	469323273	476656449	28390000		16.53	0.02
英格兰	1859	316	513322330	513322330	28591000		17.95	0.00
英格兰	1860	319	513322330	535321858	28778000		17.84	0.04
英格兰	1861	328	505989154	527988682	28976000		17.46	0.04
英格兰	1862	323	505989154	513322330	29245000		17.30	0.01
英格兰	1863	324	498655977	498655977	29471000		16.92	0.00
英格兰	1864	333	505989154	491322801	29681000		17.05	−0.03
英格兰	1865	335	483989625	483989625	29925000		16.17	0.00
英格兰	1866	342	498655977	491322801	30148000		16.54	−0.01
英格兰	1867	323	498655977	527988682	30409000		16.40	0.06
英格兰	1868	320	520655506	549988210	30690000		16.96	0.06
英格兰	1869	323	542655034	491322801	30978000		17.52	−0.09
英格兰	1870	325	498655977	498655977	31257000		15.95	0.00
英格兰	1871	323	535321858	513322330	31556000		16.96	−0.04
英格兰	1872	324	549858557	505869873	31874000		17.25	−0.08
英格兰	1873	324	549858557	549858557	32177000		17.09	0.00
英格兰	1874	324	542655034	535321858	32501000		16.70	−0.01
英格兰	1875	320	549858557	549858557	33199000		16.56	0.00
英格兰	1876	316	564521452	557190005	33200000		17.00	−0.01
英格兰	1877	315	571718124	586377563	33576000		17.03	0.03
英格兰	1878	315	593707283	608366722	33943000		17.49	0.02
英格兰	1879	308	535321858	601320443	34304000		15.61	0.12
英格兰	1880	305	601178689	593847242	34623000		17.36	−0.01
英格兰	1881	300	615696441	608366722	34935000		17.62	−0.01
英格兰	1882	298	637685600	637685600	35206000		18.11	0.00
英格兰	1883	296	630504479	623173032	35450000		17.79	−0.01
英格兰	1884	297	645167374	652498821	35724000		18.06	0.01
英格兰	1885	302	659830269	674493164	36015000		18.32	0.02

续表

国家	年份	收益率	财政收入	财政支出	人口	息差相对英国统一公债	财政收入/人口	赤字/财政收入
英格兰	1886	297	667319029	659985852	36313000		18.38	−0.01
英格兰	1887	294	659985852	637986324	36598000		18.03	−0.03
英格兰	1888	297	659830269	637835926	36881000		17.89	−0.03
英格兰	1889	289	696651733	667319029	37178000		18.74	−0.04
英格兰	1890	285	710982795	681663917	37485000		18.97	−0.04
英格兰	1891	287	724958794	702990346	37802000		19.18	−0.03
英格兰	1892	284	717804993	703155911	38134000		18.82	−0.02
英格兰	1893	280	717467043	717467043	38490000		18.64	0.00
英格兰	1894	272	747807638	740476190	38859000		19.24	−0.01
英格兰	1895	259	799316199	769983494	39221000		20.38	−0.04
英格兰	1896	248	820348563	805699482	39599000		20.72	−0.02
英格兰	1897	245	848647377	819383674	39987000		21.22	−0.03
英格兰	1898	248	863888889	863888889	40381000		21.39	0.00
英格兰	1899	257	953088166	1055728430	40774000		23.37	0.11
英格兰	1900	276	1025677267	1413969376	41155000		24.92	0.38
英格兰	1901	291	1120918728	1501884570	41540000		26.98	0.34
英格兰	1902	291	1180084846	1421965590	41893000		28.17	0.20
英格兰	1903	284	1106005652	1135303815	42247000		26.18	0.03
英格兰	1904	289	1120918728	1098939929	42611000		26.31	−0.02
英格兰	1905	278	1128776809	1077468772	42981000		26.26	−0.05
英格兰	1906	283	1135571260	1054982332	43361000		26.19	−0.07
英格兰	1907	297	1150223793	1047656066	43737000		26.30	−0.09
英格兰	1908	290	1113330193	1062058408	44124000		25.23	−0.05
英格兰	1909	298	967751061	1151037247	44520000		21.74	0.19
英格兰	1910	308	1495967932	1231973591	44916000		33.31	−0.18
英格兰	1911	315	1356637585	1275972648	45268000		29.97	−0.06
英格兰	1912	328	1385970290	1349304409	45436000		30.50	−0.03
英格兰	1913	339	1451968875	1407969818	45648000		31.81	−0.03
法国	1650		13694541	51577244	18500000		0.74	2.77
法国	1651		20883827	77046448	18580000		1.12	2.69
法国	1652		17123299	56195956	18660000		0.92	2.28
法国	1653		20305692	52145970	18740000		1.08	1.57
法国	1654		25843014	78206251	18820000		1.37	2.03
法国	1655		31250324	74728747	18900000		1.65	1.39
法国	1656		27213113	76680452	18980000		1.43	1.82

续表

国家	年份	收益率	财政收入	财政支出	人口	息差相对英国统一公债	财政收入/人口	赤字/财政收入
法国	1657		30822997		19060000		1.62	
法国	1658		34432881		19140000		1.80	
法国	1659		38042765		19220000		1.98	
法国	1660		41652649		19300000		2.16	
法国	1661		45262533		19380000		2.34	
法国	1662		47079548	35023088	19460000		2.42	−0.26
法国	1663		47779805	25014601	19540000		2.45	−0.48
法国	1664		47960915	33893838	19620000		2.44	−0.29
法国	1665		47536892	44536393	19700000		2.41	−0.06
法国	1666		51429486	31086243	19780000		2.60	−0.40
法国	1667		51362243	38768630	19860000		2.59	−0.25
法国	1668		54965102	37519618	19940000		2.76	−0.32
法国	1669		51390188	40995186	20020000		2.57	−0.20
法国	1670		51774443	41546707	20100000		2.58	−0.20
法国	1671		54025155	45076428	20200000		2.67	−0.17
法国	1672		61182506	47254499	20300000		3.01	−0.23
法国	1673		71537503	52768002	20400000		3.51	−0.26
法国	1674		61004621	57640128	20500000		2.98	−0.06
法国	1675		64539765	60115953	20600000		3.13	−0.07
法国	1676		59353131	59154527	20700000		2.87	0.00
法国	1677		63269843	62189606	20800000		3.04	−0.02
法国	1678		61609217	59078782	20900000		2.95	−0.04
法国	1679		58451341	68916306	21000000		2.78	0.18
法国	1680		58007433	51574985	21100000		2.75	−0.11
法国	1681		59848632	75797665	21150000		2.83	0.27
法国	1682		62564212	107282153	21200000		2.95	0.71
法国	1683		60662285	61856165	21250000		2.85	0.02
法国	1684		72886425	83110350	21300000		3.42	0.14
法国	1685		66799614	54086022	21350000		3.13	−0.19
法国	1686		67167746	49728160	21400000		3.14	−0.26
法国	1687		63034991	49489996	21450000		2.94	−0.21
法国	1688		63271993	56920791	21500000		2.94	−0.10
法国	1689		73523267	69698775	21550000		3.41	−0.05
法国	1690		68842335	66597192	21600000		3.19	−0.03
法国	1691		74548428	71124526	21440000		3.48	−0.05

续表

国家	年份	收益率	财政收入	财政支出	人口	息差相对英国统一公债	财政收入/人口	赤字/财政收入
法国	1692		73363797	77470162	21280000		3.45	0.06
法国	1693		72111179	77856493	21120000		3.41	0.08
法国	1694		65261375	61740005	20960000		3.11	−0.05
法国	1695		70078395	72795931	20800000		3.37	0.04
法国	1696		70161108	72638746	20640000		3.40	0.04
法国	1697		70653809	83243737	20480000		3.45	0.18
法国	1698		54706314	94353821	20320000		2.69	0.72
法国	1699		57464007	184174677	20160000		2.85	2.21
法国	1700		55966340	54513391	20000000		2.80	−0.03
法国	1701		58749519	70916968	19840000		2.96	0.21
法国	1702		54894821	76378601	19680000		2.79	0.39
法国	1703		47402049	78794259	19520000		2.43	0.66
法国	1704		55176079	74957299	19360000		2.85	0.36
法国	1705		55646506	91434794	19200000		2.90	0.64
法国	1706		64672761	99866456	19040000		3.40	0.54
法国	1707		66154365	117319978	18880000		3.50	0.77
法国	1708		54995339	93151812	18720000		2.94	0.69
法国	1709		53691702	101639526	18560000		2.89	0.89
法国	1710		43094016	101179582	18400000		2.34	1.35
法国	1711		45746624	118277752	18570000		2.46	1.59
法国	1712		50451968	107690216	18740000		2.69	1.13
法国	1713		51522240	94840557	18910000		2.72	0.84
法国	1714		53041408	95661274	19080000		2.78	0.80
法国	1715		74178496	65776964	19250000		3.85	−0.11
法国	1716		74178492		19365300		3.83	
法国	1717		75891200		19480600		3.90	
法国	1718		53855700		19595900		2.75	
法国	1719		44205067		19711200		2.24	
法国	1720		31409419		19826500		1.58	
法国	1721		41851764		19941800		2.10	
法国	1722		62605767		20057100		3.12	
法国	1723		47649214		20172400		2.36	
法国	1724		41061676		20287700		2.02	
法国	1725		46701470		20403000		2.29	
法国	1726		68392827		20647400		3.31	

续表

国家	年份	收益率	财政收入	财政支出	人口	息差相对英国统一公债	财政收入/人口	赤字/财政收入
法国	1727		66234194	61156452	20891800		3.17	−0.08
法国	1728		62529677	61635484	21136200		2.96	−0.01
法国	1729		65627419	65340000	21380600		3.07	0.00
法国	1730		62497742	63423871	21625000		2.89	0.01
法国	1731		65467742	63934839	21620000		3.03	−0.02
法国	1732		62465806	66042581	21615000		2.89	0.06
法国	1733		69268065	72238065	21610000		3.21	0.04
法国	1734		82744839	87822581	21605000		3.83	0.06
法国	1735		82393548	87024194	21600000		3.81	0.06
法国	1736		74090323	73611290	22200000		3.34	−0.01
法国	1737		63775161	63711290	22800000		2.80	0.00
法国	1738		66681290	64924839	23400000		2.85	−0.03
法国	1739		68980645	69172258	24000000		2.87	0.00
法国	1740		67351935	67415806	24600000		2.74	0.00
法国	1741		81180000	83032258	24600000		3.30	0.02
法国	1742		102449032	97690645	24600000		4.16	−0.05
法国	1743		87982258	93347419	24600000		3.58	0.06
法国	1744		106185484	107910000	24600000		4.32	0.02
法国	1745		114712258	112380968	24600000		4.66	−0.02
法国	1746		106951935	107654516	24580000		4.35	0.01
法国	1747		118320968	119151290	24560000		4.82	0.01
法国	1748		121035484	114392903	24540000		4.93	−0.05
法国	1749		119374839	119470645	24520000		4.87	0.00
法国	1750	482	91750645	91782581	24500000	182	3.74	0.00
法国	1751	475	74824839	85938387	24600000	177	3.04	0.15
法国	1752	459	74633226	87439355	24700000	171	3.02	0.17
法国	1753	457	74250000		24800000	170	2.99	
法国	1754	418	74345806		24900000	128	2.99	
法国	1755	470	95338065		25000000	157	3.81	
法国	1756	504	116330323		25140000	168	4.63	
法国	1757	510	137322581		25280000	175	5.43	
法国	1758	519	157186452		25420000	194	6.18	
法国	1759	542	92133871		25560000	178	3.60	
法国	1760	678	91510171		25700000	310	3.56	
法国	1761	687	161689355		25780000	295	6.27	

续表

国家	年份	收益率	财政收入	财政支出	人口	息差相对英国统一公债	财政收入/人口	赤字/财政收入
法国	1762	693	131909516		25860000	296	5.10	
法国	1763	595	102129677		25940000	259	3.94	
法国	1764	567	84756774	103694516	26020000	214	3.26	0.22
法国	1765	593	86449355	107399032	26100000	256	3.31	0.24
法国	1766	630	106440968		26200000	295	4.06	
法国	1767	675	96892577	97722581	26300000	339	3.68	0.01
法国	1768	636	94529032	112955806	26400000	306	3.58	0.19
法国	1769	714	99594000		26500000	374	3.76	
法国	1770	953	106315355		26600000	591	4.00	
法国	1771	1012	113036710		26200000	668	4.31	
法国	1772	912	119758065		26400000	573	4.54	
法国	1773	759	97339355	75527419	26600000	443	3.66	−0.22
法国	1774	675	103886129	82553226	26800000	335	3.88	−0.21
法国	1775	569	119528129		27000000	231	4.43	
法国	1776	568	120837484		26100000	212	4.63	
法国	1777	586	122181968		26462500	203	4.62	
法国	1778	615	127435355		26825000	144	4.75	
法国	1779	615	129888000		27187500	127	4.78	
法国	1780	594	160092581	199596774	27550000	104	5.81	0.25
法国	1781	597	139526129	168172258	26600000	78	5.25	0.21
法国	1782	590	147554710		26862500	75	5.49	
法国	1783	582	144393097		27125000	111	5.32	
法国	1784	582	145019032		27387500	54	5.30	
法国	1785	554	146072903	271451613	27650000	53	5.28	0.86
法国	1786	550	147181065		27100000	143	5.43	
法国	1787	571	149183419		27350000	169	5.45	
法国	1788	602	150863226	180499355	27600000	202	5.47	0.20
法国	1789	647	95231613	159741290	27850000	256	3.42	0.68
法国	1790	634	36828000	144906300	28100000	244	1.31	2.93
法国	1791	514	65799871	209587790	27500000	156	2.39	2.19
法国	1792	549	76929387		27650000	216	2.78	
法国	1793	577	31467310		27800000	181	1.13	
法国	1794		45597115		27950000		1.63	
法国	1795		60352020		28100000		2.15	
法国	1796		75730771		28100000		2.70	

续表

国家	年份	收益率	财政收入	财政支出	人口	息差相对英国统一公债	财政收入/人口	赤字/财政收入
法国	1797		91734247		28132500		3.26	
法国	1798		151040486		28455000		5.31	
法国	1799		137631888		28777500		4.78	
法国	1800		133837307		29100000		4.60	
法国	1801	960	152547338	177496039	28800000	470	5.30	0.16
法国	1802	914	167216059	161451488	28975000	492	5.77	−0.03
法国	1803	931	189618299	204190306	29150000	417	6.50	0.08
法国	1804	881	196361028	259785616	29325000	356	6.70	0.32
法国	1805	843	213957228	226060167	29500000	336	7.25	0.06
法国	1806	766	313513157	291342626	29500000	278	10.63	−0.07
法国	1807	628	245404458	236305758	29625000	152	8.28	−0.04
法国	1808	599	261971439	249552483	29750000	147	8.81	−0.05
法国	1809	626	276697644	254072320	29875000	188	9.26	−0.08
法国	1810	619	277957122	253529849	30000000	178	9.27	−0.09
法国	1811	618	341124792	322943095	30100000	151	11.33	−0.05
法国	1812	615	377197535	324885275	30150000	114	12.51	−0.14
法国	1813	730	408135484	315015811	30200000	219	13.51	−0.23
法国	1814	794	334756354	196799786	30250000	342	11.07	−0.41
法国	1815	794	282898152	300660022	30300000	291	9.34	0.06
法国	1816	853	333600217	341027909	30600000	372	10.90	0.02
法国	1817	779	410137731	383979340	30762500	380	13.33	−0.06
法国	1818	712	456641537	463100399	30925000	327	14.77	0.01
法国	1819	725	302371620	289357013	31087500	298	9.73	−0.04
法国	1820	666	303178978	292909387	31250000	228	9.70	−0.03
法国	1821	588	301984088	293232331	31600000	188	9.56	−0.03
法国	1822	556	306634469	306472997	31787500	179	9.65	0.00
法国	1823	577	336829648	361050381	31975000	202	10.53	0.07
法国	1824	497	319487604	318421892	32162500	178	9.93	0.00
法国	1825	472	325623523	317130120	32350000	135	10.07	−0.03
法国	1826	451	326915295	315515404	32900000	74	9.94	−0.03
法国	1827	427	315612287	318744835	33000000	73	9.56	0.01
法国	1828	419	332146974	330693730	33100000	72	10.03	0.00
法国	1829	376	329886372	327787242	33200000	39	9.94	−0.01
法国	1830	405	329401957	353622689	33300000	68	9.89	0.07
法国	1831	505	421763682	393667633	33600000	136	12.55	−0.07

续表

国家	年份	收益率	财政收入	财政支出	人口	息差相对英国统一公债	财政收入/人口	赤字/财政收入
法国	1832	441	343417688	379135194	33700000	84	10.19	0.10
法国	1833	393	375259877	366217470	33800000	54	11.10	−0.02
法国	1834	389	335602465	343611453	33900000	60	9.90	0.02
法国	1835	377	345000109	338121421	34000000	48	10.15	−0.02
法国	1836	374	346291881	344257340	34250000	43	10.11	−0.01
法国	1837	378	351039145	348455600	34412500	49	10.20	−0.01
法国	1838	373	359112722	366863356	34575000	53	10.39	0.02
法国	1839	373	381492679	380749909	34737500	48	10.98	0.00
法国	1840	376	398511780	440494382	34900000	43	11.42	0.11
法国	1841	386	445984415	460193911	35000000	50	12.74	0.03
法国	1842	376	429740377	465361000	35175000	49	12.22	0.08
法国	1843	370	445015585	466652773	35350000	55	12.59	0.05
法国	1844	363	447243893	461162740	35525000	61	12.59	0.03
法国	1845	356	449892026	480862269	35700000	52	12.60	0.07
法国	1846	360	451958862	506051830	36000000	46	12.55	0.12
法国	1847	388	443271693	526397245	36087500	44	12.28	0.19
法国	1848	627	570963393	571932222	36175000	276	15.78	0.00
法国	1849	563	462454513	531564335	36262500	240	12.75	0.15
法国	1850	526	462454513	475695179	36350000	215	12.72	0.03
法国	1851	528	439299493	471819862	36550000	219	12.02	0.07
法国	1852	409	480216383	488612903	36662500	107	13.10	0.02
法国	1853	387	492165277	499915912	36775000	80	13.38	0.02
法国	1854	427	581943458	642010874	36887500	100	15.78	0.10
法国	1855	447	901980065	745675607	37000000	116	24.38	−0.17
法国	1856	427	618113084	709183037	36900000	105	16.75	0.15
法国	1857	441	580974628	611331279	37000000	114	15.70	0.05
法国	1858	426	604226531	600351214	37100000	116	16.29	−0.01
法国	1859	445	703693005	713058354	37200000	130	18.92	0.01
法国	1860	436	633614353	673013411	37300000	116	16.99	0.06
法国	1861	439	647823849	701109460	37400000	112	17.32	0.08
法国	1862	431	703370062	714673070	37533400	108	18.74	0.02
法国	1863	438	731466111	738570859	37666800	114	19.42	0.01
法国	1864	454	711766582	728882566	37800200	122	18.83	0.02
法国	1865	443	729528452	693358826	37933600	107	19.23	−0.05
法国	1866	442	708214208	711443639	38067000	101	18.60	0.00

续表

国家	年份	收益率	财政收入	财政支出	人口	息差相对英国统一公债	财政收入/人口	赤字/财政收入
法国	1867	435	700140631	700786517	37739667	112	18.55	0.00
法国	1868	429	624894889	614560710	37412333	109	16.70	-0.02
法国	1869	420	633614353	614883653	37085000	97	17.09	-0.03
法国	1870	465	1009197173	1024698441	36757667	140	27.46	0.02
法国	1871	555	1039876767	984007611	36430333	232	28.54	-0.05
法国	1872	547	988851758	879374049	36103000	223	27.39	-0.11
法国	1873	532	869265930	928138456	36303750	208	23.94	0.07
法国	1874	494	842267887	898427691	36504500	170	23.07	0.07
法国	1875	463	926846684	948160928	36705250	143	25.25	0.02
法国	1876	436	1029219645	978840522	36906000	121	27.89	-0.05
法国	1877	427	935243204	977548750	37006000	112	25.27	0.05
法国	1878	401	1107048931	1081213483	37106000	86	29.83	-0.02
法国	1879	375	1127394346	1072816963	37206000	67	30.30	-0.05
法国	1880	355	1140312070	1086703516	37306000	50	30.57	-0.05
法国	1881	353	1222339616	1167762233	37406000	52	32.68	-0.04
法国	1882	365	1176804639	1190691192	37510800	67	31.37	0.01
法国	1883	379	1179711127	1199733599	37615600	83	31.36	0.02
法国	1884	386	1113830736	1142895614	37720400	89	29.53	0.03
法国	1885	373	1072494020	1119643711	37825200	71	28.35	0.04
法国	1886	364	1023406669	1063774556	37930000	67	26.98	0.04
法国	1887	370	1047304458	1053117434	37970600	76	27.58	0.01
法国	1888	363	1055378036	1040199710	38011200	66	27.76	-0.01
法国	1889	350	1056346865	1048596231	38051800	61	27.76	-0.01
法国	1890	328	1089932947	1060868068	38092400	43	28.61	-0.03
法国	1891	315	1086380573	1052148605	38133000	28	28.49	-0.03
法国	1892	306	1088318231	1091547662	38160200	22	28.52	0.00
法国	1893	306	1087026459	1114476622	38187400	27	28.47	0.03
法国	1894	298	1116737224	1123841972	38214600	25	29.22	0.01
法国	1895	294	1103173614	1108986589	38241800	35	28.85	0.01
法国	1896	294	1109632476	1112538963	38269000	45	29.00	0.00
法国	1897	290	1139343240	1138051468	38305400	45	29.74	0.00
法国	1898	292	1169054005	1139343240	38341800	44	30.49	-0.03
法国	1899	296	1181002900	1159042769	38378200	39	30.77	-0.02
法国	1900	298	1232027909	1210067778	38414600	22	32.07	-0.02
法国	1901	296	1154844509	1212974266	38451000	5	30.03	0.05

续表

国家	年份	收益率	财政收入	财政支出	人口	息差相对英国统一公债	财政收入/人口	赤字/财政收入
法国	1902	298	1156782167	1194566510	38529800	7	30.02	0.03
法国	1903	305	1184555274	1161626314	38608600	21	30.68	−0.02
法国	1904	308	1207484233	1175189924	38687400	19	31.21	−0.03
法国	1905	302	1216203697	1197150054	38766200	23	31.37	−0.02
法国	1906	307	1239132657	1243976803	38845000	24	31.90	0.00
法国	1907	328	1281438202	1253019210	38914400	31	32.93	−0.02
法国	1908	312	1280792316	1298554186	38983800	21	32.85	0.01
法国	1909	307	1337307358	1351839797	39053200	9	34.24	0.01
法国	1910	306	1380258789	1395760058	39122600	−2	35.28	0.01
法国	1911	313	1514280174	1468745198	39192000	−1	38.64	−0.03
法国	1912	324	1568534614	1531719101	39152600	−4	40.06	−0.02
法国	1913	345	1644426241	1636352664	39113200	6	42.04	0.00
荷兰	1720		19977281	22885834	1900000		10.51	0.15
荷兰	1721		20639390	23337968	1900000		10.86	0.13
荷兰	1722		19512904	22541142	1900000		10.27	0.16
荷兰	1723		19795403	21595891	1900000		10.42	0.09
荷兰	1724		19977857	22730023	1900000		10.51	0.14
荷兰	1725		20350270	23357455	1900000		10.71	0.15
荷兰	1726		20783895	23121971	1900000		10.94	0.11
荷兰	1727		21531422	23561603	1900000		11.33	0.09
荷兰	1728		22086869	24012653	1900000		11.62	0.09
荷兰	1729		22063798	24352119	1900000		11.61	0.10
荷兰	1730		22032979	24470065	1900000		11.60	0.11
荷兰	1731		21953172	23961468	1900000		11.55	0.09
荷兰	1732		22138735	23763684	1900000		11.65	0.07
荷兰	1733		21371815	23248235	1900000		11.25	0.09
荷兰	1734		21405273	22943032	1900000		11.27	0.07
荷兰	1735		21238532	22759456	1900000		11.18	0.07
荷兰	1736		21390457	23451864	1900000		11.26	0.10
荷兰	1737		21579696	23636897	1900000		11.36	0.10
荷兰	1738		21604369	22920230	1900000		11.37	0.06
荷兰	1739		21096331	22289210	1900000		11.10	0.06
荷兰	1740		21234507	22719418	1900000		11.18	0.07
荷兰	1741		21421473	23711322	1900000		11.27	0.11
荷兰	1742		21694525	27417607	1900000		11.42	0.26

续表

国家	年份	收益率	财政收入	财政支出	人口	息差相对英国统一公债	财政收入/人口	赤字/财政收入
荷兰	1743		21544545	26631130	1900000		11. 34	0. 24
荷兰	1744		21847941	27859346	1900000		11. 50	0. 28
荷兰	1745		21106346	32465024	1900000		11. 11	0. 54
荷兰	1746		23820620	32445007	1900000		12. 54	0. 36
荷兰	1747		28872428	36454324	1900000		15. 20	0. 26
荷兰	1748		29052044	46327231	1900000		15. 29	0. 59
荷兰	1749		20811318	30896127	1900000		10. 95	0. 48
荷兰	1750		24733362	32225393	1900000		13. 02	0. 30
荷兰	1751		25214420	29879226	1900000		13. 27	0. 19
荷兰	1752		25846699	35052085	1908000		13. 55	0. 36
荷兰	1753		25821481	32705929	1912000		13. 50	0. 27
荷兰	1754		25248528	27723131	1916000		13. 18	0. 10
荷兰	1755		25023182	26343567	1920000		13. 03	0. 05
荷兰	1756		24557572	26809340	1924000		12. 76	0. 09
荷兰	1757		25255010	29068249	1928000		13. 10	0. 15
荷兰	1758		25760795	26892388	1932000		13. 33	0. 04
荷兰	1759		25635500	27018772	1936000		13. 24	0. 05
荷兰	1760		26387503	26860787	1940000		13. 60	0. 02
荷兰	1761		25530025	26756710	1944000		13. 13	0. 05
荷兰	1762		26135425	26976608	1948000		13. 42	0. 03
荷兰	1763		25668041	28516124	1952000		13. 15	0. 11
荷兰	1764		25243298	26770055	1956000		12. 91	0. 06
荷兰	1765		25285204	33382337	1960000		12. 90	0. 32
荷兰	1766		25623663	25951682	1964000		13. 05	0. 01
荷兰	1767		25044252	26157920	1968000		12. 73	0. 04
荷兰	1768		24805779	26588452	1972000		12. 58	0. 07
荷兰	1769		24382262	26758215	1976000		12. 34	0. 10
荷兰	1770		25033761	28403774	1980000		12. 64	0. 13
荷兰	1771		24898318	26424278	1984000		12. 55	0. 06
荷兰	1772		25022261	26645911	1988000		12. 59	0. 06
荷兰	1773		24865207	25795030	1992000		12. 48	0. 04
荷兰	1774		25148282	26087757	1996000		12. 60	0. 04
荷兰	1775		25202809	26618466	2000000		12. 60	0. 06
荷兰	1776		24361617	27426882	2004000		12. 16	0. 13
荷兰	1777		24115359	30003061	2008000		12. 01	0. 24

续表

国家	年份	收益率	财政收入	财政支出	人口	息差相对英国统一公债	财政收入/人口	赤字/财政收入
荷兰	1778		24679234	27516811	2012000		12.27	0.11
荷兰	1779		24487626	26004614	2016000		12.15	0.06
荷兰	1780	241	24933000	26996642	2020000	—249	12.34	0.08
荷兰	1781	257	24615385	35187064	2024000	—262	12.16	0.43
荷兰	1782	260	24722048	39188465	2028000	—256	12.19	0.59
荷兰	1783	263	25153653	33519705	2032000	—208	12.38	0.33
荷兰	1784	272	25008485	32896915	2036000	—256	12.28	0.32
荷兰	1785	280	24445035	35714336	2040000	—221	11.98	0.46
荷兰	1786	277	24583449	30097154	2044000	—131	12.03	0.22
荷兰	1787	299	24611847	31175130	2048000	—102	12.02	0.27
荷兰	1788	302	24032027	36763506	2052000	—98	11.71	0.53
荷兰	1789	322	24782182	39497507	2056000	—69	12.05	0.59
荷兰	1790	327	23875227	42272469	2060000	—62	11.59	0.77
荷兰	1791	336	24736223	32248144	2064000	—22	11.98	0.30
荷兰	1792	314	25476112	32867083	2068000	—19	12.32	0.29
荷兰	1793	384	30130393	38970571	2072000	—13	14.54	0.29
荷兰	1794	379	29760031	46602480	2076000	—66	14.34	0.57
荷兰	1795	433	16144935		2080000	—20	7.76	
荷兰	1796	447			2084000	—41		
荷兰	1797	539			2088000	—52		
荷兰	1798	612			2092000	19		
荷兰	1799	592			2096000	83		
荷兰	1800	598			2100000	127		
荷兰	1801	586			2118000	96		
荷兰	1802	574			2136000	152		
荷兰	1803	634	21775693	45728956	2154000	120	10.11	1.10
荷兰	1804	748	21767438	45338464	2172000	222	10.02	1.08
荷兰	1805	730	21083792	43492852	2190000	223	9.63	1.06
荷兰	1806	741	26646515	51171294	2208000	252	12.07	0.92
荷兰	1807	703	29357964	49202940	2226000	226	13.19	0.68
荷兰	1808	725	27028022	49141859	2244000	273	12.04	0.82
荷兰	1809	760	28972936	41989762	2262000	322	12.81	0.45
荷兰	1810	1393	26623177	46030727	2280000	952	11.68	0.73
荷兰	1811		26530730	43085661	2298000		11.55	0.62
荷兰	1812		26811991	40798201	2316000		11.58	0.52

续表

国家	年份	收益率	财政收入	财政支出	人口	息差相对英国统一公债	财政收入/人口	赤字/财政收入
荷兰	1813		27098137	38528734	2334000		11.61	0.42
荷兰	1814	666	27533703	36466860	2352000	214	11.71	0.32
荷兰	1815	609	24715198	56610147	2100000	105	11.77	1.29
荷兰	1816	574	24564915	38227947	2047000	93	12.00	0.56
荷兰	1817	576	24892689	37176096	2090538	177	11.91	0.49
荷兰	1818	580	25173637	35908758	2134077	195	11.80	0.43
荷兰	1819	570	25396786	33111552	2177615	143	11.66	0.30
荷兰	1820	552	25139766	37998578	2221154	114	11.32	0.51
荷兰	1821	524	22613274	35040495	2264692	124	9.99	0.55
荷兰	1822	525	23427897	38154003	2308231	149	10.15	0.63
荷兰	1823	520	23668135	44826935	2351769	145	10.06	0.89
荷兰	1824	440	24094905	46997966	2395308	122	10.06	0.95
荷兰	1825	430	24175421	48253115	2438846	92	9.91	1.00
荷兰	1826	490	22999416	51961643	2482385	113	9.27	1.26
荷兰	1827	476	23271439	53933545	2525923	122	9.21	1.32
荷兰	1828	437	23351698	51203464	2569462	89	9.09	1.19
荷兰	1829	394	23405748	48565415	2613000	57	8.96	1.07
荷兰	1830	622	23568942	44720557	2637800	285	8.94	0.90
荷兰	1831	600	28381348	61828613	2662600	232	10.66	1.18
荷兰	1832	590	28764609	61150706	2687400	233	10.70	1.13
荷兰	1833	517	29203405	59737011	2712200	178	10.77	1.05
荷兰	1834	485	29431917	53600771	2737000	155	10.75	0.82
荷兰	1835	452	29852376	46458594	2761800	123	10.81	0.56
荷兰	1836	453	30336560	48392588	2786600	122	10.89	0.60
荷兰	1837	471	30459332	57317259	2811400	142	10.83	0.88
荷兰	1838	464	30361848	61636376	2836200	144	10.71	1.03
荷兰	1839	465	30345046	58744116	2861000	140	10.61	0.94
荷兰	1840	478	30520998	54069262	2880600	145	10.60	0.77
荷兰	1841	484	31146802	54531275	2900200	148	10.74	0.75
荷兰	1842	478	31843375	54877196	2919800	151	10.91	0.72
荷兰	1843	459	32547004	53171449	2939400	144	11.07	0.63
荷兰	1844	413	33376796	53495485	2959000	110	11.28	0.60
荷兰	1845	403	33899742	54057981	2978600	99	11.38	0.59
荷兰	1846	418	33977078	52725144	2998200	104	11.33	0.55
荷兰	1847	441	34226691	55312777	3017800	97	11.34	0.62

续表

国家	年份	收益率	财政收入	财政支出	人口	息差相对英国统一公债	财政收入/人口	赤字/财政收入
荷兰	1848	560	33851778	55332271	3037400	210	11.14	0.63
荷兰	1849	487	33720816	51868746	3057000	164	11.03	0.54
荷兰	1850	440	35076276	43260740	3082200	129	11.38	0.23
荷兰	1851	424	35562987	45982318	3107400	115	11.44	0.29
荷兰	1852	399	35360898	42805298	3132600	97	11.29	0.21
荷兰	1853	388	36193674	43120394	3157800	81	11.46	0.19
荷兰	1854	421	37882136	51582842	3183000	94	11.90	0.36
荷兰	1855	394	38115709	52987084	3208200	62	11.88	0.39
荷兰	1856	388	35543029	57679477	3233400	66	10.99	0.62
荷兰	1857	389	36214012	58067296	3258600	62	11.11	0.60
荷兰	1858	379	37681815	53005753	3283800	69	11.48	0.41
荷兰	1859	394	37229612	61586612	3309000	79	11.25	0.65
荷兰	1860	384	37839133	53668504	3336100	65	11.34	0.42
荷兰	1861	390	38030162	60349503	3363200	63	11.31	0.59
荷兰	1862	386	38901229	57912635	3390300	63	11.47	0.49
荷兰	1863	385	39573610	62249917	3417400	61	11.58	0.57
荷兰	1864	395	40745198	62998345	3444500	63	11.83	0.55
荷兰	1865	401	40546694	61942873	3471600	66	11.68	0.53
荷兰	1866	432	43146573	66033017	3498700	91	12.33	0.53
荷兰	1867	457	44913261	69833883	3525800	134	12.74	0.55
荷兰	1868	445	44124044	59660680	3552900	125	12.42	0.35
荷兰	1869	449	45630565	58240633	3580000	126	12.75	0.28
荷兰	1870	460	46575172	61572378	3623300	136	12.85	0.32
荷兰	1871	433	48483342	58677275	3666600	110	13.22	0.21
荷兰	1872	466	50610411	67213095	3709900	142	13.64	0.33
荷兰	1873	435	52316707	66411443	3753200	111	13.94	0.27
荷兰	1874	401	55186611	61573376	3796500	77	14.54	0.12
荷兰	1875	395	56269053	73551690	3839800	75	14.65	0.31
荷兰	1876	401	58608059	68894994	3883100	85	15.09	0.18
荷兰	1877	394	57984106	72144435	3926400	79	14.77	0.24
荷兰	1878	397	58465286	70676005	3969700	82	14.73	0.21
荷兰	1879	390	59683313	70097442	4013000	82	14.87	0.17
荷兰	1880	384	62728380	68848965	4062800	79	15.44	0.10
荷兰	1881	372	64535769	75190259	4112600	72	15.69	0.17
荷兰	1882	379	63926941	79086758	4162400	81	15.36	0.24

续表

国家	年份	收益率	财政收入	财政支出	人口	息差相对英国统一公债	财政收入/人口	赤字/财政收入
荷兰	1883	387	63318113	83774734	4212200	91	15.03	0.32
荷兰	1884	379	63318113	81126332	4262000	81	14.86	0.28
荷兰	1885	376	65144597	74337900	4311800	74	15.11	0.14
荷兰	1886	343	66362253	75433790	4361600	46	15.22	0.14
荷兰	1887	346	66971081	74581431	4411400	52	15.18	0.11
荷兰	1888	334	68188737	77077626	4461200	36	15.28	0.13
荷兰	1889	320	69406393	75525114	4511000	31	15.39	0.09
荷兰	1890	312	69406393	76742770	4570300	28	15.19	0.11
荷兰	1891	322	71841705	79208524	4629600	35	15.52	0.10
荷兰	1892	320	73059361	80091324	4688900	35	15.58	0.10
荷兰	1893	306	70015221	82130898	4748200	26	14.75	0.17
荷兰	1894	282	71841705	80000000	4807500	10	14.94	0.11
荷兰	1895	270	73668189	81187215	4866800	11	15.14	0.10
荷兰	1896	278	74051593	80698027	4926100	29	15.03	0.09
荷兰	1897	287	74658574	84036419	4985400	42	14.98	0.13
荷兰	1898	293	75872534	91198786	5044700	45	15.04	0.20
荷兰	1899	304	79514416	90773900	5104000	47	15.58	0.14
荷兰	1900	324	83763278	93566009	5179400	48	16.17	0.12
荷兰	1901	321	72376944	92599914	5254800	30	13.77	0.28
荷兰	1902	310	76103501	99025875	5330200	19	14.28	0.30
荷兰	1903	320	77929985	99512938	5405600	36	14.42	0.28
荷兰	1904	321	79147641	106605784	5481000	33	14.44	0.35
荷兰	1905	321	80365297	105814307	5556400	43	14.46	0.32
荷兰	1906	326	84627093	108249619	5631800	43	15.03	0.28
荷兰	1907	342	83922208	110740826	5707200	45	14.70	0.32
荷兰	1908	337	84242424	117515152	5782600	47	14.57	0.39
荷兰	1909	329	87878788	119575758	5858000	31	15.00	0.36
荷兰	1910	340	91515152	123575758	5949545	32	15.38	0.35
荷兰	1911	359	93333333	126303030	6041091	44	15.45	0.35
荷兰	1912	379	95757576	131939394	6132636	51	15.61	0.38
荷兰	1913	388	100606061	144666667	6224182	49	16.16	0.44
普鲁士	1688		1106662	1250441	1214111		0.91	0.13
普鲁士	1689		1128661	1831874	1235695		0.91	0.62
普鲁士	1690		1301659	1999121	1257662		1.03	0.54
普鲁士	1691		1665943	2951140	1280020		1.30	0.77

续表

国家	年份	收益率	财政收入	财政支出	人口	息差相对英国统一公债	财政收入/人口	赤字/财政收入
普鲁士	1692		1363949	2509459	1302775		1.05	0.84
普鲁士	1693		2982989	5107443	1325934		2.25	0.71
普鲁士	1694		2473161	4240888	1349506		1.83	0.71
普鲁士	1695		2386606	4099170	1373496		1.74	0.72
普鲁士	1696		2414777	4539832	1397913		1.73	0.88
普鲁士	1697		2595821	4765989	1422764		1.82	0.84
普鲁士	1698		3283096	4264235	1448057		2.27	0.30
普鲁士	1699		2888561	4568878	1473799		1.96	0.58
普鲁士	1700		3297987	3707930	1499999		2.20	0.12
普鲁士	1701		3155588	3722588	1510826		2.09	0.18
普鲁士	1702		3432254	3904200	1521731		2.26	0.14
普鲁士	1703		3471636	4308133	1532715		2.27	0.24
普鲁士	1704		4004260	4914423	1543778		2.59	0.23
普鲁士	1705		3952068	5139913	1554921		2.54	0.30
普鲁士	1706		4193280	5681522	1566144		2.68	0.35
普鲁士	1707		3941004	5498431	1577449		2.50	0.40
普鲁士	1708		4205240	5619218	1588835		2.65	0.34
普鲁士	1709		3872381	5897468	1600303		2.42	0.52
普鲁士	1710		3662090	6075423	1611854		2.27	0.66
普鲁士	1711		4050211	6385091	1623488		2.49	0.58
普鲁士	1712		2891346	4417667	1635207		1.77	0.53
普鲁士	1713		2462404	3116704	1647010		1.50	0.27
普鲁士	1714		7281287	6439180	1658898		4.39	−0.12
普鲁士	1715		7804747	6061120	1670872		4.67	−0.22
普鲁士	1716		7901385	6235428	1682932		4.70	−0.21
普鲁士	1717		8673225	7504068	1695080		5.12	−0.13
普鲁士	1718		8556377	7950639	1707315		5.01	−0.07
普鲁士	1719		9001158	8140786	1719638		5.23	−0.10
普鲁士	1720		10153951	8284284	1732050		5.86	−0.18
普鲁士	1721		8989599	8577196	1744552		5.15	−0.05
普鲁士	1722		9242054	8036938	1757145		5.26	−0.13
普鲁士	1723		10581749	9425619	1769827		5.98	−0.11
普鲁士	1724		10091549	9190971	1782602		5.66	−0.09
普鲁士	1725		10379885	9378785	1795469		5.78	−0.10
普鲁士	1726		10474618	9588389	1808429		5.79	−0.08

续表

国家	年份	收益率	财政收入	财政支出	人口	息差相对英国统一公债	财政收入/人口	赤字/财政收入
普鲁士	1727		11286343	11079788	1821482		6.20	−0.02
普鲁士	1728		10072407	9111295	1834629		5.49	−0.10
普鲁士	1729		10071332	9466685	1847872		5.45	−0.06
普鲁士	1730		10480046	9624656	1861210		5.63	−0.08
普鲁士	1731		10537373	9106786	1874644		5.62	−0.14
普鲁士	1732		10880328	9536401	1888175		5.76	−0.12
普鲁士	1733		10747533	9988883	1901804		5.65	−0.07
普鲁士	1734		10908812	9945551	1915531		5.69	−0.09
普鲁士	1735		10994583	9997380	1929357		5.70	−0.09
普鲁士	1736		11281493	10001193	1943283		5.81	−0.11
普鲁士	1737		11062970	10329751	1957310		5.65	−0.07
普鲁士	1738		11535004	10371087	1971438		5.85	−0.10
普鲁士	1739		11326643	10076126	1985667		5.70	−0.11
普鲁士	1740		11491289	10094953	2000000		5.75	−0.12
普鲁士	1741		11871166	10601508	3500000		3.39	−0.11
普鲁士	1742		13001010	12276255	3526933		3.69	−0.06
普鲁士	1743		12254263	15270712	3554073		3.45	0.25
普鲁士	1744		17093711	15587340	3581423		4.77	−0.09
普鲁士	1745		17812066	15794165	3608983		4.94	−0.11
普鲁士	1746		17304592	15208350	3636755		4.76	−0.12
普鲁士	1747		17264517	14988990	3664741		4.71	−0.13
普鲁士	1748		17283793	15254031	3692943		4.68	−0.12
普鲁士	1749		17303177	15258579	3721361		4.65	−0.12
普鲁士	1750		16949352	14754133	3749998		4.52	−0.13
普鲁士	1751		17649106	15381475	3761540		4.69	−0.13
普鲁士	1752		17645254	15309773	3773118		4.68	−0.13
普鲁士	1753		13314197	11563124	3784732		3.52	−0.13
普鲁士	1754		13435334	11586586	3796381		3.54	−0.14
普鲁士	1755		13437793	11708858	3808067		3.53	−0.13
普鲁士	1756		13339218	11644861	3819788		3.49	−0.13
普鲁士	1757		13848868	12104260	3831546		3.61	−0.13
普鲁士	1758		22604094	18559107	3843339		5.88	−0.18
普鲁士	1759		20804010	16424192	3855169		5.40	−0.21
普鲁士	1760		18887690	15592284	3867035		4.88	−0.17
普鲁士	1761		19330069	14303995	3878939		4.98	−0.26

续表

国家	年份	收益率	财政收入	财政支出	人口	息差相对英国统一公债	财政收入/人口	赤字/财政收入
普鲁士	1762		22219465	15503886	3890878		5.71	—0.30
普鲁士	1763		17439387	29749763	3902854		4.47	0.71
普鲁士	1764		21573721	19622180	3914867		5.51	—0.09
普鲁士	1765		14773560	12469927	3926917		3.76	—0.16
普鲁士	1766		15491533	12542606	3939004		3.93	—0.19
普鲁士	1767		15456246	12545904	3951129		3.91	—0.19
普鲁士	1768		14689537	12371039	3963290		3.71	—0.16
普鲁士	1769		16685185	12331361	3975489		4.20	—0.26
普鲁士	1770		17303381	12537387	3987726		4.34	—0.28
普鲁士	1771		17431194	12620385	4000000		4.36	—0.28
普鲁士	1772		17098841	12402003	4337887		3.94	—0.27
普鲁士	1773		17253914	12479258	4704315		3.67	—0.28
普鲁士	1774		18697630	13514054	5101696		3.66	—0.28
普鲁士	1775		16195984	14007567	5532645		2.93	—0.14
普鲁士	1776		16248651	14050551	5999997		2.71	—0.14
普鲁士	1777		16281663	14094965	6058083		2.69	—0.13
普鲁士	1778		16279751	14092140	6116730		2.66	—0.13
普鲁士	1779		16315427	14129580	6175946		2.64	—0.13
普鲁士	1780		16292081	14162646	6235736		2.61	—0.13
普鲁士	1781		16486596	14298291	6296104		2.62	—0.13
普鲁士	1782		22464692	18816637	6357057		3.53	—0.16
普鲁士	1783		22156160	18506671	6418600		3.45	—0.16
普鲁士	1784		22187560	19011691	6480739		3.42	—0.14
普鲁士	1785		22669433	19081226	6543479		3.46	—0.16
普鲁士	1786		23106949	19558291	6606826		3.50	—0.15
普鲁士	1787		22645562	19271690	6670787		3.39	—0.15
普鲁士	1788		20981902	16556106	6735368		3.12	—0.21
普鲁士	1789		20629173	19015705	6800573		3.03	—0.08
普鲁士	1790		19675259	19611662	6866408		2.87	0.00
普鲁士	1791		20589124	18723460	6932882		2.97	—0.09
普鲁士	1792		20470236	17377464	6999999		2.92	—0.15
普鲁士	1793		20926925	19325571	7348155		2.85	—0.08
普鲁士	1794		21604236	17890957	7713625		2.80	—0.17
普鲁士	1795		20778674	19886266	8097271		2.57	—0.04
普鲁士	1796		19526438	17561899	8500001		2.30	—0.10

续表

国家	年份	收益率	财政收入	财政支出	人口	息差相对英国统一公债	财政收入/人口	赤字/财政收入
普鲁士	1797		21147563	17072852	8622337		2.45	−0.19
普鲁士	1798		20252948	19651007	8746434		2.32	−0.03
普鲁士	1799		20554757	18424979	8872316		2.32	−0.10
普鲁士	1800		20916044	18666285	9000010		2.32	−0.11
普鲁士	1801		21251159	18599902	9113066		2.33	−0.12
普鲁士	1802		21933305	18110020	9227541		2.38	−0.17
普鲁士	1803		21106940	18394045	9343455		2.26	−0.13
普鲁士	1804		20339428	17108149	9460825		2.15	−0.16
普鲁士	1805		20326904	17499080	9579669		2.12	−0.14
普鲁士	1806		16413396	14296362	9700006		1.69	−0.13
普鲁士	1807		14543259		4899999		2.97	
普鲁士	1808		13606782		4916526		2.77	
普鲁士	1809		11184295		4933109		2.27	
普鲁士	1810		7213886		4949747		1.46	
普鲁士	1811		16895120		4966441		3.40	
普鲁士	1812		18763031		4983193		3.77	
普鲁士	1813		24679715		5000000		4.94	
普鲁士	1814		18804805		6372052		2.95	
普鲁士	1815	506	12737883		8120609	3	1.57	
普鲁士	1816	513	14214883		10348991	32	1.37	
普鲁士	1817	546	14533104		10528851	147	1.38	
普鲁士	1818	586	19654666		10711838	201	1.83	
普鲁士	1819	579	21251894		10897980	152	1.95	
普鲁士	1820	572	54386082		11087382	134	4.91	
普鲁士	1821	557	55686715	55686715	11280075	157	4.94	0.00
普鲁士	1822	559	55868296		11476118	183	4.87	
普鲁士	1823	596	55417001		11675568	222	4.75	
普鲁士	1824	515	55771918		11878484	196	4.70	
普鲁士	1825	505	55220711		12084898	167	4.57	
普鲁士	1826	493	54919122		12294928	116	4.47	
普鲁士	1827	454	55786332		12508609	100	4.46	
普鲁士	1828	441	55547775		12726002	93	4.36	
普鲁士	1829	412	55795851	55795851	12853429	75	4.34	0.00
普鲁士	1830	409	56330399		12982131	72	4.34	
普鲁士	1831	441	56901915		13112153	73	4.34	

续表

国家	年份	收益率	财政收入	财政支出	人口	息差相对英国统一公债	财政收入/人口	赤字/财政收入
普鲁士	1832	427	58058723		13243446	70	4.38	
普鲁士	1833	413	58716129		13376054	74	4.39	
普鲁士	1834	403	59529690		13509989	73	4.41	
普鲁士	1835	396	59510187		13704052	68	4.34	
普鲁士	1836	394	59565976		13900903	63	4.29	
普鲁士	1837	391	59808131		14100581	62	4.24	
普鲁士	1838	390	60161342	94760925	14303127	70	4.21	0.58
普鲁士	1839	386	60626975		14508583	61	4.18	
普鲁士	1840	386	61633250		14716990	53	4.19	
普鲁士	1841	384	62537842	62537842	14928391	48	4.19	0.00
普鲁士	1842	383	65055327		15117083	56	4.30	
普鲁士	1843	384	65710607		15308196	69	4.29	
普鲁士	1844	345	66980859		15501688	43	4.32	
普鲁士	1845	352	68719893		15704966	47	4.38	
普鲁士	1846	366	70245476		15910946	52	4.41	
普鲁士	1847	376	70105529	70105529	16119590	33	4.35	0.00
普鲁士	1848	460	74740820		16250922	110	4.60	
普鲁士	1849	413	78819982	90094367	16383323	90	4.81	0.14
普鲁士	1850	410	84423162	84086670	16516803	99	5.11	0.00
普鲁士	1851	399	84166037		16651371	90	5.05	
普鲁士	1852	376	90657119		16787035	74	5.40	
普鲁士	1853	402	102934626	102306829	16923805	95	6.08	−0.01
普鲁士	1854	444	93661480		17054422	117	5.49	
普鲁士	1855	417	102706266	98500380	17186008	86	5.98	−0.04
普鲁士	1856	424	122903640	135041092	17319685	102	7.10	0.10
普鲁士	1857	430	128113775		17454403	104	7.34	
普鲁士	1858	423	134814461		17590169	113	7.66	
普鲁士	1859	442	140299631		17726990	126	7.91	
普鲁士	1860	424	143044573	136757396	17972976	105	7.96	−0.04
普鲁士	1861	407	147407486		18222334	79	8.09	
普鲁士	1862	400	146632504		18475194	77	7.94	
普鲁士	1863	410	162189211		18736178	86	8.66	
普鲁士	1864	419	164452505		19000805	86	8.66	
普鲁士	1865	410	165681589		19269214	75	8.60	
普鲁士	1866	462	179361141	196417227	21620276	120	8.30	0.10

续表

国家	年份	收益率	财政收入	财政支出	人口	息差相对英国统一公债	财政收入/人口	赤字/财政收入
普鲁士	1867	442	183571053	166950416	23971337	119	7.66	−0.09
普鲁士	1868	452	170518913	164026139	24170368	132	7.05	−0.04
普鲁士	1869	454	175052172		24369399	131	7.18	
普鲁士	1870	461	178904323	172526000	24568430	136	7.28	−0.04
普鲁士	1871	444	199199968		24783861	120	8.04	
普鲁士	1872	426	146133076		24999291	101	5.85	
普鲁士	1873	430	155849587		25214722	106	6.18	
普鲁士	1874	424	171154599	146145978	25430152	99	6.73	−0.15
普鲁士	1875	425	163653344	144610505	25742404	105	6.36	−0.12
普鲁士	1876	422	173742921		26049745	106	6.67	
普鲁士	1877	423	189412551		26357087	108	7.19	
普鲁士	1878	425	202469712		26664428	110	7.59	
普鲁士	1879	418	209637010		26971770	110	7.77	
普鲁士	1880	405	214950067	204524875	27279111	100	7.88	−0.05
普鲁士	1881	397	238001268		27486983	97	8.66	
普鲁士	1882	398	264258929		27694855	100	9.54	
普鲁士	1883	396	286425426		27902726	99	10.27	
普鲁士	1884	391	311083286		28110598	94	11.07	
普鲁士	1885	387	336260947	325498374	28318470	85	11.87	−0.03
普鲁士	1886	381	350929940		28645832	84	12.25	
普鲁士	1887	379	365279711		28973194	85	12.61	
普鲁士	1888	375	380975609		29300557	77	13.00	
普鲁士	1889	375	394875859		29627919	86	13.33	
普鲁士	1890	378	409027332	388238923	29955281	93	13.65	−0.05
普鲁士	1891	380	435232656		30335249	93	14.35	
普鲁士	1892	376	461733264		30715218	92	15.03	
普鲁士	1893	375	486378660		31095186	96	15.64	
普鲁士	1894	376	513787443		31475155	104	16.32	
普鲁士	1895	381	539826996		31855123	122	16.95	
普鲁士	1896	380	565807118		32378600	131	17.47	
普鲁士	1897	386	591494258		32902077	141	17.98	
普鲁士	1898	356	613574124		33425555	108	18.36	
普鲁士	1899	341	641060752		33949032	84	18.88	
普鲁士	1900	346	666529490	621724418	34472509	70	19.34	−0.07
普鲁士	1901	337	682287998		35036672	46	19.47	

续表

国家	年份	收益率	财政收入	财政支出	人口	息差相对英国统一公债	财政收入/人口	赤字/财政收入
普鲁士	1902	328	694080108		35600835	37	19.50	
普鲁士	1903	331	707168013		36164998	46	19.55	
普鲁士	1904	335	721539480		36729161	46	19.64	
普鲁士	1905	336	731925645	678339784	37293324	58	19.63	−0.07
普鲁士	1906	345	794811187		37867703	62	20.99	
普鲁士	1907	360	858846293		38442082	63	22.34	
普鲁士	1908	362	928958210		39016461	71	23.81	
普鲁士	1909	352	994429579		39590840	54	25.12	
普鲁士	1910	358	1059474565	1004172762	40165219	50	26.38	−0.05
普鲁士	1911	361	1116609467		40709991	46	27.43	
普鲁士	1912	377	1171084676		41254763	49	28.39	
普鲁士	1913	395	1227707892		41799535	57	29.37	
西班牙	1703		2458176		7517647		0.33	
西班牙	1704		2681107		7523529		0.36	
西班牙	1705		2904039		7529412		0.39	
西班牙	1706		3126971		7535294		0.41	
西班牙	1707		3349903		7541176		0.44	
西班牙	1708		3572834		7547059		0.47	
西班牙	1709		3795766		7552941		0.50	
西班牙	1710		4018698		7558824		0.53	
西班牙	1711		3976529		7564706		0.53	
西班牙	1712		4185527		7570588		0.55	
西班牙	1713		4320649		7576471		0.57	
西班牙	1714		4300196		7582353		0.57	
西班牙	1715		4448973		7588235		0.59	
西班牙	1716		4490667		7594118		0.59	
西班牙	1717		4387372		7600000		0.58	
西班牙	1718		4561941		7651515		0.60	
西班牙	1719		4794566		7703030		0.62	
西班牙	1720		4915983		7754545		0.63	
西班牙	1721		5022365		7806061		0.64	
西班牙	1722		5023094		7857576		0.64	
西班牙	1723		4958577		7909091		0.63	
西班牙	1724		4903874		7960606		0.62	
西班牙	1725		5076259		8012121		0.63	

续表

国家	年份	收益率	财政收入	财政支出	人口	息差相对英国统一公债	财政收入/人口	赤字/财政收入
西班牙	1726		5725123		8063636		0.71	
西班牙	1727		5891364		8115152		0.73	
西班牙	1728		5873726		8166667		0.72	
西班牙	1729		6008685		8218182		0.73	
西班牙	1730		6198205		8269697		0.75	
西班牙	1731		6408930		8321212		0.77	
西班牙	1732		6400533		8372727		0.76	
西班牙	1733		6521543		8424242		0.77	
西班牙	1734		6909345		8475758		0.82	
西班牙	1735		6967212		8527273		0.82	
西班牙	1736		6914096		8578788		0.81	
西班牙	1737		6976897		8630303		0.81	
西班牙	1738		7270431		8681818		0.84	
西班牙	1739		7375739		8733333		0.84	
西班牙	1740		7145914		8784848		0.81	
西班牙	1741		7221192		8836364		0.82	
西班牙	1742		7743667		8887879		0.87	
西班牙	1743		7512734		8939394		0.84	
西班牙	1744		7378654		8990909		0.82	
西班牙	1745		7819675		9042424		0.86	
西班牙	1746		7524354		9093939		0.83	
西班牙	1747		7197564		9145455		0.79	
西班牙	1748		7366681		9196970		0.80	
西班牙	1749		7672812		9248485		0.83	
西班牙	1750		7734454		9300000		0.83	
西班牙	1751		7808228		8914444		0.88	
西班牙	1752		7733600		8928889		0.87	
西班牙	1753		7903719		8943333		0.88	
西班牙	1754		7291799		8957778		0.81	
西班牙	1755		6683463		8972222		0.74	
西班牙	1756		6969726		8986667		0.78	
西班牙	1757		5909843		9001111		0.66	
西班牙	1758		8123116		9015556		0.90	
西班牙	1759		7260617		9030000		0.80	
西班牙	1760		9941137		9044444		1.10	

续表

国家	年份	收益率	财政收入	财政支出	人口	息差相对英国统一公债	财政收入/人口	赤字/财政收入
西班牙	1761		8528025		9058889		0.94	
西班牙	1762		6588936		9073333		0.73	
西班牙	1763		8199513		9087778		0.90	
西班牙	1764		8426282		9102222		0.93	
西班牙	1765		9415378		9116667		1.03	
西班牙	1766		7755333		9131111		0.85	
西班牙	1767		8575051		9145556		0.94	
西班牙	1768		8099378		9160000		0.88	
西班牙	1769		7032384		9256842		0.76	
西班牙	1770		8846251		9353684		0.95	
西班牙	1771		7595468		9450526		0.80	
西班牙	1772		9529998		9547368		1.00	
西班牙	1773		8254034		9644211		0.86	
西班牙	1774		10487363		3974105		31.08	
西班牙	1775		9413468		9837895		0.96	
西班牙	1776		9586187		9934737		0.96	
西班牙	1777		8500555		10031579		0.85	
西班牙	1778		11988991		10128421		1.18	
西班牙	1779		9481622		10225263		0.93	
西班牙	1780		8983009		10322105		0.87	
西班牙	1781		9160397		10418947		0.88	
西班牙	1782		8616044		10515789		0.82	
西班牙	1783		10544381		10612632		0.99	
西班牙	1784		12529672		10709474		1.17	
西班牙	1785		13400914		10806316		1.24	
西班牙	1786		13047384		10903158		1.20	
西班牙	1787		11683960		11000000		1.06	
西班牙	1788		14309747		11050000		1.29	
西班牙	1789		14926224		11100000		1.34	
西班牙	1790		15419756		11150000		1.38	
西班牙	1791		15325445		11200000		1.37	
西班牙	1792		15182265		11250000		1.35	
西班牙	1793		16817972		11300000		1.49	
西班牙	1794		19485777		11350000		1.72	
西班牙	1795		20410317		11400000		1.79	

续表

国家	年份	收益率	财政收入	财政支出	人口	息差相对英国统一公债	财政收入/人口	赤字/财政收入
西班牙	1796		21248469		11450000		1.86	
西班牙	1797		25049230		11500000		2.18	
西班牙	1798		22321132		11566038		1.93	
西班牙	1799		20286296		11632075		1.74	
西班牙	1800		18518783		11698113		1.58	
西班牙	1801		17069253	19441215	11764151		1.45	0.14
西班牙	1802		24122713	25948091	11830189		2.04	0.08
西班牙	1803		24953255	2675254	11896226		2.10	−0.89
西班牙	1804		25721137		11962264		2.15	
西班牙	1805		17354686	25214880	12028302		1.44	0.45
西班牙	1806		15769948	25354677	12094340		1.30	0.61
西班牙	1807		14529573	20058526	12160377		1.19	0.38
西班牙	1808		12628188		12226415		1.03	
西班牙	1809		11323400		12292453		0.92	
西班牙	1810		10280031		12358491		0.83	
西班牙	1811		8504854		12424528		0.68	
西班牙	1812		7463021		12490566		0.60	
西班牙	1813		5570008	11944711	12556604		0.44	1.14
西班牙	1814		3562629	3485181	12622642		0.28	−0.02
西班牙	1815		14650460	18910391	12688679		1.15	0.29
西班牙	1816		10731038	12655224	12754717		0.84	0.18
西班牙	1817		19901781	17350270	12820755		1.55	−0.13
西班牙	1818		28610598		12886792		2.22	
西班牙	1819		23148320	19430905	12952830		1.79	−0.16
西班牙	1820		13406123	18085619	13018868		1.03	0.35
西班牙	1821	1015	14593377	18449153	13084906	615	1.12	0.26
西班牙	1822	797	16007322	16007322	13150943	421	1.22	0.00
西班牙	1823	1565	13929587		13216981	1190	1.05	
西班牙	1824		11989332		13283019		0.90	
西班牙	1825		13087861		13349057		0.98	
西班牙	1826		13646031		13415094		1.02	
西班牙	1827		14602469	10687874	13481132		1.08	−0.27
西班牙	1828		14571615	10990040	13547170		1.08	−0.25
西班牙	1829		14901610		13613208		1.09	
西班牙	1830		16360726	14502109	13679245		1.20	−0.11

续表

国家	年份	收益率	财政收入	财政支出	人口	息差相对英国统一公债	财政收入/人口	赤字/财政收入
西班牙	1831		16739090	14242493	13745283		1.22	—0.15
西班牙	1832		17411320		13811321		1.26	
西班牙	1833		16687808	10234874	13877358		1.20	—0.39
西班牙	1834	1207	14569537	15159875	13943396	877	1.04	0.04
西班牙	1835	1003	14514764	21088821	14009434	674	1.04	0.45
西班牙	1836	1275	14970144	21776918	14075472	944	1.06	0.45
西班牙	1837	1401	14720403	31011658	14141509	1072	1.04	1.11
西班牙	1838	1552	15517740	29271002	14207547	1232	1.09	0.89
西班牙	1839	1379	29384387	48203600	14273585	1054	2.06	0.64
西班牙	1840	1165	24577374		14339623	832	1.71	
西班牙	1841	1309	19995165	26805639	14405660	973	1.39	0.34
西班牙	1842	1298	21063889	29700563	14471698	971	1.46	0.41
西班牙	1843	1057	23665115		14537736	743	1.63	
西班牙	1844	861	26262433		14603774	559	1.80	
西班牙	1845	759	29275302	28318593	14669811	455	2.00	—0.03
西班牙	1846	806	30630870		14735849	492	2.08	
西班牙	1847	928	26339461		14801887	584	1.78	
西班牙	1848	1219	25545496		14867925	869	1.72	
西班牙	1849	923	24528343	21953940	14933962	600	1.64	—0.10
西班牙	1850	797	23479445	23194846	15000000	486	1.57	—0.01
西班牙	1851	782	22975086	24883785	15065000	472	1.53	0.08
西班牙	1852	632	23925803	24633667	15130000	330	1.58	0.03
西班牙	1853	636	24738708	25441512	15195000	329	1.63	0.03
西班牙	1854	800	25732504	26719504	15260000	473	1.69	0.04
西班牙	1855	800	26839460	25991898	15325000	468	1.75	—0.03
西班牙	1856	688	32696106	32767339	15390000	366	2.12	0.00
西班牙	1857	732	35849881	35417086	15455000	406	2.32	—0.01
西班牙	1858	666	33932712	35805856	15518333	356	2.19	0.06
西班牙	1859	686	38345110	36780003	15581667	371	2.46	—0.04
西班牙	1860	628	41213587	43487440	15645000	309	2.63	0.06
西班牙	1861	601	41392967	47337316	15702471	273	2.64	0.14
西班牙	1862	553	38367622	47690596	15759941	231	2.43	0.24
西班牙	1863	550	42357610	49117568	15817412	226	2.68	0.16
西班牙	1864	589	64992312	52067705	15874882	256	4.09	—0.20
西班牙	1865	636	45544448	53865782	15932353	301	2.86	0.18

续表

国家	年份	收益率	财政收入	财政支出	人口	息差相对英国统一公债	财政收入/人口	赤字/财政收入
西班牙	1866	779	44205679	51863952	15989824	438	2.76	0.17
西班牙	1867	835	56482949	50247347	16047294	512	3.52	−0.11
西班牙	1868	828	57289586	49354942	16104765	508	3.56	−0.14
西班牙	1869	990	46270762	54637331	16162235	667	2.86	0.18
西班牙	1870	1047	51253317	58120828	16219706	723	3.16	0.13
西班牙	1871	933	39491415	51382078	16277176	609	2.43	0.30
西班牙	1872	992	38958671	53614201	16334647	668	2.39	0.38
西班牙	1873	1478	49500006	58466325	16392118	1154	3.02	0.18
西班牙	1874	1619	57470264	52306055	16449588	1295	3.49	−0.09
西班牙	1875	1505	52090639	58788007	16507059	1185	3.16	0.13
西班牙	1876		91366408	54239505	16564529		5.52	−0.41
西班牙	1877		70227107	58585180	16622000		4.22	−0.17
西班牙	1878		75591258	60999513	16714800		4.52	−0.19
西班牙	1879		56124840	61833707	16807600		3.34	0.10
西班牙	1880	1615	58171787	62497381	16900400	1310	3.44	0.07
西班牙	1881	403	85589746	62073562	16993200	103	5.04	−0.27
西班牙	1882	513	64890724	61996537	17086000	215	3.80	−0.04
西班牙	1883	663	64286781	66257838	17178800	367	3.74	0.03
西班牙	1884	666	64938686	66010787	17271600	369	3.76	0.02
西班牙	1885	695	63108386	69296981	17364400	393	3.63	0.10
西班牙	1886	665	67839705	68826188	17457200	368	3.89	0.01
西班牙	1887	607	61809289	64403753	17550000	313	3.52	0.04
西班牙	1888	565	58159834	65033971	17605900	268	3.30	0.12
西班牙	1889	534	60664093	65120089	17661800	246	3.43	0.07
西班牙	1890	534	62754517	66766954	17717700	249	3.54	0.06
西班牙	1891	559	67216894	71876345	17773600	272	3.78	0.07
西班牙	1892	634	66593506	68291864	17829500	350	3.74	0.03
西班牙	1893	626	72146037	65490498	17885400	346	4.03	−0.09
西班牙	1894	595	69413890	68897162	17941300	323	3.87	−0.01
西班牙	1895	582	73132623	75477195	17997200	322	4.06	0.03
西班牙	1896	644	78865192	75251667	18053100	396	4.37	−0.05
西班牙	1897	650	81744517	87040098	18109000	405	4.51	0.06
西班牙	1898	945	99353630	98411394	18270667	697	5.44	−0.01
西班牙	1899	666	58575914	51157037	18432333	409	3.18	−0.13
西班牙	1900	566	52369557	49593597	18594000	291	2.82	−0.05

续表

国家	年份	收益率	财政收入	财政支出	人口	息差相对英国统一公债	财政收入/人口	赤字/财政收入
西班牙	1901	560	50947251	49100974	18727300	269	2.72	−0.04
西班牙	1902	492	52011084	48404846	18860600	200	2.76	−0.07
西班牙	1903	447	52846259	51674163	18993900	163	2.78	−0.02
西班牙	1904	467	51741235	49046899	19127200	178	2.71	−0.05
西班牙	1905	434	54698942	50866867	19260500	156	2.84	−0.07
西班牙	1906	419	66429356	60237298	19393800	136	3.43	−0.09
西班牙	1907	428	67641302	63633385	19527100	131	3.46	−0.06
西班牙	1908	418	65734295	62322691	19660400	128	3.34	−0.05
西班牙	1909	412	66524121	69709783	19793700	114	3.36	0.05
西班牙	1910	425	74606474	72125952	19927000	117	3.74	−0.03
西班牙	1911	420	74905495	74461892	20064600	105	3.73	−0.01
西班牙	1912	426	76970596	81025067	20202200	98	3.81	0.05
西班牙	1913	440	98427756	91984980	20339800	101	4.84	−0.07

注:从左到右,这些列分别为国家,年份,以基准点(收益率)为单位的长期政府债券收益率,以金克为单位的政府总收入和支出(财政收入、财政支出),人口,以基准点为单位的相对于英国统一公债的收益率利差(息差相对英国统一公债),以金克为单位的人均财政收入(财政收入/人口)和预算赤字/财政收入比(赤字/财政收入)。

资料来源:见附录 2。

1.2 小组 2

国家	年份	收益率	财政收入	财政支出	人口	息差相对英国统一公债	财政收入/人口	赤字/财政收入
比利时	1831		38753171	38430228	4090000		9.48	
比利时	1832	600	51025009	52962668	4106467	243	12.43	0.04
比利时	1833	494	30033708	31325480	4122933	156	7.28	0.04
比利时	1834	455	32617253	32617253	4139400	125	7.88	0.00
比利时	1835	445	30356651	29064879	4155867	116	7.30	−0.04
比利时	1836	439	34231968	33263139	4172333	107	8.20	−0.03
比利时	1837	441	33586082	34231968	4188800	112	8.02	0.02
比利时	1838	438	40367887	39076115	4205267	118	9.60	−0.03
比利时	1839	441	37461399	40044944	4221733	116	8.87	0.07
比利时	1840	442	54577383	53608554	4238200	109	12.88	−0.02
比利时	1841	443	32617253	37138456	4254667	107	7.67	0.14
比利时	1842	436	33586082	41659659	4271133	109	7.86	0.24
比利时	1843	431	33909025	38753171	4287600	116	7.91	0.14

续表

国家	年份	收益率	财政收入	财政支出	人口	息差相对英国统一公债	财政收入/人口	赤字/财政收入
比利时	1844	432	35523740	62973904	4304067	130	8.25	0.77
比利时	1845	451	36492570	43274375	4320533	146	8.45	0.19
比利时	1846	461	36492570	39722001	4337000	147	8.41	0.09
比利时	1847	482	36492570	41336716	4356300	139	8.38	0.13
比利时	1848	580	35200797	43597318	4375600	230	8.04	0.24
比利时	1849	545	36815513	36169627	4394900	222	8.38	−0.02
比利时	1850	498	37784342	38430228	4414200	187	8.56	0.02
比利时	1851	484	38107285	38430228	4433500	175	8.60	0.01
比利时	1852	478	39722001	42628489	4452800	176	8.92	0.07
比利时	1853	461	41336716	43597318	4472100	154	9.24	0.05
比利时	1854	493	42628489	46180863	4491400	167	9.49	0.08
比利时	1855	480	44889090	47472635	4510700	149	9.95	0.06
比利时	1856	468	45857920	48441464	4530000	145	10.12	0.06
比利时	1857	461	47149692	47149692	4559800	135	10.34	0.00
比利时	1858	454	50056180	46826749	4589600	145	10.91	−0.06
比利时	1859	452	50379123	49410294	4619400	137	10.91	−0.02
比利时	1860	449	50056180	51347952	4649200	130	10.77	0.03
比利时	1861	442	50379123	52639725	4679000	114	10.77	0.04
比利时	1862	437	51993838	57160928	4708800	114	11.04	0.10
比利时	1863	410	52639725	60390359	4738600	86	11.11	0.15
比利时	1864	426	52962668	60067416	4768400	93	11.11	0.13
比利时	1865	425	54577383	61036245	4798200	90	11.37	0.12
比利时	1866	436	54577383	65557448	4828000	94	11.30	0.20
比利时	1867	443	55869155	62005074	4877429	120	11.45	0.11
比利时	1868	423	56837985	62005074	4926857	103	11.54	0.09
比利时	1869	402	59744473	64588619	4976286	79	12.01	0.08
比利时	1870	402	61682131	70078652	5025714	77	12.27	0.14
比利时	1871	404	67172164	76860457	5075143	81	13.24	0.14
比利时	1872	391	68786879	81381660	5124571	67	13.42	0.18
比利时	1873	387	73308083	113353026	5174000	63	14.17	0.55
比利时	1874	408	78475172	97528815	5223429	84	15.02	0.24
比利时	1875	408	79444001	94299384	5272857	88	15.07	0.19
比利时	1876	408	82350489	94945270	5322286	92	15.47	0.15
比利时	1877	398	83319319	124656035	5371714	83	15.51	0.50
比利时	1878	397	83965205	112707140	5421143	82	15.49	0.34

续表

国家	年份	收益率	财政收入	财政支出	人口	息差相对英国统一公债	财政收入/人口	赤字/财政收入
比利时	1879	381	87194636	111092425	5470571	73	15.94	0.27
比利时	1880	365	94299384	123687206	5520000	60	17.08	0.31
比利时	1881	356	95914099	129823124	5574900	56	17.20	0.35
比利时	1882	356	97205872	136604929	5629800	58	17.27	0.41
比利时	1883	358	97851758	131114897	5684700	62	17.21	0.34
比利时	1884	356	98820587	116905401	5739600	59	17.22	0.18
比利时	1885	343	101081189	113353026	5794500	41	17.44	0.12
比利时	1886	321	102050018	113030083	5849400	24	17.45	0.11
比利时	1887	328	104633563	111738311	5904300	34	17.72	0.07
比利时	1888	329	107540051	114967742	5959200	31	18.05	0.07
比利时	1889	325	109154766	120457775	6014100	36	18.15	0.10
比利时	1890	327	110123596	134990214	6069000	42	18.15	0.23
比利时	1891	319	111738311	129823124	6131500	32	18.22	0.16
比利时	1892	312	112061254	131114897	6194000	27	18.09	0.17
比利时	1893	306	113675970	127562523	6256500	26	18.17	0.12
比利时	1894	310	117228344	130146067	6319000	38	18.55	0.11
比利时	1895	306	120457775	132406669	6381500	46	18.88	0.10
比利时	1896	323	125624864	141449076	6444000	74	19.49	0.13
比利时	1897	311	139188474	165023922	6506500	66	21.39	0.19
比利时	1898	301	141772019	224122508	6569000	53	21.58	0.58
比利时	1899	305	151460312	184077564	6631500	48	22.84	0.22
比利时	1900	315	159533889	185369337	6694000	39	23.83	0.16
比利时	1901	308	161794491	195057630	6767000	17	23.91	0.21
比利时	1902	301	162763320	198610004	6840000	10	23.80	0.22
比利时	1903	301	165992751	202808264	6913000	17	24.01	0.22
比利时	1904	301	172128670	222184850	6986000	12	24.64	0.29
比利时	1905	301	187629938	202162378	7059000	23	26.58	0.08
比利时	1906	301	192797028	249312070	7132000	18	27.03	0.29
比利时	1907	307	199578833	248020297	7205000	10	27.70	0.24
比利时	1908	317	199255890	248666183	7278000	27	27.38	0.25
比利时	1909	315	208298296	253833273	7351000	17	28.34	0.22
比利时	1910	320	220247191	267719826	7424000	12	29.67	0.22
比利时	1911	334	224445451	261906850	7422200	19	30.24	0.17
比利时	1912	362	243822037	289357013	7420400	33	32.86	0.19
比利时	1913	391			7418600	52		

续表

国家	年份	收益率	财政收入	财政支出	人口	息差相对英国统一公债	财政收入/人口	赤字/财政收入
丹麦	1821	676				276		
丹麦	1822	564				187		
丹麦	1823	579				204		
丹麦	1824	497				178		
丹麦	1825	478				141		
丹麦	1826	530				153		
丹麦	1827	484				129		
丹麦	1828	485				137		
丹麦	1829	438				101		
丹麦	1830	435				98		
丹麦	1831	487				119		
丹麦	1832	437				80		
丹麦	1833	406				68		
丹麦	1834	398				69		
丹麦	1835	390				61		
丹麦	1836	394				63		
丹麦	1837	410				81		
丹麦	1838	400				80		
丹麦	1839	398				72		
丹麦	1840	384				51		
丹麦	1841	378				42		
丹麦	1842	362				36		
丹麦	1843	346				31		
丹麦	1844	339				37		
丹麦	1845	337				32		
丹麦	1846	340				26		
丹麦	1847	351				8		
丹麦	1848	406				56		
丹麦	1849	430				107		
丹麦	1850	409			2344000	97		
丹麦	1851	388			2370400	79		
丹麦	1852	440			2396800	138		
丹麦	1853	475			2423200	168		
丹麦	1854	510			2449600	183		
丹麦	1855	499			2476000	168		

续表

国家	年份	收益率	财政收入	财政支出	人口	息差相对英国统一公债	财政收入/人口	赤字/财政收入
丹麦	1856	480			2503200	158		
丹麦	1857	489			2530400	162		
丹麦	1858	489			2557600	180		
丹麦	1859				2584800			
丹麦	1860				2612000			
丹麦	1861				2631200			
丹麦	1862				2650400			
丹麦	1863				2669600			
丹麦	1864	449	15582892	15982454	2688800	117	5.80	0.03
丹麦	1865	442	11430345	18963982	1696500	106	6.74	0.66
丹麦	1866	458	15333281	13886745	1714200	116	8.94	−0.09
丹麦	1867	455	14507578	15099724	1731900	132	8.38	0.04
丹麦	1868	458	16868049	14250593	1749600	138	9.64	−0.16
丹麦	1869	475	13596059	17221674	1767300	152	7.69	0.27
丹麦	1870	482	13769842	15888279	1785000	157	7.71	0.15
丹麦	1871	473	15721470	16818317	1803400	149	8.72	0.07
丹麦	1872	448	15126918	15487082	1821800	123	8.30	0.02
丹麦	1873	436	15298389	16721495	1840200	112	8.31	0.09
丹麦	1874	432	16699123	17425172	1858600	107	8.98	0.04
丹麦	1875	433	16854111	22823275	1877000	113	8.98	0.35
丹麦	1876	435	16700284	17063334	1895400	119	8.81	0.02
丹麦	1877	445	17695501	19234240	1913800	131	9.25	0.09
丹麦	1878	450	17587536	17587536	1932200	135	9.10	0.00
丹麦	1879	430	18546307	16933585	1950600	122	9.51	−0.09
丹麦	1880	415	19730471	17717157	1969000	111	10.02	−0.10
丹麦	1881	406	20488640	19283426	1989300	106	10.30	−0.06
丹麦	1882	406	21046367	20236892	2009600	108	10.47	−0.04
丹麦	1883	405	21764607	20555462	2029900	109	10.72	−0.06
丹麦	1884	402	22180678	20164253	2050200	105	10.82	−0.09
丹麦	1885	400	20998167	19382923	2070500	97	10.14	−0.08
丹麦	1886	392	20606384	20202338	2090800	95	9.86	−0.02
丹麦	1887	357	20580087	23404805	2111100	62	9.75	0.14
丹麦	1888	356	21863587	24292874	2131400	59	10.26	0.11
丹麦	1889	354	22655720	24273986	2151700	65	10.53	0.07
丹麦	1890	359	22609466	25031909	2172000	74	10.41	0.11

续表

国家	年份	收益率	财政收入	财政支出	人口	息差相对英国统一公债	财政收入/人口	赤字/财政收入
丹麦	1891	370	22613107	26651161	2197273	83	10.29	0.18
丹麦	1892	374	22268418	26317221	2222545	89	10.02	0.18
丹麦	1893	371	23034737	25459446	2247818	91	10.25	0.11
丹麦	1894	359	23501188	25121960	2273091	87	10.34	0.07
丹麦	1895	343	25184923	24778714	2298364	84	10.96	−0.02
丹麦	1896	349	25898287	29944894	2323636	101	11.1	50.16
丹麦	1897	350	27497824	26689065	2348909	105	11.71	−0.03
丹麦	1898	350	28118910	54229327	2374182	102	11.84	0.93
丹麦	1899	362	27774680	30592402	2399455	105	11.58	0.10
丹麦	1900	378	26960000	31386269	2424727	102	11.12	0.16
丹麦	1901	363	26695642	31953874	2450000	71	10.90	0.20
丹麦	1902	354	29869247	31080162	2477800	63	12.05	0.04
丹麦	1903	353	31835484	31432503	2505600	68	12.71	−0.01
丹麦	1904	359	38754491	31891717	2533400	70	15.30	−0.18
丹麦	1905	355	35030402	39862182	2561200	77	13.68	0.14
丹麦	1906	356	40914102	34095085	2589000	73	15.80	−0.17
丹麦	1907	363	38366749	45560515	2586200	66	14.84	0.19
丹麦	1908	370	37439779	37842358	2583400	80	14.49	0.01
丹麦	1909	368	33031893	43505421	2580600	70	12.80	0.32
丹麦	1910	374	36669617	53594056	2577800	65	14.23	0.46
丹麦	1911	375	41100374	56009333	2575000	61	15.96	0.36
丹麦	1912	393	45804864	43394082	2644200	65	17.32	−0.05
丹麦	1913	419	49723247	42505356	2713400	80	18.33	−0.15
意大利	1862	739	155012686	302274737	25195400	417	6.15	0.95
意大利	1863	722	169222182	295815875	25373800	398	6.67	0.75
意大利	1864	770	186338166	313577746	25552200	437	7.29	0.68
意大利	1865	800	208944183	318744835	25730600	464	8.12	0.53
意大利	1866	944	199255890	442754984	25909000	602	7.69	1.22
意大利	1867	990	230904313	308733599	26087400	667	8.85	0.34
意大利	1868	954	241561435	364602755	26265800	634	9.20	0.51
意大利	1869	832	281283436	356852120	26444200	509	10.64	0.27
意大利	1870	835	279668721	385916999	26622600	510	10.50	0.38
意大利	1871	734	311963030	364925698	26801000	411	11.64	0.17
意大利	1872	607	326172526	382041682	26966900	283	12.10	0.17
意大利	1873	635	338121421	397865893	27132800	311	12.46	0.18

续表

国家	年份	收益率	财政收入	财政支出	人口	息差相对英国统一公债	财政收入/人口	赤字/财政收入
意大利	1874	635	347809714	379135194	27298700	310	12.74	0.09
意大利	1875	596	353945632	390761145	27464600	276	12.89	0.10
意大利	1876	593	362665096	410783617	27630500	278	13.13	0.13
意大利	1877	597	401418267	423701341	27796400	283	14.44	0.06
意大利	1878	568	384625227	406908300	27962300	253	13.76	0.06
意大利	1879	522	394959406	408523016	28128200	214	14.04	0.03
意大利	1880	492	394636462	407231243	28294100	187	13.95	0.03
意大利	1881	497	412721276	420794853	28460000	197	14.50	0.02
意大利	1882	503	419826024	651376223	28660750	205	14.65	0.55
意大利	1883	505	430483146	446307358	28861500	208	14.92	0.04
意大利	1884	467	438664371		29062250	170	15.09	
意大利	1885	461	446845596		29263000	159	15.27	
意大利	1886	446	455026821	473757521	29463750	149	15.44	0.04
意大利	1887	451	469236318	484091700	29664500	157	15.82	0.03
意大利	1888	457	484414643	518646611	29865250	160	16.22	0.07
意大利	1889	464	484737586	570963393	30066000	175	16.12	0.18
意大利	1890	465	504437115	540929685	30266750	180	16.67	0.07
意大利	1891	477	497332367	535116709	30467500	190	16.32	0.08
意大利	1892	471	493457050	520907213	30668250	187	16.09	0.06
意大利	1893	470	500884741	533824937	30869000	190	16.23	0.07
意大利	1894	505	489904676	562889815	31069750	233	15.77	0.15
意大利	1895	439	507020660	534470823	31270500	180	16.21	0.05
意大利	1896	439	527366075	557722726	31471250	191	16.76	0.06
意大利	1897	421	521553099	533501993	31672000	176	16.47	0.02
意大利	1898	411	526074302	532210221	31872750	163	16.51	0.01
意大利	1899	406	535439652	532856107	32073500	148	16.69	0.00
意大利	1900	409	539637912	535762595	32274250	133	16.72	−0.01
意大利	1901	403	555785067	546419717	32475000	111	17.11	−0.02
意大利	1902	396	563212758	584204059	32694600	105	17.23	0.04
意大利	1903	397	579682856	579036970	32914200	112	17.61	0.00
意大利	1904	396	577099311	573546937	33133800	107	17.42	−0.01
意大利	1905	388	598413556	587756433	33353400	110	17.94	−0.02
意大利	1906	380	628447264	779584632	33573000	97	18.72	0.24
意大利	1907	373	631030808	671398695	33792600	76	18.67	0.06
意大利	1908	370	628447264	703693005	34012200	80	18.48	0.12

续表

国家	年份	收益率	财政收入	财政支出	人口	息差相对英国统一公债	财政收入/人口	赤字/财政收入
意大利	1909	366	689160565	785074665	34231800	68	20.13	0.14
意大利	1910	366	722423704	790564697	34451400	57	20.97	0.09
意大利	1911	371	776032258	855799203	34671000	56	22.38	0.10
意大利	1912	364	799284161	917481334	34844500	36	22.94	0.15
意大利	1913	362	816723088	1013072490	35018000	23	23.32	0.24
葡萄牙	1762		977846	896903				−0.08
葡萄牙	1763		1506255	1184309				−0.21
葡萄牙	1764		1583591	1338973				−0.15
葡萄牙	1765		1505181	1409829				−0.06
葡萄牙	1766		1764966	1586206				−0.10
葡萄牙	1767		1484665	1343931				−0.09
葡萄牙	1768		1631709	1489663	2410000		0.68	−0.09
葡萄牙	1769		1498008	1356201	2425818		0.62	−0.09
葡萄牙	1770		1466322	1383680	2441636		0.60	−0.06
葡萄牙	1771		1334370	1271435	2457455		0.54	−0.05
葡萄牙	1772		1351419	1274349	2473273		0.55	−0.06
葡萄牙	1773		1397499	1319325	2489091		0.56	−0.06
葡萄牙	1774		1563760	1393675	2504909		0.62	−0.11
葡萄牙	1775		1592369	1464070	2520727		0.63	−0.08
葡萄牙	1776		1799677	1628164	2536545		0.71	−0.10
葡萄牙	1777		1795684		2552364		0.70	
葡萄牙	1778		1791690		2568182		0.70	
葡萄牙	1779		1787697		2584000		0.69	
葡萄牙	1780		1783703		2599818		0.69	
葡萄牙	1781		1779710		2615636		0.68	
葡萄牙	1782		1775716		2631455		0.67	
葡萄牙	1783		1771723		2647273		0.67	
葡萄牙	1784		1767730		2663091		0.66	
葡萄牙	1785		1763736		2678909		0.66	
葡萄牙	1786		1759743		2694727		0.65	
葡萄牙	1787		1755749		2710545		0.65	
葡萄牙	1788		1751756		2726364		0.64	
葡萄牙	1789		1747762		2742182		0.64	
葡萄牙	1790		1743769		2758000		0.63	
葡萄牙	1791		1739776		2773818		0.63	

续表

国家	年份	收益率	财政收入	财政支出	人口	息差相对英国统一公债	财政收入/人口	赤字/财政收入
葡萄牙	1792		1735782		2789636		0.62	
葡萄牙	1793		1731789		2805455		0.62	
葡萄牙	1794		1727795		2821273		0.61	
葡萄牙	1795		1723802		2837091		0.61	
葡萄牙	1796		1719808		2852909		0.60	
葡萄牙	1797		1715815		2868727		0.60	
葡萄牙	1798		1711509		2884545		0.59	
葡萄牙	1799		2038968		2900364		0.70	
葡萄牙	1800		3001910	3380432	2916182		1.03	0.13
葡萄牙	1801		2763025	3646386	2932000		0.94	0.32
葡萄牙	1802		2427102	2572815	2936700		0.83	0.06
葡萄牙	1803		2931532		2941400		1.00	
葡萄牙	1804		2873553		2946100		0.98	
葡萄牙	1805		2715466		2950800		0.92	
葡萄牙	1806		2557378		2955500		0.87	
葡萄牙	1807		2399291		2960200		0.81	
葡萄牙	1808		2241204		2964900		0.76	
葡萄牙	1809		2083116		2969600		0.70	
葡萄牙	1810		1925029		2974300		0.65	
葡萄牙	1811		1766941		2979000		0.59	
葡萄牙	1812		1608854	1588449	2983700		0.54	−0.01
葡萄牙	1813		1912139		2988400		0.64	
葡萄牙	1814		2215423		2993100		0.74	
葡萄牙	1815		2518708		2997800		0.84	
葡萄牙	1816		2821992		3002500		0.94	
葡萄牙	1817		3125277	3453797	3007200		1.04	0.11
葡萄牙	1818		2946975		3011900		0.98	
葡萄牙	1819		2768674		3016600		0.92	
葡萄牙	1820		2590372		3021300		0.86	
葡萄牙	1821		2412070	2489171	3026000		0.80	0.03
葡萄牙	1822		2408811		3028571		0.80	
葡萄牙	1823		2405552		3031143		0.79	
葡萄牙	1824	334	2402293		3033714	15	0.79	
葡萄牙	1825	351	2399033		3036286	13	0.79	
葡萄牙	1826	401	2395774		3038857	24	0.79	

续表

国家	年份	收益率	财政收入	财政支出	人口	息差相对英国统一公债	财政收入/人口	赤字/财政收入
葡萄牙	1827	414	2392515	3231692	3041429	59	0.79	0.35
葡萄牙	1828	503	4220617	5697259	3044000	156	1.39	0.35
葡萄牙	1829	642	3849257		3046571	305	1.26	
葡萄牙	1830	533	3477896		3049143	196	1.14	
葡萄牙	1831	637	3106536		3051714	268	1.02	
葡萄牙	1832	595	2735175		3054286	238	0.90	
葡萄牙	1833	487	2363815		3056857	148	0.77	
葡萄牙	1834	383	1992454	3395558	3059429	53	0.65	0.70
葡萄牙	1835	327	2529980	4417562	3062000	−1	0.83	0.75
葡萄牙	1836	414	2237068	3659139	3116000	83	0.72	0.64
葡萄牙	1837	752	2963099	3387069	3170000	423	0.93	0.14
葡萄牙	1838	933	2144966	2607902	3224000	613	0.67	0.22
葡萄牙	1839	915	2246313	2208235	3395000	589	0.66	−0.02
葡萄牙	1840	876	2311823	2519740	3566000	544	0.65	0.09
葡萄牙	1841	931	2270800	2808029	3737000	595	0.61	0.24
葡萄牙	1842	836	2875236	4700161	3745231	510	0.77	0.63
葡萄牙	1843	724	2592221	4640842	3753462	409	0.69	0.79
葡萄牙	1844	626	3195266	3888289	3761692	324	0.85	0.22
葡萄牙	1845	481	2920434	3635649	3769923	176	0.77	0.24
葡萄牙	1846	605	3023062		3778154	291	0.80	
葡萄牙	1847	1070	3125689	3592879	3786385	727	0.83	0.15
葡萄牙	1848	1457	3203726		3794615	1106	0.84	
葡萄牙	1849	1012	3281762		3802846	689	0.86	
葡萄牙	1850	883	3359799		3811077	572	0.88	
葡萄牙	1851	893	3437835		3819308	583	0.90	
葡萄牙	1852	809	3515872	3413568	3827538	507	0.92	−0.03
葡萄牙	1853	726	3554514	4173553	3835769	419	0.93	0.17
葡萄牙	1854	779	3437717	3579489	3844000	453	0.89	0.04
葡萄牙	1855	684	3599968	4439165	3863750	352	0.93	0.23
葡萄牙	1856	580	3613190	4289328	3883500	258	0.93	0.19
葡萄牙	1857	640	3792223	4789411	3903250	314	0.97	0.26
葡萄牙	1858	647	4186522	5894947	3923000	338	1.07	0.41
葡萄牙	1859	672	4118723	5791626	3960333	356	1.04	0.41
葡萄牙	1860	674	3967763	5091534	3997667	355	0.99	0.28
葡萄牙	1861	644	4213692	5061459	4035000	316	1.04	0.20

续表

国家	年份	收益率	财政收入	财政支出	人口	息差相对英国统一公债	财政收入/人口	赤字/财政收入
葡萄牙	1862	644	4467066	6724381	4086000	321	1.09	0.51
葡萄牙	1863	618	4650128	7040249	4137000	294	1.12	0.51
葡萄牙	1864	625	5023077	6817349	4188000	293	1.20	0.36
葡萄牙	1865	634	5819842	6801206	4213929	299	1.38	0.17
葡萄牙	1866	677	5070382	6861739	4239857	336	1.20	0.35
葡萄牙	1867	736	4848204	7390485	4265786	413	1.14	0.52
葡萄牙	1868	765	5331044	9715473	4291714	446	1.24	0.82
葡萄牙	1869	862	5333547	6896326	4317643	539	1.24	0.29
葡萄牙	1870	954	5545457	10619097	4343571	630	1.28	0.91
葡萄牙	1871	850	5555320	6848518	4369500	527	1.27	0.23
葡萄牙	1872	725	5952383	7993659	4395429	400	1.35	0.34
葡萄牙	1873	718	6638468	7757768	4421357	394	1.50	0.17
葡萄牙	1874	643	7614894	8914233	4447286	318	1.71	0.17
葡萄牙	1875	583	7798686	9577304	4473214	263	1.74	0.23
葡萄牙	1876	564	8533920	10450742	4499143	248	1.90	0.22
葡萄牙	1877	584	8684892	12117115	4525071	269	1.92	0.40
葡萄牙	1878	596	8562207	11416616	4551000	281	1.88	0.33
葡萄牙	1879	580	9223328	11546581	4593417	272	2.01	0.25
葡萄牙	1880	575	7770537	10456571	4635833	271	1.68	0.35
葡萄牙	1881	565	8570384	11288909	4678250	265	1.83	0.32
葡萄牙	1882	564	9691224	12151800	4720667	266	2.05	0.25
葡萄牙	1883	563	9220421	11272492	4763083	266	1.94	0.22
葡萄牙	1884	603	9712772	11497158	4805500	306	2.02	0.18
葡萄牙	1885	660	10275004	13104594	4847917	358	2.12	0.28
葡萄牙	1886	601	10321495	13465123	4890333	304	2.11	0.30
葡萄牙	1887	534	11152709	13505941	4932750	239	2.26	0.21
葡萄牙	1888	481	12252977	14519956	4975167	184	2.46	0.19
葡萄牙	1889	451	12558948	16527110	5017583	162	2.50	0.32
葡萄牙	1890	488	12738524	17393192	5060000	203	2.52	0.37
葡萄牙	1891	706	14255355	18335967	5096300	419	2.80	0.29
葡萄牙	1892	1179	16309789	22911763	5132600	895	3.18	0.40
葡萄牙	1893	1370	17015264	19283322	5168900	1090	3.29	0.13
葡萄牙	1894	1271	19068105	18869650	5205200	999	3.66	−0.01
葡萄牙	1895	1020	18649364	19170198	5241500	761	3.56	0.03
葡萄牙	1896	377	22036752	21087189	5277800	129	4.18	−0.04

续表

国家	年份	收益率	财政收入	财政支出	人口	息差相对英国统一公债	财政收入/人口	赤字/财政收入
葡萄牙	1897	446	23137607	26742945	5314100	201	4.35	0.16
葡萄牙	1898	488	25132070	29035878	5350400	240	4.70	0.16
葡萄牙	1899	396	23141465	24823236	5386700	139	4.30	0.07
葡萄牙	1900	414	23577343	27073743	5423000	138	4.35	0.15
葡萄牙	1901	390	24545774	24097223	5471636	99	4.49	−0.02
葡萄牙	1902	336	21223035	22472539	5520273	45	3.84	0.06
葡萄牙	1903		21306374	22377819	5568909		3.83	0.05
葡萄牙	1904	498	21531996	22281484	5617545	209	3.83	0.03
葡萄牙	1905	433	20010270	19835762	5666182	155	3.53	−0.01
葡萄牙	1906	424	19554923	19700938	5714818	141	3.42	0.01
葡萄牙	1907	443	19399624	19731366	5763455	146	3.37	0.02
葡萄牙	1908	479	25630515	27029361	5812091	189	4.41	0.05
葡萄牙	1909	480	25446066	26335972	5860727	182	4.34	0.03
葡萄牙	1910	448	24923372	25186967	5909364	140	4.22	0.01
葡萄牙	1911	449	23545353	22704253	5958000	134	3.95	−0.04
葡萄牙	1912	457	22494361	23588240	5972333	129	3.77	0.05
葡萄牙	1913	471	30960407	29520941	5986667	132	5.17	−0.05
瑞典	1740		2762236	2223853				−0.19
瑞典	1741		3518053	3522058				0.00
瑞典	1742		3206324	3125126				−0.03
瑞典	1743		2816845	2851986				0.01
瑞典	1744		3060722	2595464				−0.15
瑞典	1745		2498944	2145173				−0.14
瑞典	1746		3040586	2674571				−0.12
瑞典	1747		2733309	3216751				0.18
瑞典	1748		3117034	2754706				−0.12
瑞典	1749		3370764	2686654				−0.20
瑞典	1750		4751489	3613233	1781000		2.67	−0.24
瑞典	1751		3459140	4028444	1795300		1.93	0.16
瑞典	1752		3788248	4302157	1809600		2.09	0.14
瑞典	1753		4157156	3871686	1823900		2.28	−0.07
瑞典	1754		4201455	3894985	1838200		2.29	−0.07
瑞典	1755		3738046	3752182	1852500		2.02	0.00
瑞典	1756		3819330	3664391	1866800		2.05	−0.04
瑞典	1757		3506768	4094929	1881100		1.86	0.17

续表

国家	年份	收益率	财政收入	财政支出	人口	息差相对英国统一公债	财政收入/人口	赤字/财政收入
瑞典	1758		3422517	4854030	1895400		1.81	0.42
瑞典	1759		3267354	3747680	1909700		1.71	0.15
瑞典	1760		3079434	3941902	1924000		1.60	0.28
瑞典	1761		3003844	3677949	1935900		1.55	0.22
瑞典	1762		1820077	2229394	1947800		0.93	0.22
瑞典	1763		2195312	3879294	1959700		1.12	0.77
瑞典	1764		2284744	2569173	1971600		1.16	0.12
瑞典	1765		2062139	2400309	1983500		1.04	0.16
瑞典	1766		3520117	2550528	1995400		1.76	−0.28
瑞典	1767		3967079	3653669	2007300		1.98	−0.08
瑞典	1768		4896196	4342762	2019200		2.42	−0.11
瑞典	1769		4423939	3759972	2031100		2.18	−0.15
瑞典	1770		2615568	2797478	2043000		1.28	0.07
瑞典	1771		3499388	3312634	2050500		1.71	−0.05
瑞典	1772		3767904	3484334	2058000		1.83	−0.08
瑞典	1773		2836819	3470312	2065500		1.37	0.22
瑞典	1774		3724864	3637038	2073000		1.80	−0.02
瑞典	1775		3796687	3420252	2080500		1.82	−0.10
瑞典	1776		3696129	4339301	2088000		1.77	0.17
瑞典	1777		3792571	4190469	2095500		1.81	0.10
瑞典	1778		5913092	4075350	2103000		2.81	−0.31
瑞典	1779		3978069	4281294	2110500		1.88	0.08
瑞典	1780		3724193	4238234	2118000		1.76	0.14
瑞典	1781		3811710	4077322	2124400		1.79	0.07
瑞典	1782		4182090	4347028	2130800		1.96	0.04
瑞典	1783		5129399	4613961	2137200		2.40	−0.10
瑞典	1784		4071557	4191309	2143600		1.90	0.03
瑞典	1785		4048430	4515802	2150000		1.88	0.12
瑞典	1786		3931782	4575647	2157600		1.82	0.16
瑞典	1787		4388845	4895474	2165200		2.03	0.12
瑞典	1788		4416470	4924259	2172800		2.03	0.11
瑞典	1789		4969278	16771670	2180400		2.28	2.38
瑞典	1790		12408291	13225762	2188000		5.67	0.07
瑞典	1791		9955223	10539227	2206600		4.51	0.06
瑞典	1792		7791998	15833940	2225200		3.50	1.03

续表

国家	年份	收益率	财政收入	财政支出	人口	息差相对英国统一公债	财政收入/人口	赤字/财政收入
瑞典	1793		5601810	6213677	2243800		2.50	0.11
瑞典	1794		5470034	6836142	2262400		2.42	0.25
瑞典	1795		7325816	7507339	2281000		3.21	0.02
瑞典	1796		7509368	9411862	2294200		3.27	0.25
瑞典	1797		5697480	6010619	2307400		2.47	0.05
瑞典	1798		6265049	6393383	2320600		2.70	0.02
瑞典	1799		7202240	8008156	2333800		3.09	0.11
瑞典	1800		7303488	8459029	2347000		3.11	0.16
瑞典	1801		6855618	7609176	2363000		2.90	0.11
瑞典	1802		10479476	8706992	2379000		4.40	−0.17
瑞典	1803		24121248	9795517	2395000		10.07	−0.59
瑞典	1804		10103138	10635202	2411000		4.19	0.05
瑞典	1805		11162362	10917388	2427000		4.60	−0.02
瑞典	1806		10243678	9799079	2420800		4.23	−0.04
瑞典	1807		9550781	9762355	2414600		3.96	0.02
瑞典	1808		16305087	24507227	2408400		6.77	0.50
瑞典	1809		7161454	18083591	2402200		2.98	1.53
瑞典	1810		7497813	10974779	2396000		3.13	0.46
瑞典	1811		6132363	6581754	2409800		2.54	0.07
瑞典	1812		11319787	6687007	2423600		4.67	−0.41
瑞典	1813		17756232	18270734	2437400		7.28	0.03
瑞典	1814		17632153	18300931	2451200		7.19	0.04
瑞典	1815		9810290	6771042	2465000		3.98	−0.31
瑞典	1816		6851063	6662404	2489000		2.75	−0.03
瑞典	1817		8084722	7584795	2513000		3.22	−0.06
瑞典	1818		8753754	8239587	2537000		3.45	−0.06
瑞典	1819		7712969	7597971	2561000		3.01	−0.01
瑞典	1820		6552622	6248789	2585000		2.53	−0.05
瑞典	1821		6800623	7373561	2622200		2.59	0.08
瑞典	1822		7138108	7168425	2659400		2.68	0.00
瑞典	1823		6918370	6487876	2696600		2.57	−0.06
瑞典	1824		6825025	7095141	2733800		2.50	0.04
瑞典	1825		7270957	7046723	2771000		2.62	−0.03
瑞典	1826		7997332	7527346	2794400		2.86	−0.06
瑞典	1827		7170121	7377742	2817800		2.54	0.03

续表

国家	年份	收益率	财政收入	财政支出	人口	息差相对英国统一公债	财政收入/人口	赤字/财政收入
瑞典	1828		7330416	7286348	2841200		2.58	−0.01
瑞典	1829		8875538	5335918	2864600		3.10	−0.40
瑞典	1830		8319721	8901124	2888000		2.88	0.07
瑞典	1831		8239298	8374684	2915400		2.83	0.02
瑞典	1832		7570683	7556901	2942800		2.57	0.00
瑞典	1833		7547093	7427887	2970200		2.54	−0.02
瑞典	1834		8088789	8260364	2997600		2.70	0.02
瑞典	1835		8769035	8650922	3025000		2.90	−0.01
瑞典	1836		9486402	9606750	3047800		3.11	0.01
瑞典	1837		9860986	10461479	3070600		3.21	0.06
瑞典	1838		9947941	9810895	3093400		3.22	−0.01
瑞典	1839		9861171	9871000	3116200		3.16	0.00
瑞典	1840		9674364	9695392	3139000		3.08	0.00
瑞典	1841		9786217	9677698	3174600		3.08	−0.01
瑞典	1842		9433355	9645554	3210200		2.94	0.02
瑞典	1843		9093597	9003771	3245800		2.80	−0.01
瑞典	1844		8462414	8446235	3281400		2.58	0.00
瑞典	1845		9528463	9458612	3317000		2.87	−0.01
瑞典	1846		10466239	10225306	3347800		3.13	−0.02
瑞典	1847		10322639	10169435	3378600		3.06	−0.01
瑞典	1848		10348299	10105034	3409400		3.04	−0.02
瑞典	1849		10757611	10580063	3440200		3.13	−0.02
瑞典	1850		11022209	11014021	3471000		3.18	0.00
瑞典	1851		11473264	11616675	3505000		3.27	0.01
瑞典	1852		11100804	11768003	3539000		3.14	0.06
瑞典	1853		11778365	11376882	3573000		3.30	−0.03
瑞典	1854		12760054	13261118	3607000		3.54	0.04
瑞典	1855		14071110	14344912	3641000		3.86	0.02
瑞典	1856		15856787	16118063	3684800		4.30	0.02
瑞典	1857		15108175	17283255	3728600		4.05	0.14
瑞典	1858		13630962	21150568	3772400		3.61	0.55
瑞典	1859		13903847	20751719	3816200		3.64	0.49
瑞典	1860		14901737	21629324	3860000		3.86	0.45
瑞典	1861		16165406	19907290	3890900		4.15	0.23
瑞典	1862		14467362	18551878	3921800		3.69	0.28

续表

国家	年份	收益率	财政收入	财政支出	人口	息差相对英国统一公债	财政收入/人口	赤字/财政收入
瑞典	1863		12288877	16137758	3952700		3.11	0.31
瑞典	1864		10102640	14619736	3983600		2.54	0.45
瑞典	1865		18784828	25958272	4014500		4.68	0.38
瑞典	1866		17378882	27876835	4045400		4.30	0.60
瑞典	1867		17112722	21336150	4076300		4.20	0.25
瑞典	1868	551	16415662	22250142	4107200	232	4.00	0.36
瑞典	1869	513	16673413	22253089	4138100	190	4.03	0.33
瑞典	1870	499	21781191	23436870	4169000	175	5.22	0.08
瑞典	1871	486	25184607	23858299	4208700	163	5.98	−0.05
瑞典	1872	479	26164846	26864316	4248400	155	6.16	0.03
瑞典	1873	479	29688893	29359618	4288100	155	6.92	−0.01
瑞典	1874	475	32935578	38975172	4327800	150	7.61	0.18
瑞典	1875	474	32431091	39471464	4367500	154	7.43	0.22
瑞典	1876	466	34595589	40923444	4407200	150	7.85	0.18
瑞典	1877	470	33947939	40926720	4446900	155	7.63	0.21
瑞典	1878	469	32792842	43548835	4486600	154	7.31	0.33
瑞典	1879	421	29445867	39070956	4526300	114	6.51	0.33
瑞典	1880	395	33457434	35974686	4566000	90	7.33	0.08
瑞典	1881	396	35618987	36568365	4587900	96	7.76	0.03
瑞典	1882	395	35443621	33463974	4609800	97	7.69	−0.06
瑞典	1883	397	36039032	35125174	4631700	101	7.78	−0.03
瑞典	1884	395	36368789	35044060	4653600	98	7.82	−0.04
瑞典	1885	390	36334162	36778118	4675500	87	7.77	0.01
瑞典	1886	381	34908798	40031144	4697400	84	7.43	0.15
瑞典	1887	382	32966939	40573631	4719300	88	6.99	0.23
瑞典	1888	380	38183850	38467862	4741200	83	8.05	0.01
瑞典	1889	380	40109392	39013897	4763100	92	8.42	−0.03
瑞典	1890	383	41885758	39933308	4785000	99	8.75	−0.05
瑞典	1891	388	40288037	43998120	4820200	101	8.36	0.09
瑞典	1892	383	39497995	43749109	4855400	98	8.13	0.11
瑞典	1893	378	41090665	44149179	4890600	99	8.40	0.07
瑞典	1894	371	47116197	44205671	4925800	99	9.57	−0.06
瑞典	1895	301	49360999	42776069	4961000	42	9.95	−0.13
瑞典	1896	295	50275591	54364634	4996200	47	10.06	0.08
瑞典	1897	294	56277614	48126215	5031400	50	11.19	−0.14

续表

国家	年份	收益率	财政收入	财政支出	人口	息差相对英国统一公债	财政收入/人口	赤字/财政收入
瑞典	1898	303	58759693	51378415	5066600	55	11.60	−0.13
瑞典	1899	318	62798568	57846673	5101800	61	12.31	−0.08
瑞典	1900	333	61785744	64661927	5137000	57	12.03	0.05
瑞典	1901	333	58142012	69940749	5175500	42	11.23	0.20
瑞典	1902	321	60637447	74497389	5214000	30	11.63	0.23
瑞典	1903	317	75263502	74544849	5252500	32	14.33	−0.01
瑞典	1904	327	76737932	82073138	5291000	38	14.50	0.07
瑞典	1905	340	80590375	83904265	5329500	62	15.12	0.04
瑞典	1906	343	78599340	85933611	5368000	60	14.64	0.09
瑞典	1907	352	86354641	94495827	5406500	55	15.97	0.09
瑞典	1908	360	81509997	108510667	5445000	70	14.97	0.33
瑞典	1909	350	86668670	111276701	5483500	52	15.81	0.28
瑞典	1910	359	98446586	108785888	5522000	50	17.83	0.11
瑞典	1911	365	97451268	108866834	5560200	51	17.53	0.12
瑞典	1912	382	100146499	102157473	5598400	54	17.89	0.02
瑞典	1913	406	106451398	104435273	5636600	67	18.89	−0.02

注：从左到右，这些列分别为国家，年份，以基准点（收益率）为单位的长期政府债券收益率，以金克为单位的政府总收入和支出（财政收入、财政支出），人口，以基准点为单位的相对于英国统一公债的收益率利差（息差相对英国统一公债），以金克为单位的人均财政收入（财政收入/人口）和预算赤字/财政收入比（赤字/财政收入）。

资料来源：见附录 2。

附录 2　财政数据来源

财政收入、人口以及财政支出的时间序列往往是由多个短期数据构成的。在下文，财政收入的子序列分别被简写为 R1，R2…以此类推；人口的子序列则被简写为 P2，P2…以此类推；最后，财政支出的子序列被简写为 E1，E2…以此类推。英国历史统计（Mitchell，1988）被简称为 BHS，全球金融数据库被简称为 GFD，而国际历史统计（Mitchell，2003）被简称为 IHS。更多细节内容参见第 4 章和第 5 章。

2.1 小组 1

奥地利

奥地利 10 年期政府债券的数据来自 GFD。1874—1879 年,采用的是 5%利率的银债券,并且以月度数据计算其年度均值;1880—1913 年,采用的是 4%利率的金债券,并且以周度数据计算其年度均值。另外,收益率来自当时在伦敦交易的债券。

R1 是奥地利中央政府 1781—1913 年的财政收入,该数据来自 IHS。这个序列包含奥地利—匈牙利(内莱塔尼亚和外莱塔尼亚)1847 年以及 1850—1867 年的数据,还有内莱塔尼亚 1848—1849 年以及 1868—1913 年的数据。在 1858 年之前的数据都包含伦巴第,而 1865 年的数据都包含威尼斯。1864 年之前的总收入为财政收入,而 1865 年到 1875 年的为日常收入,其中包括 1876 年到 1913 年的一些临时性收入。由于 1875—1890 年,IHS 的数据既包含现金也包含借款,所以在这个时间段本书使用的是 Michael Pammer 的更新数据(其中既不包括现金也不包括借款)。① R2 是 1868—1913 年外莱塔尼亚的中央政府收入,数据来自 IHS。最终的中央政府财政数据构成包括 R1(1781—1867 年)和 R2(1868—1913 年)。

P1 为奥地利 1818 年、1821 年、1824 年、1827 年、1830 年、1834 年、1837 年、1840 年、1843 年、1846 年、1851 年、1857 年、1869 年、1880 年、1890 年、1900 年和 1910 年的人口数据,该数据来自 IHS,仅为内莱塔尼亚城市人口的数据。P2 为伦巴第 1832—1840 年、1842—1844 年以及 1846—1854 年的人口数据,数据来自 Michael Pammer。P3 为威尼斯 1832—1840 年、1842—1844 年以及 1846—1854 年的人口数据,该数据来自 Michael Pammer。对 P2 和 P3 在 1841 年、1845 年以及 1849—1850 年的缺失数据,本书采用内插法进行填充。由于数据的缺乏,本书采用 1832 年的数据代替 1818—1831 年的数据,采用 1854 年的数据替代伦巴第 1855—1858 年的数据和威尼斯 1855—1865 年的数据。P4 是匈牙利 1787 年、1793 年、1804 年、1817 年、1843 年、1846 年、1850 年、1857 年、1869 年、1880 年、1890 年、1900 年和 1910 年的人口数据,数据来自 IHS,为外莱塔尼亚的数据。组合的人口数据为:1818—1847 年以及 1850—1858 年的数据由 P1、P2、P3、P4 组成;1848—1849 年由 P1、P2、P3 构成;1859—1865 年由 P1、P3、P4 构成;而 1866 年到 1910 年由 P1 和 P4 构成。所有缺失的中间年份都按照内插法进行填充。

在奥地利王位继承战之后,基尔德成为奥地利的一般货币单位。1753 年《奥地利普通民法典》规定,1 基尔德等于 60 十字币。奥地利在 1857 年后采用十进制,随后 1 基尔德等

---

① 感谢 Michael Pammer 对整合奥地利的预算数据所提供的帮助。

于 100 十字币。在计算财政收入时,1 基尔德被转化为 60 十字币。由于 1858 年之前的基尔德的价值是 1858 年之后的 1.05 倍,所以之前的基尔德数据被乘以 1.05。接下来,将以十字币为单位的财政收入(1781—1878 年)转化为银克,本书采用 Giovanni Federico 和 Michael Pammer 的年度汇率,而最初的数据来源为 Pribram(1938:76—82)。之后,再将以银克为单位的财政收入转化为金克单位,即除以金银价值比率,该比值也来自 Pribram(1938:76—82)。由于 Pribram 的数据不包含 1795 年到 1809 年的,这一期间本书采用的是 Officer(2010)中的金银价值比率。这两种数据在 18 世纪到 19 世纪 70 年代几乎是完全一致的。1878 年之前采用的是十字币和银克的转换,但从 1878 年之后采用的是克朗对英镑的转换。这个汇率的序列数据也来自 Giovanni Federico 和 Michael Pammer 的年度汇率。从 1879 年到 1913 年,将基尔德为单位的财政收入乘以 2 转化为以克朗为单位的财政收入,再乘以克朗对英镑的年度汇率转换为以英镑为单位的财政收入,随后,再除以 Officer(2000)提供的伦敦市场金价,从而将其转换为以金衡制为单位的财政收入。最后,以金衡制为单位的财政收入乘以 31.10 就可得到以金克为单位的财政收入。

E1 是中央政府在 1781—1913 的支出数据,该数据来自 IHS。这个序列包含奥地利—匈牙利(内莱塔尼亚和外莱塔尼亚)1867 年以后的数据,还有内莱塔尼亚 1868 年以后的数据。但数据不包括 1864 年以前的征税支出。1874 年以前的支出数据为财政部的现金支出。1875—1913 的数据包含了财政部的必要支出和现金账户余额的变化。E2 是中央政府 1868—1913 年在外莱塔尼亚地区的支出,该数据来自 IHS。中央政府支出的时间序列数据由以下两个部分组成:1781—1867 年为 E1,1868—1913 年为 E1+E2。以与财政收入类似的转换方式,将中央政府支出的数据单位转化为金克。

英格兰

英国关于永续政府债券的数据来自 GFD。1750—1753 年,年金收益率为 3%。1754—1913 年,英国的统一公债投入使用,在 1888 年之前的收益率为 3%,1889—1906 年的收益率为 2.5%,1907—1913 年的收益率为 2.5%。1750—1879 年,使用月度数据计算年平均收益率,而 1880—1913 年则使用每周数据来计算年平均收益率。收益率来自当时在伦敦交易的债券。

R1 是 O'Brien(2010)提供的 1650—1824 年英国王室的总收入。R2 是大不列颠 1692—1801 年公共收入的净收入,该数据来自 BHS。R3 是 1750—1801 年大不列颠的中央政府收入以及 1802—1913 年的联合王国的中央政府收入,该数据来自 IHS。中央政府收入时间序列数据由三个部分组成:1650—1691 年为 R1;1692—1749 年为 R2;1750—1913 年为 R3。其中,1654 年和 1660 年的数据是由内插法计算得出的。

P1 是英格兰的人口数据,该数据来自 BHS。这些数据不包括威尔士(参见 Wrigley 和

Schofield,1981:10)。P2是威尔士1701年、1751年、1781年、1801年和1831年的人口,数据来自Deane和Cole(1967)。P3是苏格兰的人口数据。1650年的数据来自De Vries(1984),1701年的数据来自Brown(1991:33),1755年的数据来自BHS。威尔士和苏格兰的所有中间年份的数据由内插法得到。P4是不列颠群岛的年中国内人口估计值,该数据来自BHS。英格兰人口时间序列数据由三个部分组成:1650—1691年为P1;1692—1801年为P1+P2+P3;1802—1913年为P4。

1536年英格兰通过《联合法案》同威尔士合并,苏格兰于1707年加入,爱尔兰于1800年加入(参见第2章)。1650—1691年,使用的是英国皇室的收入数据。由于缺乏数据,尽管英国王室从这些地区获得收入,但威尔士和苏格兰均未包括在内。在将收入数据转换为人均数据时,本书仅将其除以英格兰的人口数量。① 收入数据分别是1692—1801年的大不列颠(英格兰、苏格兰和威尔士)和1802—1913年的联合王国(大不列颠和爱尔兰)的数据。相应地,1692—1801年,收入数据的分母为英格兰、苏格兰和威尔士的人口数量;1802—1913年,收入数据的分母为英格兰、苏格兰、威尔士和爱尔兰的人口数量。

英国1650—1717年官方黄金价格(每磅金衡盎司)和伦敦市场1718—1913年黄金价格(每磅金衡盎司)的数据来自Officer(2010)。除了法国大革命时期和拿破仑时期(1789—1815年)外,这两个时间序列数据集几乎完全相同。英国以金衡盎司为单位的收入数据乘以31.10即可转换为金克收入。

E1是1660—1687年英国国库的计划和任务,数据来自Chandaman(1975)。为了计算总支出,将计划(以半年间隔列出,A和B)和任务(也以半年间隔列出,A和B)相加。E2是总净支出,包括1692—1801年大不列颠的债务费,数据来自BHS。E3是中央政府于1750—1801年在大不列颠时期的中央政府支出以及1802—1913年在联合王国时期的中央政府支出。中央政府支出的时间序列数据由三个部分构成:1650—1687年为E1;1692—1749年为E2;1750—1913年为E3。同时经过与收入相同的折算过程支出的计量单位也转化为金克。

法国

由于在19世纪之前法国还没有类似英国统一公债的单一债务工具,因此很难确定政府贷款支付的"利率"。债券可以是永久的或有限的、可赎回的或不可赎回的,甚至在收入薄弱时是可以废止的。Velde和Weir(1992)收集了18世纪的收益率数据,他们选择了十

---

① 这种选择使数据偏离了以下假设:1688年成立有限政府会带来更多收入。由于1692年以前的分母(即人口)比实际小,因此1692年之前的人均收入变得比实际高。议会改革后的任何收入增长都将因此而减少。另请参阅第3章。

月贷款，认为它是最能反映1750—1793年法国长期政府债券收益率的资产。在1770年之前，十月贷款是法国东印度公司的私人债务。从1770年开始，它变成了法国政府的永久债务。1793—1796年间，巴黎证券交易所时关时开。尽管法国在1798年发行了永久性5%的统一公债，但1794—1800年的数据并不可得。该债券一直交易到1825年，当时法国政府回购并另外发行了永久性3%的债券，该债券成了法国1949年前主要的政府债券。①法国在19世纪和20世纪的数据由几个部分组成：1801—1872年的数据来自Jean-Laurent Rosenthal，1873—1913年的数据来自GFD。1750—1879年间，月度数据被用于计算年平均值。1880—1913年间，每周数据被用于计算年平均值。收益率来自当时在巴黎交易的债券。

R1是1650—1695年法国皇室的经常收入，数据来自Bonney(2010b)。R2是1660—1775年法国皇室的总收入，该收入为各种收入转换为里弗尔(法国中世纪时期的货币之一。——译者注)的总和，数据来自Bonney(2010c)。R3是1727—1814年法国的经常性收入，数据来自Bonney(2010d)。R4是1650—1870年法国的收入，数据来自François Velde。R5是1815—1913年中央政府的经常性收入，数据来自IHS。R6是1815—1890年中央政府的非经常性收入，数据来自法国国家经济与统计局(1966)。中央政府收入时间序列数据由六个部分组成：1650—1656年、1662年为R1；1661—1703年、1705—1715年、1727—1750年、1757—1758年、1761年、1763年、1773—1774年为R2；1751—1754年、1764—1765年、1768年、1780—1781年、1788—1796年、1806—1813年为R3；1716—1726年、1759—1760年、1766—1767年、1769年、1772年、1775—1779年、1782—1787年、1791—1805年、1814年为R4；1815—1890年为R5＋R6；以及1891—1913年为R5。1657—1660年、1755—1756年、1762年以及1770—1771年的数据由内插法计算得出。②

P1是来自Dupaquier(1988，第2卷)的法国人口数据。P2是来自Mathias和O'Brien(1976)的法国人口数据。P3是来自Blayo和Henry(1975)的法国人口数据。P4是来自IHS的法国人口普查数据。人口时间序列数据由以下几个部分组成：1650年、1670年、1680年、1690年、1710年为P1；1715年、1725年、1730年、1735年为P2；1740年、1745年、1750年、1755年、1760年、1765年、1770年、1775—1776年、1780—1781年、1785—1786

① 新的按季度支付3%利息的债券取代了1862年以前的债券。

② 1789年法国大革命爆发后，发生了大规模的通货膨胀，因此导致1794—1796年人均财政收入的计算结果非常高。因此，本书使用1793年和1797年的数据对这些年份的收入数据进行了插值。这种选择使数据与财政集权化(发生于1790年)改善了公共财政这一假设背道而驰，因为在进行插值后，18世纪90年代的收入估计值降低了很多。因此，税制改革后的任何收入增加都将比原本的情况少。另请参阅第2章和第5章。

年、1790—1791 年、1795—1796 年、1800—1801 年、1805—1806 年、1810—1811 年、1815—1816 年、1820—1821 年、1825—1826 年、1830—1831 年、1835—1836 年、1840—1841 年、1845—1846 年、1850—1851 年、1855—1856 年、1860—1861 年为 P3；1866 年、1872 年、1876 年、1881 年、1886 年、1891 年、1896 年、1901 年、1906 年、1911 年和 1921 年为 P4。所有中间年份的数据均由内插法得到。

1650—1913 年，巴黎市场的金价（每克法郎）的数据来自 Jean-Laurent Rosenthal。

E1 是 1600—1695 年法国皇室的支出，数据来自 Bonney(2010e)。E2 是 1670—1715 年法国皇室的支出，数据来自 Bonney(2010f)。E3 是 1727—1814 年法国的经常性支出，数据来自 Bonney(2010d)。E4 是 1773—1785 年法国皇室在各个日期的支出，数据来自 Bonney(2010g)。E5 是 1801—1844 年法国的总支出，数据来自 Bonney(2010h)。E6 是 1815—1913 年中央政府的经常性和非经常性支出，数据来自 IHS。中央政府支出时间序列数据由以下几个部分组成：1650—1656 年、1662—1683 年为 E1；1684—1715 年为 E2；1727—1752 年、1764—1765 年、1767—1768 年、1780—1781 年、1788—1796 年为 E3；1785 年为 E4；1801—1814 为 E5；1815—1913 年为 E6。同时，经过与收入相同的折算，将支出的计量单位也转化为金克。①

荷兰

荷兰共和国（1572—1795 年）的公共债券是由不同层级政府发行的，包括联邦政府、省政府和市政府。Joost Jonker，Oscar Gelderblom 和 Heleen Kole 收集了本书所使用的 1780—1810 年荷兰的数据。② 在 1780 年之前，没有足够的数据以构建完整的时间序列。1780—1795 年间，数据来源是荷兰报纸 *Maandelijksche Hollandsche Mercurius*，该报报道了阿姆斯特丹证券拍卖所产生的政府债券的收益率。Jonker 等人选择荷兰和西弗里斯兰的 2.5%收益率的永续债券作为替代，认为该债券（如 18 世纪法国的十月贷款）最能体现长期收益水平。1796—1813 年间，数据来源是荷兰报纸 *Prijscourant der Effecten*。本书选择 2.5%收益率的国债作为代表。1812 年的数据是残缺的。1814 年，所有利率为 1.25%～7%的国债被转换为利率 2.5%的单一债。1814—1913 年的数据来自 GFD。1780—1796 年间，月度数据被用于计算年均值。1797—1812 年间，双周数据被用于计算年均值；1814—1881 年间，月度数据被用于计算年均值；1882 年，双周数据被用于计算年

---

① 法国在 18 世纪 90 年代发生了大规模的通货膨胀，因此产生了惊人的数据：1792 年的人均估计数为 49.24 金克；1793 年为 95.94 金克；1794 年为 170.87 金克；1795 年为 204.09 金克；1796 年为 0.07 金克。相比之下，1791 年为 7.62 金克，1801 年为 6.16 金克（第二个可得的数据）。因此，排除了 1792—1796 年的支出数据。另请参见前文脚注。

② 感谢 Joost Jonker 为荷兰的收益率数据提供的帮助。

均值;1883—1913 年,每周数据被用于计算年均值。1813 年后的债券收益率来自当时在阿姆斯特丹交易的债券。

R1 是荷兰共和国 1720—1795 年的总税收收入,数据来自 Fritschy 等(2007)。① 本书使用此数据计算了德伦特、弗里斯兰、格罗宁根、荷兰、上艾瑟尔和乌得勒支的省级税收流水。总值包括直接税和间接税收入,但不包括土地销售和贷款收入。上艾瑟尔省的总值也用于计算布拉班特省和海尔德兰省的总值。因为上艾瑟尔省和海尔德兰省的官方税收配额分别为 3.60%和 5.61%(参见 t'Hart,1997),所以,可以计算得出海尔德兰省的总值是上艾瑟尔省总值的 1.56 倍(即 5.61 除以 3.60)。这些值也用于计算布拉班特省的总值。泽兰省及其海军部的数据来自 Veenstra(2006,2010)。② 他的数据包括海关(convooien en licenten)、吨位(lastgeld)和船舶(veilgeld)税。其他四个海军部(阿姆斯特丹、弗里斯兰、诺德瓦特和鹿特丹)的海关税收数据来自 Hovy(1966)。海军部的数据还包括荷兰东印度公司每年支付的 36.4 万荷兰盾。整个共和国的税收总额是这些不同类别税收的总和。R2 是 1803—1810 年和 1814 年巴达维亚共和国及其后继者的税收收入,R3 是 1814 年、1821 年、1826 年、1831 年、1836 年和 1840 年威廉一世获得的收入,数据来自 van Zanden 和 van Riel(2004)。由于 1815—1830 年的总数包括比利时的,因此根据 van Zanden 和 van Riel(2004:99)的做法减去比利时的年均净转移额。例如,1814—1820 年从比利时转移到荷兰的净转移额为 1 180 万荷兰盾,或每年 1 966 666 荷兰盾。因此,在这 6 年间,每年都要从荷兰的总收入中扣除后者。本书对 1821—1825 年和 1826—1830 年的数据进行了同样的校正。③ 结果与用 Fritschy 和 van der Voort(1997)的数据内插法得出的几乎一致。R4 是 1845—1913 年的中央政府收入,数据来自 IHS。中央政府收入的时间序列由以下几个部分构成:1720—1795 年为 R1;1803—1810 年为 R2;1814—1840 年为 R3;1845—1913 年为 R4。其中,1841—1844 年的数据由内插法计算得出。

P1 是荷兰的总人口数,数据来自 De Vries(1984)。图 5.5 荷兰人均收入时间序列中使用的人口数据来自 Jan Luiten van Zanden。P2 是来自 IHS 的荷兰人口数据。人口时间序列数据由以下几个部分构成:1700 年、1750 年、1800 年为 P1;1816 年、1829 年、1839 年、1849 年、1859 年、1869 年、1879 年、1889 年、1899 年、1909 年和 1920 年为 P2。所有中间年份数据均由内插法计算得出。该序列数据并不包括荷兰南部(参见前文讨论)。

1719—1913 年,荷兰市场上的金价(荷兰盾/克)来自 W. L. Korthals Altes。缺失的

---

① 感谢 Wantje Fritschy 提供的这个数据库。

② 感谢 Wietse Veenstra 对整理海军部数据提供的帮助。

③ 感谢 Jan Luiten van Zanden 在数据校正方面提供的帮助。

1749年和1759年数据由内插法计算得出。

E1是1720—1794年荷兰共和国的总支出。德伦特、弗里斯兰、格罗宁根、荷兰、上艾瑟尔和乌得勒支的总支出根据Fritschy等(2007)提供的数据计算得出。总支出包括一般性支出和省级支出。海尔德兰省的总支出根据上艾瑟尔(3.60%)和海尔德兰省(5.61%)的官方配额计算得出。与收入类似,海尔德兰省的支出总和应该是上艾瑟尔省的1.56倍(即5.61除以3.60)。泽兰省的数据来自Veenstra(2010)。Fritschy等(2007)声称,1790年,共和国的国防开支中约有80%来自7个省和德伦特;其余20%来自其他部门:海军部占11%,布拉班特占7%,而其他中央收入来源占2%。荷兰省一般性支出的数据被用于计算一般性支出的剩余部分。因为在18世纪初,荷兰省每年支付的税款约占一般性支出总额的60%,其中包括7个省和德伦特的支出,或者说约占总支出的48%。因此,按年度计算,一般性支出的剩余部分约为荷兰省承担的总支出的42%(即20除以48)。[①] 整个共和国的总支出是这些不同类别支出的总和。[②] E2是1803—1810年巴达维亚共和国及其后继者的支出,数据来自van Zanden和van Riel(2004)。E3是1814—1913年荷兰的支出估算,数据来自Jan Luiten van Zanden,他的数据中不包括比利时等南部省份。可与Fritschy和van der Voort(1997)进行参照比较。中央政府支出的时间序列数据由以下几个部分组成:1720—1795年为E1;1803—1810年为E2;1814—1913年为E3。经过与收入相同的折算,将支出的计量单位也转化为金克。

普鲁士

1815—1841年普鲁士10年期政府债券的数据来自GFD。但是,此数据在1842—1869年使用了巴伐利亚债券。因此,本书将这些年的普鲁士10年期政府债券数据更换为来自Homer和Sylla(2005)。除了1844—1852年间政府发行的是3.5%收益率的债券,其余时间均发行4%收益率的债券。1870—1913年普鲁士10年期政府债券的数据来自GFD。1870—1897年普鲁士发行了4%收益率的统一公债,1898—1913年德国发行了3%收益率的帝国贷款。1815—1841年间,使用月度数据来计算年平均值;1842—1869年间,使用每周数据来计算年平均值;1870—1880年间,使用月度数据来计算年平均值;1881—1913年间,使用每周数据来计算年平均值。债券收益率来自当时在柏林交易的债券。

R1是1688—1806年普鲁士的国家净收入,数据来自Kornor(2010)。1688—1713年的收入数据来自普鲁士军事国库。R2是1807—1913年的一般性收入总额,数据来自Mauersberg(1988)。中央政府收入时间序列数据由以下几个部分构成:1688—1806年为

① 在海上进行的第四次英荷战争(1780—1784年)期间,海军部支出的百分比较低。

② 感谢Wantje Fritschy为计算荷兰共和国的支出数据提供的帮助。

R1;1821年、1829年、1841年、1847年、1850年、1855年、1860年、1867年、1868年、1870年、1874年、1875年、1880年、1885年、1890年、1900年、1905年和1910年为R2。所有中间年份的数据均由内插法计算得到。[①]

P1是来自Peter Brecke的普鲁士的人口数据。这些数据尽可能地拟合了普鲁士在17世纪至19世纪的领土变化。P2是来自Mauersberg(1988)的普鲁士的人口数据。人口时间序列数据由两个部分组成：1688—1865年为P1;1870年、1874年、1875年、1880年、1885年、1890年、1895年、1900年、1905年、1910年和1914年为P2。所有中间年份的数据均由内插法计算得到。

直到1692年,1泰勒恒等于60克罗斯。但在莱比锡会议后,泰勒于1693年成为新泰勒,其中1新泰勒等于120克罗斯。根据《维也纳公约》,1753年将新泰勒重新定义为相当于1.33泰勒。因此本书通过将1688—1692年的数据乘以60、将1693—1871年的数据乘以120,再将1753—1913年的数据除以1.33,从而将以泰勒、新泰勒为计量单位的数据转换为以克罗斯为计量单位的数据。然后,通过乘以银和克罗斯的兑换比率,将其转换为以银克为计量单位的数据,该比率数据来自Pribram(1938:76－82)。接着,再除以白银对黄金的价格比率,也将其转换为以金克为计量单位的数据。该价格比率也同样来自Pribram(1938:76－82)。由于Pribram的数据缺少了1795—1809年的数据,因此这些年使用了Officer(2010)的白银金价比。从17世纪到19世纪70年代,这两个数据系列几乎完全相同。马克—美元的汇率数据始于1872年,数据来自GFD。1872—1913年间,以泰勒表示的收入乘以3,转换为以马克表示的收入,然后再将其转换为以美元表示的收入。汇率是根据每个月最后一天的收盘价计算的年度平均值;然后,再将美元收入除以来自Officer(2010)的纽约市场黄金价格,将其转换为金衡盎司;最后,将以金衡盎司表示的收入乘以31.10转换为金克收入。[②]

E1是1688—1806年普鲁士的国家总支出,数据来自Korner(2010)。E2是1821—1866年普鲁士的国家总支出,数据来自Tilly(1966,1967)。E3是1807—1913年普鲁士的一般性支出总额,数据来自Mauersberg(1988)。中央政府的支出时间序列数据由以下几个部分组成:1688—1806年为E1;1838年、1849年、1853年、1856年、1866年为E2;1821年、1829年、1841年、1847年、1850年、1855年、1860年、1867年、1868年、1870年、1874年、1875年、1880年、1885年、1890年、1900年、1905年、1910年为E3。经过与收入相同的折算,将支出的计量单位也转化为金克。

---

① 感谢Mark Spoerer为整理普鲁士预算数据提供的帮助。

② 从泰勒到金克的转换借鉴了Dincecco(2009a)。

西班牙

像法国旧政权一样,西班牙在19世纪之前发行了许多不同的债务工具(参见Tortella和Comín,2001)。但是,西班牙的收益率数据直到1821年才可得。数据来自GFD记录的西班牙10年期政府债券。1823—1836年间,政府债券的收益率为5%。1836—1881年间,收益率为3%。但在1881年,3%收益率的债券被转换为1%收益率的债券。紧接着,1%收益率的债券在1882年被转换为1.25%收益率的债券,然后又被转换为4%收益率的债券。1882—1913年间,西班牙一直使用4%收益率的债券。1821—1913年间,本书采用月度数据计算年度均值。债券收益率来自当时在伦敦交易的债券,但1913年除外,那年使用的是马德里的收益率。

R1是1703—1713年西班牙王室的一般性收入和非常规收入,数据来自Lynch(1989:61)。R2是1753—1788年西班牙王室的一般性收入和非常规收入,数据来自Gelabert(2010)。R3是1801—1842年西班牙王室的一般性收入和非常规收入,数据来自Ingresos Totales del Estado。R4是1845—1913年西班牙王室的一般性收入和非常规收入,数据来自Carreras和Tafunell(2006)。中央政府收入的时间序列数据由以下几个部分组成:1703年、1713年为R1;1753—1788年为R2;1801—1807年、1813—1820年、1822年、1824—1839年、1841—1842年为R3;1845年、1849—1913年为R4。所有其他年份的数据均由内插法计算得出。①

P1是De Vries(1984)提供的西班牙的人口数据。P2是Nogal和Prados de la Escosura(2006)提供的西班牙人口数据。P3是Lynch(1989)提供的西班牙人口数据。P4西班牙人口数据来自IHS。西班牙人口时间序列数据由以下几个部分组成:1700年、1850年为P1;1750年、1787年为P2;1717年、1797年为P3;1768年、1857年、1860年、1877年、1887年、1897年、1900年、1910年和1920年为P4。所有中间年份的数据均由内插法计算得出。

由于西班牙禁止在铸币厂之外的金条买卖,因此从16世纪到19世纪,西班牙没有黄金或白银的市场价格。② 1703—1842年,西班牙的收入以雷亚尔计量;1843—1913年,西班牙的收入以比塞塔计量,其中1比索等于20雷亚尔或5比塞塔。因此,将1842年之前的实际收入数据除以20转换为比索收入,然后将1843年以后的实际收入数据除以5转换为比索收入。接着,使用来自GFD的比索对英镑的汇率数据,将比索收入转换为英镑收入。该汇率数据是根据每个月最后一天的收盘价计算的年度平均值。接着,将英镑收入换算为金衡盎司收入,方法是除以伦敦金融管理局(2010)提供的伦敦金价(每英镑金衡盎

① 感谢Carlos Álvarez Nogal为整理有关西班牙收入数据提供的帮助。

② 感谢Maria Del Pilar Nogués Marco提供此条信息。

司)。最后,将金衡盎司收入乘以31.10得到金克收入。

E1是1801—1842年的西班牙总支出数据,E2是1845—1913年西班牙的支出,数据来自Carreras和Tafunell(2006)。西班牙中央政府的支出时间序列数据由以下几个部分组成:1801—1803年、1805—1807年、1813—1817年、1819—1822年、1827—1828年、1830—1831年、1833—1839年、1841—1842年为E1。1845年、1849—1913年为E2。经过与收入相同的折算,将支出的计量单位也转化为金克。

2.2 小组2

比利时

比利时10年期政府债券的数据来自GFD。1832—1844年,债券的收益率为5%;1845—1858年,债券的收益率为4.5%;1859—1913年,债券的收益率为3%。1832—1884年间,使用月度数据来计算年平均值;1885—1898年间,使用双周数据来计算年平均值;1889—1913年间,使用月度数据来计算年平均值。债券收益率来自当时在布鲁塞尔交易的债券。

R1是1831—1912年的中央政府收入,数据来自IHS。其中,1913年的数据缺失。中央政府收入的时间序列数据为:1831—1912年为R1。

P1是比利时的人口数据,来自IHS。人口的时间序列数据为:1816年、1831年、1846年、1856年、1866年、1880年、1890年、1910年和1920年为P1。所有中间年份的数据均由内插法计算得出。

比利时在法国大革命和拿破仑时期(1789—1815年)采用了法国的货币体系,其中,1比利时法郎等于1法国法郎。因此,本书使用了Jean-Laurent Rosenthal提供的巴黎黄金市场价格(每克法郎)。

E1是1831—1912年的中央政府支出,数据来自IHS。其中,1913年的数据缺失。中央政府支出时间序列数据为:1831—1912年为E1。经过与收入相同的折算,将支出的计量单位也转化为金克。

丹麦

丹麦10年期政府债券的数据来自GFD。1821—1825年和1852—1858年间,债券的收益率为5%;1825—1852年间,债券的收益率为3%;1864—1894年间,发行了4%收益率的统一公债。在1895年将4%收益率的统一公债转换为3.5%收益率的统一公债,这一债券一直被使用到1913年。1859—1863年没有可用的数据。1821—1913年间,使用月度数据来计算年平均值。债券收益率来自当时在伦敦交易的债券。

R1 是 1853—1913 年的中央政府收入，数据来自 IHS。1853—1864 年间，这些数据包含了石勒苏益格、霍尔斯坦和劳恩堡的公爵领地。中央政府收入的时间序列数据为：1853—1913 年为 R1。

P1 是丹麦的人口数据，来自 IHS。1853—1864 年间，这些数据包含了石勒苏益格、霍尔斯坦和劳恩堡的公爵领地。人口的时间序列数据为：1769 年、1787 年、1801 年、1834 年、1840 年、1845 年、1850 年、1855 年、1860 年、1870 年、1880 年、1890 年、1901 年、1906 年、1911 年和 1916 年为 P1。所有中间年份的数据均由内插法计算得出。

以克朗表示的收入乘以 GFD 提供的汇率后，折算成以美元表示的收入。汇率的数据始于 1864 年。汇率是以每个月最后一天的收盘价计算的年平均值。然后，将美元收入除以由 Officer(2010)提供的纽约市场黄金价格，将其转换为以金衡盎司表示的收入。最后，将金衡盎司收入乘以 31.10，得到以金克表示的收入。①

E1 是 1854—1913 年的中央政府支出，数据来自 IHS。1854—1865 年间，这些数据包含了石勒苏益格、霍尔斯坦和劳恩堡的公爵领地。中央政府支出的时间序列数据为：1854—1913 年为 E1。经过与收入相同的折算，将支出的计量单位也转化为金克。

意大利

意大利长期政府债券的数据来自 GFD。债券的平均期限为 6 年。1862—1899 年间，发行 5%收益率的统一公债；1900—1913 年间，发行 3.5%收益率的统一公债。1862—1913 年间，使用月度数据来计算年平均值。债券收益率来自当时在伦敦交易的债券。

R1 是中央政府的收入数据(1862—1883 年和 1886—1913 年)，数据来自 IHS。中央政府收入的时间序列数据为：1862—1913 年为 R1。其中，1884—1885 年的数据由内插法计算得出。

P1 是意大利的人口数据，数据来自 IHS。人口的时间序列数据为：1861 年、1871 年、1881 年、1901 年、1911 年和 1921 年为 P1。所有中间年份的数据均由内插法计算得出。

1862 年，里拉被用作意大利王国的货币单位，其中，1 里拉等于 1 法国法郎。因此，使用了 Jean-Laurent Rosenthal 的巴黎黄金市场价格(每克法郎)。

E1 是 1862—1883 年和 1886—1913 年中央政府支出，数据来自 IHS。其中，缺少了 1884—1885 年的数据。中央政府支出的时间序列数据为：1862—1883 年和 1886—1913 年为 E1。经过与收入相同的折算，将支出的计量单位也转化为金克。

葡萄牙

葡萄牙 10 年期政府债券的数据来自 GFD。1823—1895 年和 1903—1913 年间，发行

① 从克朗到金克的转换借鉴了 Dincecco(2009a)。

3%收益率的债券;1896—1902年间,发行1%收益率的债券,1903年的数据缺失。1823—1913年间,使用月度数据来计算年平均值。债券收益率来自当时在伦敦交易的债券。

R1是1762—1913年的政府收入,数据来自Cardoso and Lains(2010b)。政府收入的时间序列数据为:1762—1776年、1797—1840年、1812年、1817年、1821年、1827—1828年、1843—1845年、1847年和1852—1913年为R1。① 所有中间年份的数据均由内插法计算得出。

P1是葡萄牙的人口数据,来自IHS。人口的时间序列数据为:1768年、1801年、1821年、1835年、1838年、1841年、1854年、1858年、1861年、1864年、1878年、1890年、1900年、1911年和1920年为P1。所有中间年份的数据均由内插法计算得出。数据从1841年起包括亚速尔群岛和马德里亚。

将以康托计量的收入乘以1 000,转换为以密耳瑞斯为单位计量的收入。然后,除以GFD提供的汇率(密耳瑞斯兑英镑),将此收入转换为英镑收入,该汇率为月平均汇率计算得出的年度平均值。接着,除以Officer(2010)提供的伦敦金融市场的黄金价格,从而将英镑收入转换为金衡盎司收入。最后,将金衡盎司收入乘以31.10,从而转换为金克收入。

E1是1762—1913年的政府支出,数据来自Cardoso和Lains(2010b)。政府支出的时间序列数据为:1762—1776年、1800—1802年、1812年、1817年、1821年、1827—1828年、1834—1845年、1847年和1852—1913年为E1。经过与收入相同的折算,将支出的计量单位也转化为金克。

瑞典

瑞典10年期政府债券的数据来自GFD。1868—1878年间,发行5%收益率的债券;1878—1894年间,发行4%收益率的债券;1894—1913年间,发行3%收益率的债券。1868—1913年间,使用月度数据来计算年平均值。债券收益率来自当时在伦敦交易的债券。

R1是1722—1911年中央政府的经常性收入和非经常性收入,数据来自Fregert和Gustafsson(2008)。R2是1912—1913年中央政府的收入,数据来自IHS。中央政府收入的时间序列数据为:1722—1911年为R1;1912—1913年为R2。②

P1是瑞典的人口数据,来自IHS。人口的时间序列数据为:1750年、1760年、1770年、1775年、1780年、1785年、1790年、1795年、1800、1805年、1810年、1815年、1820年、1825年、1830年、1835年、1840年、1845年、1850年、1855年、1860年、1870年、1880年、

① 由于Cardoso和Lains(2010a)发布的新证据,葡萄牙收入和支出的时间序列数据已更新。

② 由于Fregert和Gustafsson(2008)发表的新证据,瑞典收入和支出的时间序列数据已更新。

1890 年、1900 年、1910 年和 1915 年为 P1。所有中间年份的数据均由内插法计算得出。

以瑞典克朗表示的收入乘以 GFD 提供的汇率后折算成以荷兰盾表示的收入。汇率的数据始于 1740 年。汇率是以每个月最后一天的收盘价计算的年平均值。然后，将荷兰盾收入除以 W. L. Korthals Altes 提供的荷兰市场黄金价格(荷兰盾每金克)，将其转换为以金克表示的收入。其中，缺失的 1749 年和 1759 年的数据均由内插法计算得出。[①]

E1 是 1722—1911 年国家的经常性支出和非经常性支出，数据来自 Fregert 和 Gustafsson(2008)。E2 是 1912—1913 年中央政府的支出，数据来自 IHS。中央政府支出的时间序列数据为：1722—1911 年为 E1；1912—1913 年为 E2。经过与收入相同的折算，将支出的计量单位也转化为金克。

附录 3　控制变量说明

更多相关信息，请参见第 7 章。

战亡人数：参加国在每个冲突年度的平均军事死亡人数(单位为 10 万人)。

根据 Clodfelter(2002)的研究，西欧和东欧发生的所有外部冲突都涉及至少一个样本国家。本书同时使用了 Clodfelter 研究中战争持续时间的具体日期。但是，在某些情况下，正式的和平条约是在停火多年以后才签署。"伤亡"一词是指因服兵役而丧生的所有人，包括因直接战斗或疾病而丧生，因身体或精神上的伤害而致残，被俘、被遗弃或失踪的人。由于数据限制，Clodfelter 的数据有时是指因疾病在战斗和死亡中丧生或受伤的士兵，而不是伤亡本身。在这种情况下，本书就会使用军事死亡总数。如果没有这些数据，则将主要的海陆战役和重大围困造成的死亡人数相加；然后，将死亡总人数除以战争冲突时长，以确定每年的平均军事死亡人数。当样本国家在同一年参与两次或两次以上战争时，都在加总时扣除重叠部分。

资料来源：Clodfelter(2002)和 Dincecco(2009a，附录 3)。

敌对联盟规模：冲突开始的那一年联盟国家的(可得的)总人口之和(以千万为单位)。

当样本国家在同一年参与两次或两次以上冲突的，都在加总时扣除重叠部分。

资料来源：Clodfelter(2002)，Dincecco(2009a，附录 3)和附录 2。

雇佣兵虚拟变量：当某个国家在某年与英格兰、荷兰共和国或者法国联盟参战，则取值为 1。

资料来源：Clodfelter(2002)和 Dincecco(2010a)。

---

① 从克朗到金克的转换借鉴了 Dincecco(2009a)的经验。

违约虚拟变量:样本国家政府部分或完全违约其公共债务,则该年取值为1。

资料来源:Reinhart 等(2003,表2),Ferguson 和 Shularick(2006)补充了适用于比利时、丹麦和瑞典的数据;Jones(1994:94)为英格兰补充了数据;Sargent 和 Velde(1995:480)为法国补充了数据;Federico(2010)为意大利补充了数据;Fritschy 和 van der Voort(1997:65)为荷兰补充了数据。

内战虚拟变量:当样本国家发生战争、政变或者革命时,该年数值等于1。暴动、屠杀、骚乱和起义常被排除在外。

资料来源:Clodfelter(2002)和 Encyclopedia Britannica(2010)。

城镇化率:城镇人口占总人口的比例。数据分别是1650年、1700年、1750年、1850年、1890年和1980年的数据,这些数据对选入城市的人口有着最低限制,1850年为最少10 000人,1890年为最少20 000人,1980年为最少100 000人。奥地利的数据包括波希米亚。由于数据限制,普鲁士使用了德国的数据,丹麦和瑞典使用了斯堪的纳维亚的数据。

资料来源:De Vries(1984,附录3和表4.8)以及附录2。

国家虚拟变量:所有样本国家均取值为1。

旧帝国虚拟变量:在1789年旧帝国崩溃之前的样本均取值为1。

金本位虚拟变量:从一个国家的货币事实上和法律上可以转换为黄金的那年开始,该国遵守金本位的年份取值为1。

资料来源:Meissner(2005,表1),Officer(2001)对英格兰的资料进行了补充。

平均信用风险:使用所有样本国家的可用数据,与"安全的"英国统一公债比较后得出平均年收益率差。

黄金存量变化:全球累积黄金存量的年度变化(百万金衡盎司)。

资料来源:Velde 和 Weber(2000)。

铁路国有化虚拟变量:发生重大铁路国有化事件时,该年的数据取值为1。

资料来源:Bogart(2009,表1)。

参考文献

Accominotti, O., M. Flandreau, R. Rezzik, and F. Zumer (2010). "Black Man's Burden, White Man's Welfare: Control, Devolution, and Development in the British Empire, 1880—1914." *European Review of Economic History*, 14:47—70.

Acemoglu, D. (2005). "Politics and Economics in Weak and Strong States." *Journal of Monetary Economics*, 52:1199—1226.

Acemoglu, D., and J. Robinson (2000). "Why did the West Extend the Franchise? Democracy, Inequality, and Growth in Historical Perspective." *Quarterly Journal of Economics*, 115:1167—99.

Acemoglu, D., S. Johnson, and J. Robinson (2001). "Colonial Origins of Comparative Development: An Empirical Investigation." *American Economic Review*, 91:1369—1401.

(2002). "Reversal of Fortune: Geography and Development in the Making of the Modern World Income Distribution." *Quarterly Journal of Economics*, 117:1231—94.

(2005). "The Rise of Europe: Atlantic Trade, Institutional Change, and Economic Growth." *American Economic Review*, 94:546—79.

Acemoglu, D., J. Robinson, and T. Verdier (2004). "Alfred Marshall Lecture—Kleptocracy and Divide-and-Rule: A Model of Personal Rule." *Journal of the European Economic Association*, 2:162—92.

Acemoglu, D., D. Cantoni, S. Johnson, and J. Robinson (2009a). "The Consequences of Radical Reform: The French Revolution." NBER Working Paper 14831, National Bureau of Economic Research.

Acemoglu, D., S. Johnson, J. Robinson, and P. Yared (2009b). "Reevaluating the Modernization Hypothesis." *Journal of Monetary Economics*, 56:1043—58.

Acemoglu, D., D. Ticchi, and A. Vindigni (2011). "Emergence and Persistence of Inefficient States." *Journal of the European Economic Association*, 9: 177—208.

Adler, J., Schlesinger, and E. Olson (1952). *Public Finance and Economic Development in Guatemala*. Stanford, CA: Stanford University Press.

Aidt, T., and Jensen, P. (2009). "Tax Structure, Size of Government, and the Extension of the Voting Franchise in Western Europe, 1860—1938." *International Tax and Public Finance*, 16: 362—94.

Aidt, T., J. Dutta, and E. Loukoianova (2006). "Democracy Comes to Europe: Franchise Extension and Fiscal Outcomes, 1830—1938." *European Economic Review*, 50: 249—83.

Alesina, A., A. Devleeschauwer, W. Easterly, S. Kurlat, and R. Wacziarg (2002). "Fractionalization." *Journal of Economic Growth*, 8: 155—94.

Ashton, R. (1960). *The Crown and the Money Market*, 1603—40. Oxford: Clarendon Press.

Bai, J., and P. Perron (2003). "Computation and Analysis of Multiple Structural Change Models." *Journal of Applied Econometrics*, 18: 1—22.

Bairoch, P. (1988). *Cities and Economic Development: From the Dawn of History to the Present*. Chicago: University of Chicago Press.

Barro, R. (1979). "On the Determination of Public Debt." *Journal of Political Economy*, 87: 940—71.

(1987). "Government Spending, Interest Rates, Prices, and Budget Deficits in the United Kingdom, 1701—1918." *Journal of Monetary Economics*, 20: 221—48.

(1989). "The Neoclassical Approach to Fiscal Policy." In R. Barro, ed., *Modern Business Cycle Theory*. Cambridge: Cambridge University Press.

Bates, R. (2001). *Prosperity and Violence*. Cambridge, MA: Harvard University Press.

Beck, N. (2008). "Time-Series Cross-Section Methods." In J. Box-Steffensmeier, H. Brady, and D. Collier, eds., *The Oxford Handbook of Political Methodology*. Oxford: Oxford University Press.

Beck, N., and J. Katz (1995). "What to Do (and Not to Do) with Time-Series Cross-Section Data." *American Political Science Review*, 89: 634—47.

(1996). "Nuisance vs. Substance: Specifying and Estimating Time-Series Cross-Section Models." *Political Analysis*, 6: 1—36.

Berger, H., and M. Spoerer (2001). "Economic Crises and the European Revolutions of 1848." *Journal of Economic History*, 61:293—326.

Bernanke, B. (2006). "The Coming Demographic Transition: Will We Treat Future Generations Fairly?" Speech at the Washington Economic Club, October 4.

Besley, T., and T. Persson (2008). "Wars and State Capacity." *Journal of the European Economic Association*, 2:522—30.

(2009). "The Origins of State Capacity: Property Rights, Taxation, and Politics." *American Economic Review*, 99:1218—44.

(2010). "State Capacity, Conflict, and Development." *Econometrica*, 78:1—34.

Blayo, Y., and L. Henry (1975). "La Population de la France de 1740 à 1860." *Population*, November: 71—122.

Bogart, D. (2005). "Did Turnpike Trusts Increase Transportation Investment in Eighteenth-Century England?" *Journal of Economic History*, 65:439—68.

(2009). "Nationalizations and the Development of Transport Systems: Cross-Country Evidence from Railroad Networks, 1860—1912." *Journal of Economic History*, 69: 202—37.

Bonney, R. (1995). *Economic Systems and State Finance*. Oxford: Oxford University Press.

(1999). *The Rise of the Fiscal State in Europe*. 1200—1815. Oxford: Oxford University Press.

(2010a). "The Apogee and Fall of the French Rentier Regime, 1801—1914." In J. Cardoso and P. Lains, eds., *Paying for the Liberal State: The Rise of Public Finance in Nineteenth-Century Europe*, Cambridge: Cambridge University Press.

(2010b). "Categories of Ordinary Revenues of the French Monarchy, 1600—95." European State Financial Database, administered by D. Coffman and A. Murphy, http://esfdb.websites.bta.com/Default.aspx.

(2010c). "Total Royal Revenue in France, 1660—1775, Converted into Livres Tournois." European State Financial Database, administered by D. Coffman and A. Murphy, http://esfdb.websites.bta.com/Default.aspx.

(2010d). "French Ordinary Revenue and Expenditure, 1727—1814." European State Financial Database, administered by D. Coffman and A. Murphy, http://esfdb.websites.bta.com/Default.aspx.

(2010e)"Malet's Figures for Royal Expenditure in France,1600—95." European State Financial Database, administered by D. Coffman and A. Murphy, http://esfdb.websites.bta.com/Default.aspx.

(2010f)."Forbonnais:Royal Expenditure in France,1670—1715." European State Financial Database,administered by D. Coffman and A. Murphy,http://esfdb.websites.bta.com/Default.aspx.

(2010g)."Revenue and Expenditure of the French Monarchy at Various Dates Between 1773 and 1785." European State Financial Database,administered by D. Coffman and A. Murphy,http://esfdb.websites.bta.com/Default.aspx.

(2010h)."Total French Expenditure,1801—44." European State Financial Database,administered by D. Coffman and A. Murphy,http://esfdb.websites.bta.com/Default.aspx.

Bordo,M.,and R. Cortés-Conde (2001). *Transferring Wealth and Power from the Old to the New World:Monetary and Fiscal Institutions in the Seventeenth through the Nineteenth Centuries*. Cambridge:Cambridge University Press.

Bordo,M.,and H. Rockoff (1996). "The Gold Standard as a Good Housekeeping Seal of Approval." *Journal of Economic History*,56:389—428.

Bordo,M.,and E. White (1991). "A Tale of Two Currencies:British and French Finance During the Napoleonic Wars." *Journal of Economic History*,51:303—16.

Brennan,G.,and J. Buchanan (1980). *The Power to Tax:Analytical Foundations of a Fiscal Constitution*. Cambridge:Cambridge University Press.

Breuilly,J. (2003). "Napoleonic Germany and State Formation." In M. Rowe,ed.,*Collaboration and Resistance in Napoleonic Europe:State Formation in an Age of Upheaval, c. 1800—15*. New York:Palgrave Macmillan.

Brewer,J. (1989). *The Sinews of Power:War,Money,and the English State*, 1688—1783. London:Unwin Hyman.

Brown,R. (1991). *Society and Economy in Modern Britain*, 1700—1850. London:Routledge.

Brown,W.,and R. Burdekin (2000). "Turning Points in the U.S. Civil War:A British Perspective." *Journal of Economic History*,60:216—31.

Brown,W.,R. Burdekin,and M. Weidenmier (2006). "Volatility in an Era of Reduced Uncertainty:Lessons from Pax Britannica." *Journal of Financial Economics*,79:693—

707.

Burns, J. (2010). "Britain's Leader Carves Identity as Slasher of Government Bloat." *New York Times*, July 21.

Cain, P., and A. Hopkins (1994). *British Imperialism*. London: Longman.

Cameron, D. (2010). "We Must Tackle Britain's Massive Deficit and Growing Debt." Speech at Open University, June 7.

Cardoso, J., and P. Lains (2010a). *Paying for the Liberal State: The Rise of Public Finance in Nineteenth-Century Europe*. Cambridge: Cambridge University Press.

(2010b). "Public Finance in Portugal, 1796—1910." In J. Cardoso and P. Lains, eds., *Paying for the Liberal State: The Rise of Public Finance in Nineteenth-Century Europe*. Cambridge: Cambridge University Press.

Carstairs, A. (1980). *A Short History of Electoral Systems in Western Europe*. London: George Allen.

Carreras, A., and X. Tafunell (2006). *Estadisticas Historicas de Espana*. Madrid: Fundación BBVA.

Central Intelligence Agency (2010). "CIA World Factbook." https://www.cia.gov/library/publications/the-world-factbook.

Chandaman, C. (1975). *The English Public Revenue*, 1660—88. Oxford: Clarendon Press.

Clark, G. (1996). "The Political Foundations of Modern Economic Growth: England, 1540—1800." *Journal of Interdisciplinary History*, 26: 563—88.

Clodfelter, M. (2002). *Warfare and Armed Conflicts: A Statistical Reference to Casualty and Other Figures*, 1500—2000, 2d ed. Jefferson, NC: McFarland.

Cohen, J., and G. Federico (2001). *The Growth of the Italian Economy*, 1820—1960. Cambridge: Cambridge University Press.

Cook, B. (2002). *Belgium: A History*. New York: Peter Lang.

Comín, F. (1990). *Las cuentas de la Hacienda preliberal en España*, 1801—55. Madrid: Banco de España.

(2010). "Public Finance and the Rise of the Liberal State in Spain, 1808—1914." In J. Cardoso and P. Lains, eds., *Paying for the Liberal State: The Rise of Public Finance in Nineteenth-Century Europe*. Cambridge: Cambridge University Press.

Cox, G. (2011). "War, Moral Hazard, and Ministerial Responsibility: England after the Glorious Revolution." *Journal of Economic History*, 71: 133—61.

Cust, R. (1987). *The Forced Loan and English Politics*, 1626—8. Oxford: Clarendon Press.

Deane, P., and W. Cole (1967). *British Economic Growth*, 1688—1959: *Trends and Structure*. Cambridge: Cambridge University Press.

De Long, B., and A. Shleifer (1993). "Princes and Merchants: European City Growth Before the Industrial Revolution." *Journal of Law and Economics*, 36: 671—702.

De Vries, J. (1984). *European Urbanization*, 1500—1800. Cambridge, MA: Harvard University Press.

Dickson, P. (1967). *The Financial Revolution in England: A Study in the Development of Public Credit*, 1688—1756. New York: St. Martin's Press.

Dincecco, M. (2009a). "Fiscal Centralization, Limited Government, and Public Revenues in Europe, 1650—1913." *Journal of Economic History*, 69: 48—103.

(2009b). "Political Regimes and Sovereign Credit Risk in Europe, 1750—1913." *European Review of Economic History*, 13: 31—63.

(2010a). "The Political Economy of Fiscal Prudence in Historical Perspective." *Economics & Politics*, 22: 1—36.

(2010b). "Fragmented Authority from Ancien Régime to Modernity: A Quantitative Analysis." *Journal of Institutional Economics*, 6: 305—28.

Dincecco, M., G. Federico, and A. Vindigni (2011). "Warfare, Taxation, and Political Change: Evidence from the Italian Risorgimento." Unpublished paper, IMT Lucca Institute for Advanced Studies.

Dincecco, M., and M. Prado (2011). "Warfare, Fiscal Capacity, and Performance." Unpublished paper, IMT Lucca Institute for Advanced Studies.

Doan, T. (2010). "Bai-Perron Procedure for RATS Software." Estima, http://www.estima.com.

Drelichman, M., and H. J. Voth (2008). "Debt Sustainability in Historical Perspective: The Role of Fiscal Repression." *Journal of the European Economics Association*, 6: 657—67.

(2010). "The Sustainable Debts of Philip II: A Reconstruction of Castile's Fiscal Position, 1566—96." *Journal of Economic History*, 70: 813—42.

Dupaquier, J. (1988). *Histoire de la Population Française*. Paris: Presses Universitaires de France.

Economist, The (2006). "Impunity Rules; Guatemala." November 18.

Edling, M. (2003). *A Revolution in Favor of Government: Origins of the U. S. Constitution and the Making of the American State*. Oxford: Oxford University Press.

Elliot, J. (1986). *The Count—Duke of Olivares: The Statesman in an Age of Decline*. New Haven, CT: Yale University Press.

Epstein, S. (2000). *Freedom and Growth: Markets and States in Europe*, 1300—1750. London: Routledge.

Federico, G. (2010). "Always on the Brink: Piedmont and Italy." In J. Cardoso and P. Lains, eds., *Paying for the Liberal State: The Rise of Public Finance in Nineteenth-Century Europe*. Cambridge: Cambridge University Press.

Ferguson, N. (1998). *The House of Rothschild*. New York: Penguin.

(2006). "Political Risk and the International Bond Market Between the 1848 Revolution and the Outbreak of the First World War." *Economic History Review*, 59: 70—112.

Ferguson, N., and M. Schularick (2006). "The Empire Effect: Determinants of Country Risk in the First Age of Globalization, 1880—1913." *Journal of Economic History*, 66: 283—312.

Flandreau, M., and F. Zumer (2004). *The Making of Global Finance*, 1880—1913. Paris: OECD.

Flora, P. (1983). *State, Economy, and Society in Western Europe*, 1815—1975, Vol. 1. Frankfurt: Campus Verlag.

Fontvieille, L. (1976). *Évolution et croissance de l'État français*, 1815—1969. Paris: Institut des Sciences Mathématiques et Economiques Appliquées.

Fregert, K., and R. Gustafsson (2008). "Fiscal Statistics for Sweden, 1719—2003." *Research in Economic History*, 25: 169—224.

Frey, B., and M. Kucher (2000). "History as Reflected in Capital Markets: The Case of World War Ⅱ." *Journal of Economic History*, 60: 468—96.

Fritschy, W. (2003). "A 'Financial Revolution' Reconsidered: Public Finance in Holland During the Dutch Revolt, 1568—1648." *Economic History Review*, 56: 57—89.

(2007). "The Efficiency of Taxation in Holland." In O. Gelderblom, ed., *The Political Economy of the Dutch Republic*. London: Ashgate.

Fritschy, W., and R. van der Voort (1997). "From Fragmentation to Unification: Public Finance, 1700—1914." In M. t'Hart, J. Jonker, and J. L. van Zanden, eds., *A Financial*

History of the Netherlands. Cambridge: Cambridge University Press.

Fritschy, W., M. t' Hart, and E. Horlings (2002). "Continuities and Discontinuities in Dutch Fiscal History, 1515—1913." Paper presented at the Fifteenth Economic History Congress, Buenos Aires, July 26.

Fritschy, W., L. van der Ent, V. Enthoven, R. Liesker, C. Trompetter, S. Verstegen, and W. Veenstra (2007). "Provincial Finances in the Days of the Republic of the United Netherlands." Institute for Netherlands History Project, http://www.inghist.nl.

Gelabert, J. (2010). "Revenue of the Spanish Crown, 1753—1788." European State Financial Database, administered by D. Coffman and A. Murphy, http://esfdb.websites.bta.com/Default.aspx.

Gelderblom, O., and J. Jonker (2011). "Public Finance and Economic Growth: The Case of Holland in the Seventeenth Century." *Journal of Economic History*, 71: 1—39.

Glaeser, E., R. La Porta, F. Lopez-de-Silanes, and A. Shleifer (2004). "Do Institutions Cause Growth?" *Journal of Economic Growth*, 9: 271—303.

Global Financial Data (2010). "Global Financial Database." https://www.globalfinancialdata.com.

Godechot, J., B. Hyslop, and D. Dowd (1971). *The Napoleonic Era in Europe*. New York: Holt, Rinehart, and Winston.

Grab, A. (2003). *Napoleon and the Transformation of Europe*. New York: Palgrave Macmillan.

Greene, W. (2000). *Econometric Analysis*, 4th ed. Upper Saddle River, NJ: Prentice Hall.

Griffiths, R. (1982). "The Creation of the Dutch National Economy, 1795—1909." *Tijdschrift voor Geschiedenis*, 95: 513—37.

Henderson, W. (1939). *The Zollverein*. Cambridge: Cambridge University Press.

Henshall, N. (1992). *The Myth of Absolutism: Change and Continuity in Early Modern European Monarchy*. New York: Longman.

Herbst, J. (2000). *States and Power in Africa: Comparative Lessons in Authority and Control*. Princeton, NJ: Princeton University Press.

Heston, A., R. Summers, and B. Aten (2006). "Penn World Tables, Version 6.2." Center for International Comparisons of Production, Income, and Prices, University of Pennsylvania, http://pwt.econ.upenn.edu.

Hill, C. (1980). *The Century of Revolution*, 1603—1714. Walton-on-Thames: Nelson.

Hirst, D. (1986). *Authority and Conflict: England, 1603—58*. Cambridge, MA: Harvard University Press.

Hoffman, P. (1994). "Early Modern France, 1450—1700." In P. Hoffman and K. Norberg, eds., *Fiscal Crises, Liberty, and Representative Government, 1450—1789*. Stanford, CA: Stanford University Press.

(2009). "Why Was It that Europeans Conquered the World?" Unpublished paper, California Institute of Technology.

Hoffman, P., and K. Norberg (1994a). *Fiscal Crises, Liberty, and Representative Government, 1450—1789*. Stanford, CA: Stanford University Press.

(1994b). "Conclusion." In P. Hoffman and K. Norberg, eds., *Fiscal Crises, Liberty, and Representative Government, 1450—1789*. Stanford, CA: Stanford University Press.

Hoffman, P., and J. L. Rosenthal (1997). "The Political Economy of Warfare and Taxation in Early Modern Europe: Historical Lessons for Economic Development." In J. Drobak and J. Nye, eds., *The Frontiers of the New Institutional Economics*. St. Louis: Academic Press.

(2000). "Divided We Fall: The Political Economy of Warfare and Taxation." Unpublished paper, California Institute of Technology.

Hohenberg, P., and L. Lees (1985). *The Making of Urban Europe, 1000—1950*. Cambridge, MA: Harvard University Press.

Hollinger, P. (2010). "France: Pension Tensions." *Financial Times*, May 26.

Holmes, G. (1993). *The Making of a Great Power: Late Stuart and Early Georgian Britain, 1660—1722*. London: Longman.

Holtman, R. (1967). *The Napoleonic Revolution*. Baton Rouge: Louisiana State University Press.

Homer, S., and R. Sylla (2005). *A History of Interest Rates*, 4th ed. Hoboken, NJ: Wiley.

Hovy, J. (1966). *Het voorstel von* 1751 *tot instelling van een beperkt vrijhavenstelsel in de Republiek (propositie tot een gelimiteerd porto-franco)*. Groningen: J. B. Wolters.

Husted, T., and L. Kenny (1997). "The Effect of the Expansion of the Voting Franchise on the Size of Government." *Journal of Political Economy*, 105: 54—82.

Institut national de la statistique et des études économiques (1966). *Annuaire statistique*. Paris.

International Monetary Fund (2005). "Staff Report for the 2005 Article IV Consultation:

Guatemala." Country Report No. 05/362.

International Monetary Fund (2010). "Government Financial Statistics." http://www.imfstatistics.org/imf.

Jacks, D. (2005). "Intra-and International Commodity Market Integration in the Atlantic Economy, 1800—1913." *Explorations in Economic History*, 42:381—413.

Jackson, H. (1974). *A Short History of France from Early Times to* 1972. Cambridge: Cambridge University Press.

Jin, H. Y. (2005). "Were Kim Jong-Il Sleeps and Works." *Daily NK*, March 15.

Johnson, N. (2006). "Banking on the King: The Evolution of the Royal Revenue Farms in Old Regime France." *Journal of Economic History*, 66:963—91.

Jones, J. (1972). *The Revolution of* 1688 *in England*. London: Weidenfeld and Nicolson.

(1994). "Fiscal Polities, Liberties, and Representative Government during the Reigns of the Last Stuarts." In P. Hoffman and K. Norberg, eds., *Fiscal Crises, Liberty, and Representative Government, 1450—1789*. Stanford, CA: Stanford University Press.

Kang, D. (2002). *Crony Capitalism: Corruption and Development in South Korea and the Phillipines*. Cambridge: Cambridge University Press.

Karaman, K. and Ş. Pamuk (2010). "Ottoman State Finances in European Perspective, 1500—1914." *Journal of Economic History*, 70:593—629.

Keller, W., and C. Shiue (2007). "Markets in China and Europe on the Eve of the Industrial Revolution." *American Economic Review*, 97:1189—1216.

Kenny, L., and J. Lott (1997). "Did Women's Suffrage Change the Size and Scope of Government?" *Journal of Political Economy*, 107:1163—98.

Kiser, E., and J. Schneider (1994). "Bureaucracy and Efficiency: An Analysis of Taxation in Early Modern Prussia." *American Sociological Review*, 59:187—204.

Knack, S., and P. Keefer (1995). "Institutions and Economic Performance: Cross-Country Tests Using Alternative Measures." *Economics & Politics*, 7:207—27.

Korner, M. (2010). "Total Revenue and Expenditure of the Prussian State, 1688—1806." European State Financial Database, administered by D. Coffman and A. Murphy, http://esfdb.websites.bta.com/Default.aspx.

La Porta, R., F. Lopez-de-Silanes, and A. Shleifer (2008). "The Economic Consequences of Legal Origins." *Journal of Economic Literature*, 46:285—332.

La Porta, R., F. Lopez-de-Silanes, A. Shleifer, and R. Vishny (1997). "Legal Determinants of External Finance." *Journal of Finance*, 52: 1131—50.

(1998). "Law and Finance." *Journal of Political Economy*, 106: 1113—55.

(1999). "The Quality of Government." *Journal of Law, Economics, and Organization*, 15: 222—79.

Levi, M. (1988). *Of Rule and Revenue*. Berkeley: University of California Press.

Lindert, P. (1994). "The Rise of Social Spending, 1880—1930." *Explorations in Economic History*, 31: 1—37.

(2004). *Growing Public: Social Spending and Economic Growth Since the Eighteenth Century*. Cambridge: Cambridge University Press.

(2009). "Revealing Failures in the History of School Finance." NBER Working Paper 15491, National Bureau of Economic Research.

Lynch, J. (1989). *Bourbon Spain, 1700—1808*. Oxford: Basil Blackwell.

Maandelijksche Hollandsche Mercurius. Amsterdam, 1780—95.

Magnusson, L. (2000). *An Economic History of Sweden*. London: Routledge.

(2009). *Nation, State, and the Industrial Revolution: The Visible Hand*. London: Routledge.

Major, R. (1994). *From Renaissance Monarchy to Absolute Monarchy: French Kings, Nobles, and Estates*. Baltimore: Johns Hopkins University Press.

Marshall, M., and Jaggers, K. (2008). "Polity IV Project: Political Regime Characteristics and Transitions, 1800—2007." Center for Systemic Peace, George Mason University, http://www.systemicpeace.org/polity/polity4.htm.

Mathias, P., and P. O'Brien (1976). "Taxation in Britain and France, 1715—1810: A Comparison of the Social and Economic Incidence of Taxes Collected for the Central Governments." *Journal of European Economic History*, 5: 601—50.

Mauersberg, H. (1988). *Finanzstrukturen deutscher Bundesstaaten zwischen 1820 und 1944*. St. Katharinen: Scripta Mercaturae Verlag.

Mauro, P., N. Sussman, and Y. Yafeh (2002). "Emerging Market Spreads: Then versus Now." *Quarterly Journal of Economics*, 117: 695—733.

McGuire, M., and M. Olson (1996). "The Economics of Autocracy and Majority Rule: The Invisible Hand and the Use of Force." *Journal of Economic Literature*, 34: 72—96.

Meissner, C. (2005). "A New World Order: Explaining the Emergence of the Classic Gold Standard." *Journal of International Economics*, 6: 385—406.

Migdal, J. (1988). *Strong Societies and Weak States: State-Society Relations and State Capabilities in the Third World*. Princeton, NJ: Princeton University Press.

Mitchell, B. (1988). *British Historical Statistics*. Cambridge: Cambridge University Press.

(2003). *International Historical Statistics: Europe, 1750—2000*. New York: Palgrave Macmillan.

Mitchener, K., and M. Weidenmier (2005). "Empire, Public Goods, and the Roosevelt Corollary." *Journal of Economic History*, 65: 658—92.

Mokyr, J. (1998). "The Second Industrial Revolution, 1870—1914." In Valerio Castrononо, ed., *Storia dell'economia Mondiale*. Rome: Laterza.

(1999). *The British Industrial Revolution: An Economic Perspective*. Boulder, CO: Westview.

(2010). Review of 1688: *The First Modern Revolution*, by Steven Pincus. *Journal of Economic History*, 70: 510—14.

Moore, B. (1966). *Social Origins of Dictatorship and Democracy*. Boston: Beacon Press.

Myers, B. (2010). *The Cleanest Race: How North Koreans See Themselves-And Why It Matters*. Brooklyn: Melville House.

Neal, L. (1990). *The Rise of Financial Capitalism: International Capital Markets in the Age of Reason*. Cambridge: Cambridge University Press.

(2010). "Conclusion: The Monetary, Fiscal, and Political Architecture of Europe, 1815—1914." In J. Cardoso and P. Lains, eds., *Paying for the Liberal State: The Rise of Public Finance in Nineteenth-Century Europe*. Cambridge: Cambridge University Press.

Nogal, C., and L. Prados de la Escosura (2006). "La decadenza spagnola nell'età moderna: Una revisione quantitativa." *Rivista di Storia Economica*, 21: 59—90.

Nordstrom, B. (2002). *The History of Sweden*. Westport, CT: Greenwood Press.

North, D. (1981). *Structure and Change in Economic History*. New York: Norton.

North, D., and R. Thomas (1973). *The Rise of the Western World: A New Economic History*. Cambridge: Cambridge University Press.

North, D., J. Wallis, and B. Weingast (2009). *Violence and Social Orders: A Conceptual Framework for Interpreting Recorded Human History*. Cambridge: Cambridge University Press.

North, D., and B. Weingast (1989). "Constitutions and Commitment: The Evolution of Institutions Governing Public Choice in Seventeenth-Century England." *Journal of Economic History*, 49:803—32.

Nunn, N. (2009). "The Importance of History for Economic Development." *Annual Review of Economics*, 1:65—92.

Nye, J. (2007). *War, Wine, and Taxes: The Political Economy of Anglo-French Trade, 1689—1900*. Princeton, NJ: Princeton University Press.

O'Brien, P. (1983). *Railways and the Economic Development of Western Europe, 1830—1914*. New York: St. Martin's Press.

(2001). "Fiscal Exceptionalism: Great Britain and its European Rivals, from Civil War to Triumph at Trafalgar and Waterloo." Working Paper 65/01, London School of Economics.

(2005). "Fiscal and Financial Pre-Conditions for the Rise of British Naval Hegemony, 1485—1815." Working Paper 91/05, London School of Economics.

(2010). "Total Revenue to the English Crown, 1485—1815." European State Financial Database, administered by D. Coffman and A. Murphy, http:// esfdb. websites. bta. com/Default. aspx.

Obstfeld, M., and A. Taylor (2003). "Sovereign Risk, Credibility, and the Gold Standard: 1870—1913 versus 1925—31." *Economic Journal*, 113:241—75.

Officer, L. (2001). "Gold Standard." EH. net, http://eh. net.

(2010). "The Price of Gold, 1257—2009." MeasuringWorth, http://www. measuringworth. com.

Pammer, M. (2010). "Public Finance in Austria-Hungary, 1820—1913." In J. Cardoso and P. Lains, eds., *Paying for the Liberal State: The Rise of Public Finance in Nineteenth-Century Europe*. Cambridge: Cambridge University Press.

Persson, K. (1999). *Grain Markets in Europe, 1500—1900*. Cambridge: Cambridge University Press.

Persson, T., and G. Tabellini (2003). *The Economic Effects of Constitutions*. Cambridge, MA: MIT Press.

Pincus, S. (2009). 1688: *The First Modern Revolution*. New Haven, CT: Yale University Press.

Pribram, A. (1938). *Materialien zur Geschichte der Preise und Löohne in Österreich, Band I*. Vienna: Carl Ueberreuters Verlag.

Price, R. (1993). *A Concise History of France*. Cambridge: Cambridge University Press.

Prijscourant der Effecten. Amsterdam, 1796—1813.

Queisser, M. (1999). "Pension Reform: Lessons from Latin America." Organisation for Economic Co-operation and Development Policy Brief No. 15.

Quinn, S. (2001). "The Glorious Revolution's Effect on English Private Finance: A Microhistory, 1680—1705." *Journal of Economic History*, 61: 593—615.

Reinhart, C., and K. Rogoff (2009). *This Time Is Different: Eight Centuries of Financial Folly*. Princeton, NJ: Princeton University Press.

Reinhart, C., K. Rogoff, and M. Savastano (2003). "Debt Intolerance." *Brookings Papers on Economic Activity*, 1: 1—74.

Ringrose, D. (1968). "Transportation and Economic Stagnation in Eighteenth-Century Castile." *Journal of Economic History*, 28: 51—79.

(1970). *Transportation and Economic Stagnation in Spain*. Durham, NC: Duke University Press.

Rosenthal, J. L. (1992). *The Fruits of Revolution: Property Rights, Litigation, and French Agriculture, 1700—1860*. Cambridge: Cambridge University Press.

(1998). "The Political Economy of Absolutism Reconsidered." In R. Bates, A. Greif, M. Levi, J. L. Rosenthal, and B. Weingast, eds., *Analytic Narratives*. Princeton, NJ: Princeton University Press.

(2010). Review of *The British Industrial Revolution in Global Perspective*, by Robert Allen. *Journal of Economic History*, 70: 242—5.

Rosenthal, J. L., and R. B. Wong (2011). *Before and Beyond Divergence: The Politics of Economic Change in China and Europe*. Cambridge, MA: Harvard University Press.

Sacks, D. (1994). "The Paradox of Taxation: Fiscal Crises, Parliament, and Liberty in England, 1450—1640." In P. Hoffman and K. Norberg, eds., *Fiscal Crises, Liberty, and Representative Government, 1450—1789*. Stanford, CA: Stanford University Press.

Sargent, T., and F. Velde (1995). "Macroeconomic Features of the French Revolution." *Journal of Political Economy*, 103: 474—518.

Schön, L. (2010). "The Rise of the Fiscal State in Sweden, 1800—1914." In J. Cardoso and P. Lains, eds., *Paying for the Liberal State: The Rise of Public Finance in Nineteenth-Century Europe*. Cambridge: Cambridge University Press.

Schultz, K., and B. Weingast (1998). "Limited Governments, Powerful States." In R. Siverson, ed., *Strategic Politicians, Institutions, and Foreign Policy*. Ann Arbor: University of Michigan Press.

Shapiro, G., and J. Markoff (1998). *Revolutionary Demands: A Content Analysis of the Cahiers de Doléances of* 1789. Stanford, CA: Stanford University Press.

Smith, Adam. (2003). *The Wealth of Nations*. First published in 1776. New York: Bantam Dell.

Smith, Alan. (1997). *The Emergence of a Nation State: The Commonwealth of England*, 1529—1660. London: Longman.

Spoerer, M. (2010). "The Evolution of Public Finances in Nineteenth-Century Germany." In J. Cardoso and P. Lains, eds., *Paying for the Liberal State: The Rise of Public Finance in Nineteenth-Century Europe*. Cambridge: Cambridge University Press.

Stasavage, D. (2003). *Public Debt and the Birth of the Democratic State: France and Great Britain, 1688—1789*. Cambridge: Cambridge University Press.

(2005). "Cities, Constitutions, and Sovereign Borrowing in Europe, 1274—1785." *International Organization*, 61: 489—526.

(2011). *States of Credit: Size, Power, and the Development of European Polities*. Princeton, NJ: Princeton University Press.

Stockholm International Peace Research Institute (2010). "SIPRI Military Expenditure Database, 2009." http://www.sipri.org.

Stone, L. (1979). *The Crisis of the Aristocracy, 1558—1641*. Oxford: Clarendon Press.

Summerhill, W. (2011). *Inglorious Revolution: Political Institutions, Sovereign Debt, and Financial Underdevelopment in Imperial Brazil*. New Haven, CT: Yale University Press, forthcoming.

Sussman, N., and Y. Yafeh (2000). "Institutions, Reforms, and Country Risk: Lessons from Japanese Government Debt in the Meiji Era." *Journal of Economic History*, 60: 442—67.

(2006). "Institutional Reforms, Financial Development, and Sovereign Debt: Britain, 1690—1790." *Journal of Economic History*, 66: 906—35.

Sutherland, D. (1986). *France 1789—1815: Revolution and Counterrevolution*. Oxford: Oxford University Press.

t'Hart, M. (1997). "The Merits of a Financial Revolution: Public Finance, 1550—1700." In M. t'Hart, J. Jonker, and J. L. van Zanden, eds., *A Financial History of the Nether-*

lands. Cambridge: Cambridge University Press.

Ticchi, D., and A. Vindigni (2009). "War and Endogenous Democracy." Unpublished paper, Princeton University.

Tilly, C. (1990). *Coercion, Capital, and European States, 990—1990*. London: Blackwell.

Tilly, R. (1966). "The Political Economy of Public Finance and the Industrialization of Prussia, 1815—66." *Journal of Economic History*, 26: 484—97.

(1967). "Public Finance and the Industrialization of Prussia, 1815—66: A Correction." *Journal of Economic History*, 27: 391.

Tomz, M. (2007). *Reputation and International Cooperation: Sovereign Debt across Three Centuries*. Princeton, NJ: Princeton University Press.

Tortella, G. (2000). *The Development of Modern Spain: An Economic History of the Nineteenth and Twentieth Centuries*. Cambridge, MA: Harvard University Press.

Tortella, G., and F. Comín (2001). "The Merits of a Financial Revolution: Public Finance, 1550—1700." In M. Bordo and R. Cortés-Conde, eds., *Transferring Wealth and Power from the Old to the New World: Monetary and Fiscal Institutions in the Seventeenth through the Nineteenth Centuries*. Cambridge: Cambridge University Press.

Tracy, J. (1986). *A Financial Revolution in the Habsburg Netherlands: "Renten" and "Renteniers" in the County of Holland, 1515—65*. Berkeley: University of California Press.

United Nations (2010). "Human Development Indicators." http://hdr.undp.org/en.

U. S. Department of State (2010). "Country Profile: North Korea." http://www.state.gov.

van Zanden, J. L. (1996). "The Development of Government Finances in a Chaotic Period, 1807—50." *Economic and Social History of the Netherlands*, 7: 53—71.

van Zanden, J. L., E. Buringh, and M. Bosker (2011). "The Rise and Decline of European Parliaments, 1188—1789." *Economic History Review*, forthcoming.

van Zanden, J. L., and M. Prak (2006). "Towards an Economic Interpretation of Citizenship: The Dutch Republic between Medieval Communes and Modern Nation-States." *European Review of Economic History*, 10: 111—45.

van Zanden, J. L., and A. van Riel (2004). *The Strictures of Inheritance: The Dutch Economy in the Nineteenth Century*. Princeton, NJ: Princeton University Press.

(2010). "The Development of Public Finance in the Netherlands, 1815—1914." In J. Cardoso and P. Lains, eds., *Paying for the Liberal State: The Rise of Public Finance in Nineteenth-Century Europe*. Cambridge: Cambridge University Press.

Veenstra, W. (2006). "*Geld is de zenuw van de oorlog.*" *De financiën van de Zeeuwse Admiraliteit in de achttiende eeuwe (1698—1795)*. M. A. thesis, University of Leiden.

(2010). *Gewestelijke financiën ten tijde van de Republiek der Verenigde Nederlanden. Deel 7. Zeeland (1573—1795)*. Institute for Netherlands History Project, http://www.inghist.nl.

Velde, F., and D. Weir (1992). "The Financial Market and Government Debt Policy in France, 1746—93." *Journal of Economic History*, 52: 1—39.

Velde, F., and W. Weber (2000). "A Model of Bimetallism." *Journal of Political Economy*, 108: 1210—34.

Vicens Vive, J. (1969). *An Economic History of Spain*. Princeton, NJ: Princeton University Press.

Wade, R. (1990). *Governing the Market: Economic Theory and the Role of Government in East Asian Industrialization*. Princeton, NJ: Princeton University Press.

White, E. (1995). "The French Revolution and the Politics of Government Finance, 1770—1815." *Journal of Economic History*, 55: 227—55.

(2001). "France and the Failure to Modernize Macroeconomic Institutions." In M. Bordo and R. Cortés-Conde, eds., *Transferring Wealth and Power from the Old to the New World: Monetary and Fiscal Institutions in the Seventeenth through the Nineteenth Centuries*. Cambridge: Cambridge University Press.

Willard, K., T. Guinnane, and H. Rosen (1996). "Turning Points in the Civil War: Views from the Greenback Market." *American Economic Review*, 86: 1001—18.

Wooldridge, J. (2003). *Introductory Econometrics: A Modern Approach*, 2d ed. Mason, OH: Thomson South-Western.

Woolf, S. (1991). *Napoleon's Integration of Europe*. London: Routledge.

World Bank (2009). "World Development Indicators." http://data.worldbank.org/indicator.

Wrigley, E., and R Schofield (1981). *The Population History of England, 1541—1871: A Reconstruction*. Cambridge, MA: Harvard University Press.

Ziblatt, D. (2006). *Structuring the State: The Formation of Italy and Germany and the Puzzle of Federalism*. Princeton, NJ: Princeton University Press.

译丛主编后记

财政活动兼有经济和政治二重属性，因而从现代财政学诞生起，“财政学是介于经济学与政治学之间的学科”这样的说法就不绝于耳。正因如此，财政研究至少有两种范式：一种是经济学研究范式，在这种范式下财政学向公共经济学发展；另一种是政治学研究范式，从政治学视角探讨国家与社会间的财政行为。这两种研究范式各有侧重，互为补充。但是检索国内相关文献可以发现，我国财政学者遵循政治学范式的研究并不多见，绝大多数财政研究仍自觉地或不自觉地将自己界定在经济学学科内，而政治学者大多也不把研究财政现象视为分内行为。究其原因，可能主要源于在当前行政主导下的学科分界中，财政学被分到了应用经济学之下。本丛书的两位主编，之所以不揣浅陋地提出“财政政治学”这一名称并将其作为译丛名，是想尝试着对当前学科体系进行纠偏，将财政学的经济学研究范式和政治学研究范式结合起来，从而以“财政政治学”为名，倡导研究财政活动的政治属性。编者认为，这样做有以下几个方面的积极意义。

1. 寻求当前财政研究的理论基础。在我国的学科体系中，财政学被归入应用经济学之下，学术上就自然产生了要以经济理论为财政研究基础的要求。不过，由于当前经济学越来越把自己固化为形式特征明显的数学，以经济理论为基础就导致财政学忽视了那些难以数学化的政治视角研究，这样就让目前大量的财政研究失去了理论基础。在现实中已经出现并将更多出现的现象是，探讨财政行为的理论、制度与历史的论著，不断被人质疑是否属于经济学，一篇研究预算制度及其现实运行的博士论文，经常被答辩委员怀疑是否可授予经济学学位。因此，要解释当前的财政现象、推动财政研究，就不能不去寻找财政的政治理论基础。

2. 培养治国者。财政因国家治理需要而不断变革，国家因财政治理而得以成长。中共十八届三中全会指出："财政是国家治理的基础和重要支柱，科学的财税体制是优化资源配置、维护市场统一、促进社会公平、实现国家长治久安的制度保障。"财政在国家治理中的作用，被提到空前的高度。因此，财政专业培养的学生，不仅要学会财政领域中的经济知识，也应该学到相应的政治知识。财政活动是一项极其重要的国务活动，涉及治国方略；从事财政活动的人是重要的政治家，应该得到综合的培养。这一理由，也是当前众多财经类大学财政专业不能被合并到经济学院的原因之所在。

3. 促进政治发展。在18～19世纪，在普鲁士国家兴起及德国统一过程中，活跃的财政学派与良好的财政当局曾经发挥了巨大的历史作用。而在当今中国，在大的制度构架稳定的前提下，通过财政改革推动政治发展，也一再为学者们所重视。财政专业的学者，自然也应该参与这样的理论研究和实践活动中去。事实上也已有不少学者参与到诸如提高财政透明、促进财税法制改革等活动中去，并成为推动中国政治发展进程的力量。

因此，"财政政治学"作为学科提出，可以纠正当前财政研究局限于经济学路径造成的偏颇。包含"财政政治学"在内的财政学，将不仅是一门运用经济学方法理解现实财政活动的学科，也是一门经邦济世的政策科学，更是推动财政学发展、为财政活动提供指引、并推动中国政治发展的重要学科。

"财政政治学"虽然尚不是我国学术界的正式名称，但在西方国家教学和研究中却广有相似的内容。在这些国家中，有不少政治学者研究财政问题，同样有许多财政学者从政治视角分析财政现象，进而形成了内容非常丰富的文献。当然，由于这些国家并没有像中国这样行政主导下的严格学科分界，因而不需要有相对独立的"财政政治学"的提法。相关的研究，略显随意地分布在以"税收政治学"、"预算政治学"或者"财政社会学"为名称的教材或论著中，本译丛提倡的"财政政治学(fiscal politics)"的说法也不少见。

中国近现代学术进步历程表明，译介图书是广开风气、发展学术的不二良方。因此，要在中国构建财政政治学学科，就要在坚持以"我"为主研究中国财政政治问题的同时，大量地翻译国外学者在此领域的相关论著，以便为国内学者从政治维度研究财政问题提供借鉴。本译丛主编选择了这一领域内的多部英文著作，计划分多辑陆续予以翻译和出版。在文本的选择上，大致分为理论基础、现实制度与历史研究等几个方面。首先推出的有《财政理论史上的经典文献》《税收公正与民间正义》《战争、收入和国家构建》《发展中国家的税收与国家构建》《为自由国家而纳税：19世纪欧洲公共财政的兴起》《信任利维坦：不列颠的税收政治学(1799～1914)》《欧洲财政国家的兴起》等著作。

本译丛的译者，主要为上海财经大学公共经济与管理学院的教师以及已毕业并在高校从事教学的财政学博士，另外还邀请了部分教师参与。在翻译稿酬低廉、译作科研分值低下的今天，我们这样一批人只是凭借着对学术的热爱和纠偏财政研究取向的希望，投身到这一译丛中来。希望我们的微薄努力，能够成为促进财政学和政治学学科发展、推动中国政治进步的涓涓细流。

刘守刚　上海财经大学公共经济与管理学院
魏　陆　上海交通大学国际与公共事务学院
2015年5月